KB076856

자유인 김재준

# 자유인 김재준

홍인표 지음

동연

이번에 나의 친애하는 홍인표 박사께서『자유인 김재준』이란 명쾌
한 연구서를 간행하였다.

한국교회사에서, 특히 신학사에서, 김재준 교수의 위치는 아주 중
대하고 드높다고 해야 마땅하다. 사실 한국교회에서 신학사(神學史)
의 기점이 김재준 교수와 박형룡 교수의 등장과 그들 만남에서 시작
하였다고 해도 과언이 아니다.

그런 위상에 있는 김재준 교수를 저자는 신학자로서의 김재준이 아
니라 '자유인 김재준'이란 참신하고도 혁신적인 시각에서 보고 그렇게
체계화시키고 있다. 이런 시도는 김재준 교수에 대한 아주 혁신적인
해석의 기도로서, 우리가 모르던 전혀 다른 모습의 김재준을 구상화
(具像化)한 업적으로 거기에 찬사를 아낌없이 보내지 않을 수 없다.

저자는 우선 지금까지의 김재준 교수론이 파편적(破片的)이었다
고 본다. 곧 박형룡 박사와의 논쟁에서 나타난 소위 자유주의 신학자
란 것, 그리고 해방 이후의 박정희 정권에 대한 투쟁에 나타난 민주화
투사, 그리고 최덕성 박사가 말하는 소위 어느 한 카테고리에 속하지
아니하는, 높고도 먼 공중을 떠도는 신학 곧 장공(長空) 신학, 이런 각
도에서 판단되어왔다는 것이다.

따라서 저자는 이런 각도에서 본 김재준이 아닌, 그러나 최덕성 박
사의 글을 차용하여, 바르트 신학도 아니고 정통신학도 아니고 자유
주의신학은 더구나 아닌, 어느 한 카테고리에 속하지 아니하는, 창공
(蒼空)을 우러르는 장공(長空) 신학이라 보고, 그래서 '자유인'이란 정
의를 하게 되었다는 것이다. 김재준 교수의 호(號) 장공(長空)에 대한

기막힌 주석(注釋)이다. 이것은 생동하는 신앙, 살아계신 그리스도주의라고 할 수 있다는 것이다. 이러한 연구라면 거기 김재준의 살아 있는 인간의 모습이, 그것이 삶이든 신학이든 투쟁이든 원상(原象) 그대로의 김재준이 우선 영상화하게 될 것이고 거기에서 비로소 김재준 생애와 활동과 신앙의 구도(構圖) 그 실상과 심도(深度)가 자연스럽게 부각되지 않을 수가 없게 되는 것이라고 본다.

이러한 김재준 교수의 입장은 다른 이들의 인식이 아닌 김재준 자신의 시각에서 볼 수 있는 통전적인 김재준 인식이라 보고 그렇게 전개하고 있다. 이것은 김재준 교수 자신의 관점에서 발견되는 통전적 인식이라 본다.

이런 김재준 이해는 지금까지의 김재준 연구의 틀에서 완전히 벗어난 것으로 김재준의 참모습을 실상 그대로 찾아내고 묘사한 대단한 업적이요 참신한 역사연구의 결실이라고 평가하지 아니할 수 없다.

1910년에 예루살렘에서 모인 최초의 세계기독교선교대회에서 그 의장 모트(J. R. Mott) 박사는 한국교회가 세계를 기독교화할 수 있는 동력(動力)이라 찬양 예언한 일이 있다. 이러한 우리 한국교회를 오늘의 거대한 세계적 교회로 부상하게 한 우리들 신앙과 신학의 선인(先人)들을 우리는 다 알고 있다. 그리고 자랑하고 있다. 그래서 우리는 한국교회 거대 인물들과 그 열전을 새삼 깊이 탐색하고 연구해서 집성하고 만방에 공람(供覽)하도록 힘을 기울여야 한다. 지난 우리 교회 역사의 굽이마다 오늘의 교회를 생명력으로 팽대(膨大)하게 만든 피땀 어린 외침과 기도와 찬양이 있었다. 헌신과 순교가 있었다. 그렇다면 그들이 남긴 발자국은 그 향기가 진동하여 우리의 가슴속에서도 그 전통을 더욱 창달하고 확장하는, 불같은 힘으로 계속 알려지고, 다짐되어 가중되며, 면면히 계승되도록 편술집성(編術輯成)하여야 할 것임이 확실하다.

이 대업의 하나를 수행한 것이 저자 홍인표 박사이다. 그는 흩어진 자료들 수집에 거리가 먼 것을 알지 못하였으며, 실증(實證) 근거를 높이노라 때로 장황한 각주를 펼쳐 놓았다. 글의 조리를 곧게 하는데 미문(美文)으로 다듬으려 하지는 아니하였지만, 묵필(墨筆)을 골라 강약(强弱)을 조절해 갖추는 데에 정성을 다 기울였다. 이런 글을 쓰고 간행한 홍인표 박사에게는 이 업적이 그의 생에 하나의 빛나는 산봉우리로 높이 솟게 될 것이고, 우리 교회 사고(史庫)에 묵직한 자리 한 곳을 차지하게 될 것이다.

이 글이 읽혀야 할 곳에 가서 그 물결이 젖어 들면, 김재준 교수의 자유인다운 음성이 다시 들리게 될 것이다. 그것은 우리 교회나 사회에는 맑고 진실한 정신의 부흥을 기약하게 될 것임이 확실하다. 이런 대업을 기도와 땀으로 상재(上梓)한 저자 홍인표 박사에게 여기 다시 찬하의 글을 드리고, 아울러 동경공하(同慶共賀)하는 바이다.

민경배 박사
백석대학교 석좌교수

한국기독교장로회의 신학과 목회의 원형(Archetype)은 누가 뭐라 해도 장공(長空) 김재준이다. 장공 김재준은 한국기독교 역사 속에 새로운 지평을 연 지도자일뿐더러 한국기독교장로회 신학 형성의 원형질이다. 그러나 장공은 한국기독교장로회에서만 기억될 인물이 아니다. 그만큼 그의 영향력은 깊고 광범위하다. 목사로서 사회적 영향력도 크지만, 한국교회사에서 그가 가진 위치는 특별하다. 늘 변방에 머물렀던 것 같지만, 보수적 성향이 주류였던 한국교회에 새로운 바람을 일으켰고, 닫혀 있던 한국교회 안에 열린 공간을 만들었다. 그래서 한국교회 위기의 시대에 장공이 주는 영감과 통찰이 있다. 우리 시대에 장공을 다시 기억하고 그를 다양한 시각으로 조명하는 것은 매우 의미 있는 일이다. 저자는 한신대학교 대학원에서 수학한 경험이 있지만, 기장 목사는 아니다. 그가 활동하는 무대도 기장 교단이 아니다. 그래서 그에게는 기장 교단 밖에서 장공을 바라보는 제3자적 시각이 있다. 이 책의 미덕이다. 그렇지만 저자는 장공에게서 깊은 신학적 영향을 받았고, 장공에 대한 애정이 각별하다. 이 점 또한 이 책의 미덕이다.

저자의 장공 이해는 '자유'라는 말로 압축된다. 그 자유는 더 정확히 표현하면 '복음이 주는 자유'이다. 그래서 저자는 이 책의 제목을 '자유인 김재준'이라고 명했다. 저자는 장공이 자유주의자가 아닌 자유인이었음을 논증하고 거듭해서 강조한다. 장공의 생애를 관통하는 키워드를 '자유'라고 서술한 저자의 관점은 장공의 삶의 핵심을 꿰뚫고 있다. 저자는 장공의 자유의 뿌리가 그의 회심 체험에 있다고 본다. 1920년 김익두 목사의 부흥회에서 체험한 성령 체험, 그로 인한 그리스도와의 인격적 만남, 그리고 장공에게 열린 '새로운 세계', '새로운 빛'은 복음 안에서의 자유 체험이었다. 예수 그리스도 외에는 그 어떤 것에도 매이지 않는, 일체의 것으로부터 자유하게 되는 영적 체험이었다. 이 신앙 체험은 장공의 생의 원동력이자 자유를 향한 그의 믿음의 여정의 출발점이다. 장공은 1930년대 한국 보수교회의 근본주의적 성격 때문에 상대적으로 자유주의자로 비쳐졌지만, 그는 단지 복음의 자유를 외친 자유인이었다. 1960년대 이후 장공의 사회참여나 민주주의를 향한 적극적인 활동 역시 그 어떤 이데올로기에도 매이지 않는 그의 자유함의 표현이었다. 저자는 이 책에서 장공의 전 생애를 관통하는 것은 바로 그리스도 안에서 얻는 자유라고 설파하고 있다.

저자의 기술에서 돋보이는 통찰은 장공의 태생, 가정환경, 성장과정 속에서 형성되어 온 장공의 '자유의 DNA'를 추적하고 있다는 점이다. 두만강 유역의 창골 마을, '입산 금지'나 '오프리미트'가 없었던, 장공이 어린 시절 경험한 산과 계곡, 밭과 시내 등을 주목한 것은 매우 탁월한 통찰이다. 그리고 장공의 시적 언어 속에서 그의 정신세계를 형성하고 있는 '자유의 DNA'를 조명하고 있다는 점 역시 매우 인상적이다. 장공의 젊은 시절부터를 붙든 '떠돌이 의식과 자유'를 그의 시 속에서 발견하고, 말년에 '새벽 날개 타고' 하늘을 향하는 열망을 품기까지 평생을 자유를 향한 순례자로 살았던 장공을 그의 시어 분석을 통해 우리에게 보여준다. 장공의 삶의 속살을 깊이 들여다보는 것이다. 여기서 저자가 가진 문학적 소양이 여실하게 드러난다. 저자는 결론적으로 장공을 다른 수식어가 필요 없는 진솔한 그리스도인이었다

고 말한다. 말 그대로 자유를 호흡하며 그리스도를 따르고 그의 반사
광처럼 되고자 했던 한 사람의 진실한 그리스도인이었다고 결론짓는
다. 그저 '예' 할 것은 '예'하고 '아니오'할 것은 '아니오' 하며 단순하고
올곧게 살아간 그리스도인으로 본 것이다. 평범함 속에 빛나는 장공
의 비범함을 제대로 짚어 낸 느낌이다.

저자에게 장공은 신화나 전설이 아니다. 저자는 있는 그대로의 장
공을 이해하려고 노력한다. 저자에게 장공은 한 시대를 복음의 정신
으로 자유하게 살다간 신앙인이다. 그렇지만 장공을 따르는 후학들이
장공의 신학사상을 작위적으로 이해했다고 말하는 것은 적합한 언급
으로 보이지는 않는다. 반복적으로 등장하는 김경재 교수의 말, 즉 장
공의 사상 속에 칼 바르트(K. Barth), 폴 틸리히(P. Tillich), 본회퍼
(D. Bonhoeffer), 존 캅(J. B. Cobb), 테야르 드 샤르댕(T. Chardin)
의 인식의 지평이 보인다는 표현을, 장공의 사상을 그렇게 규정한 것
으로 본 것은 지나침이 있다. 장공은 저자의 말대로 열린 교육자였고
바로 장공의 그 열린 생각과 학문을 대하는 열린 태도로 인해 후학들
은 마음껏 각자의 신학사상의 날개를 펼 수 있었다.

그렇지만 이 책은 장공의 전 생애를 통섭하는 것이 '자유'였으며,
한국적 정황에서 복음을 인격으로 받아들여, 복음의 본질적 성격인
자유를 자신의 삶과 신학적 노정을 통해 구현하려고 했던 자유인 김
재준을 심도 있게 조명하고 있다. 매우 의미 있고 칭찬받아 마땅한 학
문적 노고이다. 자유의 복음을 받아들였음에도 계율과 형식에 묶여
복음의 자유를 살지 못하는 소위 정통주의 신학의 역기능을 지적하며
자유주의자라는 걸맞지 않은 멍에를 지고 살았지만, 복음의 진정한

자유를 살아간 그리스도인 장공을 오롯이 드러내려 한 저자의 열정에
고마움을 전한다. 장공의 생애를 또 다른 결로 소중하게 매듭지어준
이 책에 마음의 박수를 보낸다.

육순종 목사
한국기독교장로회 총회장

사랑하는 제자 홍인표 박사의 『자유인 김재준』 출간을 기쁜 마음
으로 축하드립니다. 홍 박사께서 김재준이라는 인물을 연구의 주제로
잡은 데에는 개인적인 호감도 있었으리라 짐작되지만, 동시에 다시
그를 불러내어야만 하는 시대적 의미도 있다고 하겠습니다. 첫째로는
그동안 소위 정통과 자유주의 혹은 보수와 진보로 양분되었던 한국의
교회가 이를 극복하고 대화해야 할 때가 되었다는 뜻입니다. 대화를
위하여서는 현재의 입장에서 그 입장을 강화하기 위하여 과거 조상들
을 전거로 삼아서는 안 됩니다. 그 인물들이 실제로 살았던 시대로 돌
아가서 분열의 근원을 고찰할 때 대화의 여지가 마련될 수 있습니다.
한국교회를 둘로 가르는 보수와 진보의 높은 담에 균열을 내고 싶은
사람이 있으면 이 책을 꼭 읽어볼 것을 권합니다. 두 번째, 시대적 의
미도 있습니다. 홍인표 박사는 김재준의 삶을 자세히 들여다본 후 '자
유,' '열림,' '초청'이라는 키워드로 정리합니다. 바로 이 정신들이야말
로 우리 시대에 꼭 필요한 그리스도인의 마음의 태도가 아닐까요? 우
리를 둘러싸고 있는 폐쇄적이고 단단해진 교리와 습속과 이데올로기
의 껍질을 훌훌 떨쳐버리고, 넓고 먼 창공으로 날아올라 성령의 자유
를 만끽할 수 있다면 얼마나 좋을까요.

장동민 박사
백석대학교 역사신학 교수

   이번 홍인표 박사의 혼신의 노력이 담긴 연구서『자유인 김재준』
의 추천의 말씀을 드리게 되어 기쁩니다. 홍인표 박사와 교제를 시작
한 지 4년이 되어가고 있습니다. 홍인표 박사는 박사학위를 받은 지
불과 수년에 불과하지만, 그동안 다수의 연구 성과를 보여주었습니
다. 한국교회의 여성의 문제를 다룬 연구서를 출간하였고 이제 한국
기독교 역사의 거봉 장공 김재준에 대한 연구서를 세상에 내보이게
되었습니다.

   이 연구의 독특한 개성은 왜 역사 연구가 쉼 없이 이루어져야 하는
가를 확연하게 알려 줍니다. 흔히 한국교회에 역사적 고등비평으로
알려진 성서 비평의 방법론을 소개하여 자유주의 신학의 선구자로 알
려진 김재준의 생애와 활동을 통해 김재준이 신학적 자유주의자가 아
니라 자유인으로서 삶을 살아간 구도적, 혁신적 삶을 정교하게 재구
성하여 보여주고 있습니다.

   이 연구를 통해 나타난 김재준은 신학적 이념에 갇힌 인물이 아니
라 간도와 일본과 미주와 세계를 무대로 활동하며 기독교 신앙을 통
해 신학 연구를 통해서, 기독교인의 현실 참여를 통해서, 그리고 문학
인으로 목사로 신학자로 사회운동가로 살아간 한국 기독교의 거대한
봉우리 하나를 역사의 거대한 산맥 속에 그려내고 있습니다.

   이 작품을 통해 자유는 하나의 개념이나 이념이 아니라 삶으로 구
현되어야 할 기독교 신앙의 근본적 과제이며 삶의 구도적 여정을 통
해 비로소 그 모습이 드러나는 통전적 신앙고백의 결실임을 보여주고
있습니다. 흔히 접하기 어려웠던 김재준의 시 세계를 소개하여 그의

사유의 한 측면이 정교한 역사비평의 신학이며 그의 사유의 다른 측면은 자유를 노래하는 시인임을 또한 보여주고 있습니다. 그럼으로써 기존의 역사 연구에서 드러났던 김재준의 국면들이 입체적으로 분석과 융합의 서술을 통해서 구현되고 있습니다. 훌륭한 연구가 필요한 이유가 이처럼 새로운 역사이해와 인물 이해를 가능하게 한다는 것을 보여줍니다. 이것이 역사 연구가 계속되어야 하는 이유입니다.

홍인표 박사의 김재준 연구는 한국 기독교 역사 연구에 소중한 업적으로 기억될 것입니다. 한국 기독교 역사에 관심을 가진 이들, 역사 연구자들 그리고 한국의 그리스도인들에게 일독을 권하고 싶습니다. 소중한 연구를 내놓은 홍인표 박사에게 감사드리고 기대하는 마음으로 향후 연구 성과를 기대합니다.

박종현 박사
한국교회사학연구원 원장

## 추 천 의 글

　　장공(長空) 김재준은 잘 알려져 있듯이 한국신학대학 교수로 있으면서, 오늘날 한국기독교장로회(기장) 측의 민주화운동의 기수이자 선구자로 1960-1970년대 주로 활동한 인물입니다. 그런 점에서 저자 홍인표 박사가 지적하듯이, 한국의 민주화운동이라는 스펙트럼이라든가(특히 강원룡, 박형규, 문익환, 문동환 등 기장 측) 혹은 예수교 장로회(특히 합동 측의 박형룡)의 보수신학의 눈으로는 '자유주의자'로 장공이 규정되어 온 것이 사실입니다. 그런 점에서 홍인표 박사가 장공을 역사적 맥락에서 두려는 시도는 아주 중요한 한국기독교사의 흐름을 반영하는 것이라고 보는데, 특히 장공의 사상을, 그를 따르거나 배척했던 사람의 관점에서가 아니라 장공 자신이 본인에 대해서 말했던 것을 우선으로 주목하고자 한 것은 중요합니다. 즉 장공이 자신을 "자유주의자"가 아닌 "자유인"으로 규정했던 것을 필자가 주목하고 그의 일생과 사상을 역사화 혹은 시대상에서 맥락화시키고자 하는 시도를 환영합니다. 특히 홍 박사가 주목하는 그의 어린 시절 함경도에서의 "변방" 경험과 교육 배경, 특히 제도권 학교에서 수학했던 학자들과의 사상적 관련성 혹은 비관련성 등에 대해 천착했다는 점은 향후 연구를 위해 상당한 시사점을 던져주고 있습니다. 그러므로 독자들은 이 책이 우선 김재준 연구에서, 타인들이 규정하는 면모로서의 김재준이 아닌 장공 본인이 자신을 어떻게 인식하고 변호했는가 하는 관점에 주목한다면 상당한 통찰력을 얻을 수 있을 것입니다. 기독교가 오늘날 한국 사회에서 차지하는 역할—긍정이든 부정이든—은 한국기독교의 전통에 대한 역사적 관심을 갖게 만드는데, 역사적 인물에 대한 지나친 우상화나 비인간화 둘 다를 넘어서서, 학자들은 그들의 활동과 인생을 역사적 맥락에서 구성해서 좋은 읽을거리를 독자들에게 던져줄 의무가 있다고 봅니다. 그런 점에서 홍인표 박사의 장공에 대한 역사화의 노력은 더 많은 후속 연구의 길로 이끌 것이라고 보고 이 책을 독자들에게 추천하는 바입니다.

안종철 박사

이탈리아 베네치아대학교 동양학부 조교수

# 머리말

김재준 목사님이 미국 유학을 마치고 귀국을 앞둔 어느 날 한국에 있는 선교사 한 분에게 보낸 편지의 한 대목으로 저자 서문을 갈음하고 싶습니다. 이 고백은 김재준 목사님의 고백임과 동시에 저의 고백이기 때문입니다.

**나는 아무 주의자도 아닙니다. 다만 한 개의 겸비한 크리스천으로서 어떻게 하면 그리스도의 심정을 좀 더 이해하고 그의 뜻을 따를까 하는 걱정밖에 다른 아무것도 없습니다.**

본서의 출간을 지켜보는 가운데 감사드릴 분들이 매우 많음을 말씀하지 않을 수 없습니다. 언제나 곁에서 저의 손을 잡아주는 사랑하는 아내 방유나님에게 감사드립니다. 남편이 연구에 집중할 수 있도록 언제나 바람막이가 되어 주는 아내에게 사랑하는 마음과 감사하는 마음 그리고 미안한 마음을 전합니다. 우리 주님께서 사랑하는 딸을 언제나 안으시고 위로하여 주시기를 간절히 기도합니다.

저의 스승이신 장동민 교수님께 감사드립니다. 스승님의 학문과 신앙은 감히 제가 좇을 수 없을 만큼 거대합니다. 제자로 이름 남긴 것만 해도 제게는 영광인데, 여전히 멀지 않는 곳에서 격려해 주시고 이끌어 주시니 언제나 감사드립니다. 부족하지만 저도 일부분이라도 닮아가기 위해 늘 노력합니다. 우리 주님께서 언제나 영육 간의 강건함을 존경하는 스승님께 허락해 주시기를 기원하며 스승님의 삶을 통해 우리 주님께서 큰 영광 받으실 줄 믿습니다.

한국교회사의 거목이신 민경배 교수님께 감사드립니다. 신학생 시절 교수님은 책에서만 뵐 수 있는, 멀리 계시는 크신 분으로만 생각되었습니다. 그러나 연구자가 된 지금, 교수님은 멀지 않는 곳에서 저를 격려해 주시고 이끌어 주십니다. 우리 주님께서 늘 교수님께 영육간의 강건함을 주시기를 기원하며 교수님과 교수님께 학문을 계승받는 많은 제자 분들을 보시고 우리 주님께서 크게 기뻐하실 줄 믿습니다.

한국기독교장로회 총회장이신 성북교회 육순종 목사님께 감사드립니다. 목사님께서 써 주신 추천사는 제가 김재준 목사님을 연구하느라 보낸 인고(忍苦)의 시간이 결코 헛되지 않았음을 알도록 해준 따뜻한 격려가 되었고 제가 김재준 목사님을 연구해야 했던 우리 주님의 섭리를 확인하는 응답이 되었습니다. 김재준 목사님께서 한국교회와 한국기독교장로회에 귀하게 쓰임 받으셨던 것처럼 목사님께서도 그와 같이 빛나는 목회 행로이시기를 기원합니다.

언제나 큰 형님처럼 따뜻하게 품어주시는 한국교회사학연구원 박종현 원장님께 감사드립니다. 교회사학자로 목회자로 언제나 저에게 귀감이 되어 주시는 원장님께서는 제가 연구하는 가운데 어려움을 말할 때마다 귀 기울여 주시고 제가 가르치는 자로서 길을 열어가도록 늘 관심하고 도와주십니다. 우리 주님께서 은혜를 베푸셔서 하늘나라의 연구자로 언제나 승승장구하시기를 기원합니다.

이탈리아 베네치아대학교의 교수로 계시는 안종철 박사님께 감사드립니다. 저와 한 번도 만난 적이 없이 SNS에서 학문적 교류를 하는 가운데 김재준 목사님에 대한 역사학적 관점에서 저의 시각에 동의와 지지를 해주시고 추천사까지 써 주시는 수고를 아끼지 않으심을 감사드립니다. 우리 주님께서 지혜를 밝혀 주셔서 유럽에서 한국을 빛내는 학자로 언제나 승리하시기를 기원합니다.

언제나 따뜻한 선배님처럼 품어주시는 이성진 권사님께 감사드립니다. 권사님께서는 2013년 본서가 학위 논문으로 완성되었을 때, 꼼꼼히 읽어 주시고 본서가 출간되어야 할 당위성을 저에게 말씀해 주셨습니다. 권사님의 따뜻한 격려가 없었다면 본서가 출간되지 않았을지도 모릅니다. 이제 교직을 은퇴하시고 새로운 길을 열어 가시는 권사님께 우리 주님께서 은혜를 베푸셔서 언제나 빛나는 발걸음으로 인도해 주시기를 기원합니다.

본서 발간을 위해 기도하며 후원해 주신 분들께 깊이 감사드립니다. 존경하는 선배이신 화성 우리꿈교회 김권식 협동목사님, 인천 보은교회 조영선 집사님, 사랑하는 친구 청주 방서교회 오덕수 목사님, 충주성결교회 이선미 권사님, 노원창일교회 홍지희 집사님, 충주 광명교회 서상철 집사님, 충주 알림교회 최석호 집사님, 서울 동은교회 김영준 집사님, 수지산성교회 정재석 집사님, 청주의 지주태 님, 사랑하는 후배 청주 우리사랑교회 이주연 권사님, 사랑하는 학문의 동료이며 후배 차건 님, 언제나 주님 앞에 순전하신 충신교회 채설희 전도사님, 행동하는 지식인 제주의 김영근 선생님 그리고 겸손히 이름을 밝히기 원치 않으시는 장로님 한 분께 깊이깊이 감사드립니다.

따뜻한 손으로 잡아주시는 사랑하는 선배, 친구, 후배 그리고 많은 동역자가 계시기에 제가 힘을 내어 연구합니다. 우리 주님께서 모든 분에게 은혜와 사랑을 부어주시기를 간절히, 간절히 기도합니다.

2019년 12월 17일 새로운 아침을 맞이하는 새벽
서울 오류동에서 저자

# 차 례

# 1 장
# 들어가는 말

본서의 목적은 오늘날 파편적으로 인식되어 있는 김재준에 대한 통전적 인식을 갖도록 하려는 데 있다. 파편적 인식이라 함은 오늘날 한국교회의 김재준 인식이 김재준 그 자신의 인식이 아닌 다른 이들의 인식으로 보편화되었다는 것이다. 다시 말해 오늘날 김재준에 대한 인식은 그와 평생에 걸쳐 경쟁적 대립 관계를 형성한 박형룡을 통한 인식, 해방 이후 남한 기독교계의 진보적 사회 운동을 이끌었던 강원룡,[1] 박형규,[2] 문익환,[3] 문동환[4] 등을 통한 인식이 보편적이라는 것이다.

무엇보다도 박형룡을 통해 김재준을 인식할 때 그를 자유주의자로 인식하게 된다. 왜냐하면 오늘날 박형룡이 "한국 보수 신앙의 수호자"[5]라고 일컬음 받는 데서 알 수 있듯이 박형룡은 한국교회의 보수 정통신학을 수호한 신학자로 지금까지 인식되어왔기 때문이다. 사실 박형룡은 자신을 근본주의자라고 칭함에 망설이지 않았다. 그에게 근본주의란 "별다른 것이 아니라 정통주의요, 정통파 기독교"[6]이었기 때문이다.

이와 같은 맥락에서 박형룡의 근본주의자로서의 자기 인식은 "근대 자연과학이 가지는 반유신론적 함의들로부터 기독교를 옹호하는 사람"[7]으로서 긍정적인 의미를 갖는다. 한국교회의 보수적인 풍토에서 김재준은 이처럼 긍정적인 박형룡 인식과는 반대로 그리스도의 처녀 탄생도 기적도 부활도 믿지 않는 자,[8] 성경 파괴자로, 즉 자유주의자로 인식되어 온 것이다.[9]

오늘날 김재준 인식은 해방 이후 남한 기독교계의 진보적 사회 운동을 이끌었던 강원룡, 박형규, 문익환, 문동환 등에 기인한 경우도 많다. 그와 같은 측면에서 김재준을 보면 그를 진보적 사회운동가로, 때로는 급진적 통일운동가로 인식하게 된다. 그러나 이와 같은 김재준 인식은 그에 대한 통전적 인식이 아닌 파편적 인식에 불과하다. 오늘날 김재준에 대한 부정적인 수식어는 물론, 긍정적인 수식어도 많지만 이러한 수식어들은 우리가 김재준을 통전으로 인식하는 데 걸림돌로 작용할 수 있다.

김재준을 부정적으로 말하는 대표적인 학자는 최덕성이다. 그는 김재준을 "철저한 자유주의자도 아니고, 철저한 바르트주의자도 아니다. 정통주의자는 더욱 아니다"라고 언급하였다. 덧붙여 김재준의 신학을 "어느 한 카테고리에 속하지 않는, 높고 먼 공중을 떠도는 신학 — 장공(長空)신학"이라고 표현하였다.[10] 최덕성이 김재준의 신학을 일컬어 어느 한 카테고리에 속하지 않는 신학이라고 표현한 것은 적절하다. 왜냐하면 김재준은 일찍이 "나는 무슨 '주의'에 내 신앙을 주조할 생각은 없으니 무슨 '주의자'라고 판박을 수가 없오"라고 하며 자신이 단지 "살아계신 그리스도주의자"임을 천명했기 때문이다.[11]

그러나 최덕성의 표현을 차용하여 필자는 "김재준은 철저한 바르트주의자도 아니고, 정통주의자도 아니다. 자유주의자는 더욱 아니다. 어느 한 카테고리에 속하지 않기 위해 창공을 우러르는 신학 ―
장공신학이다"라고 표현하고 싶다. 이와 같은 측면에서 김재준을 본
다면 그를 '자유인'이라고 할 수 있다. '자유인'으로서의 김재준 인식은
다른 이들의 시각에 의한 인식이 아닌 김재준 자신의 시각에서 볼 수
있는 통전적 인식이라고 본다. 필자는 본서를 통해 이처럼 다른 사람
의 관점에서 발견되는 파편적인 김재준 인식이 아닌 김재준 자신의
관점에서 발견되는 통전적 인식을 말하려고 한다.

사실 김재준을 '자유인'이라고 말하는 것은 폭넓은 개념이다. 그러
나 그가 일생 동안 특정한 '주의'에 매이기를 거부하고 오직 그리스도
께만 매이기를 원했다는 사실[12]에서 그를 '자유인'이라는 범주로 살펴
보는 것이 가능하다. 실제로 김재준의 삶을 볼 때 "그가 평생 오직 그
리스도에게만 매이기를 원했음"을 발견하기 때문이다. 그렇다면 오직
그리스도에게만 매이기를 원했던 자유인 김재준으로서의 인식을 어디
에서 시작해야 할까? 필자는 그것을 그의 회심에서 시작해야 한다고
본다.

김재준은 서울승동교회에서 열린 장돌뱅이 깡패 두목 출신 김익
두 목사가 인도하는 부흥 집회에서 회심을 체험하였다. 자신의 회심
체험에 대하여 그는 "가슴이 뜨겁고 성령의 기쁨이 거룩한 정열을 불
태우는 경험"이라고 회상하였다. 덧붙여 "교실에서 탈락한 자연인이
교회에서 위로부터 난 영의 사람", "새옹지마는 하늘의 복을 내게 심
는 길닦이가 된 셈이었다"고 강조하였다.[13]

회심 체험은 그가 이전과 다른 삶을 사는 전환점이 되었다. 회령
간이농업학교를 졸업하고 16세에 회령 군청 재무부 직세과에 근무하
면서 사회생활을 하다가 부모가 짝지어준 처녀와 혼인을 하고, 웅기
조합으로 직장을 옮겨 월급을 받아 가족을 부양하는 지극히 평범한

생활인으로서 삶[14]을 살던 김재준이 소유로부터 자유한 삶, 돈을 멸시하고 오직 믿음과 사랑으로 청빈의 삶을 사는 자유인으로서 삶을 살게 되었다.[15]

이와 같은 청빈의 삶은 이후 그가 간도의 은진중학교에 근무할 때는 물론 이후 한국신학대학의 교수로 근무할 때도 변함없었다.[16] 김재준이 이처럼 소유로부터 자유로운 삶을 살게 된 이유는 회심 체험을 통해 그리스도를 만났을 뿐 아니라, 이후 그리스도의 반사광으로써 아시시 성 프란체스코를 만났기 때문이었다.[17]

김재준은 아시시 성 프란체스코의 전기를 탐독하며 그의 "무일푼의 탁발승으로 평생을 걸식 방랑한 '공'(空)의 기록, '공'에 회오리바람처럼 몰려드는 하나님의 사랑 ― 그것이 퍼져가는 인간과 자연에의 사랑"에 매혹되었다. 그뿐 아니라 그는 『톨스토이의 십이경』과 그의 저작을 읽으며, "부요한 귀족으로서 자기 토지를 소작인들에게 나누어주고 농민들과 노동을 같이 하면서도 오히려 부족하여, 어느 낯모르는 동네의 천한 머슴이 되기 위해 몰래 집을 나와 시골 작은 정거장 대합실에서 급성 폐렴으로 세상을 떠난 톨스토이의 영원한 불꽃"을 부러워하였다.

김재준이 그리스도의 반사광이라고 본 인물은 아시시 성 프란체스코와 톨스토이뿐만 아니었다. 그는 가가와 도요히코(賀川豊彦)의 고베 빈민촌 생활을 동경하며 일등원 그룹의 무소유 생활을 그려보았다.[18] 결국 그는 "돈과 하나님은 함께 섬기지 못한다", "여우도 굴이 있고 공중에 나는 새도 깃들일 곳이 있지만 나는 머리 둘 곳이 없다"고 하신 하나님 아들의 무소유 생활이 태양이었고, "다른 분들은 그 '반사광'이었다고 생각된다"[19]고 하며 청빈한 삶을 결심하였다.

회심 체험 직후 김재준이 갖게 된 자유 인식은 소유에 대한 자유

인식으로 시작되었지만 그가 귀향하여 소학교 교사가 된 후 생명으로
부터의 자유 인식으로 발전하였다. 평일에는 소학교에서 교사로서 가
르치고 주일에는 예배를 인도하던 김재준은 어느 날 "예수쟁이 교사"
를 내쫓는다며 몽둥이를 들고 다가오는 동네 청년들의 위협 속에서도
두려움 없는 평안을 누렸다. 훗날 김재준은 당시의 체험에 대하여 "나
는 웬일인지 마음이 유난스레 평안했다. 성령의 위로란 이런 것이구
나 싶었다. 인간의 감정, 판단, 설계, 심리 작용 등등 혈육에 속한 것이
아니라 위에서 주어지는 '영'의 감격이었다"[20]라고 고백하였다. 이와
같은 김재준의 체험은 일종의 신비 체험이다. 이에 대해 김재준은 "성
령의 위로", "위에서 주어지는 '영'의 감격"으로 인식하였다.

　이를 통해 김재준이 미국 유학을 마칠 무렵 어느 선교사로부터 "네
가 근본주의냐, 자유주의냐?" 하는 편 가름의 질문을 받았을 때 다음
과 같이 주장할 수 있었던 것은 그의 회심 체험에서 비롯되었다고 본다.

> … 나는 무슨 '주의'에 내 신앙을 주조할 생각은 없으니 무슨 '주의자'라
> 고 판 박을 수 없소. 그러나 나는 생동하는 신앙을 은혜의 선물로 받았다
> 고 믿으며 또 그것을 위해서 늘 기도하고 있소. 내가 어느 목표에 도달했
> 다고 생각할 수는 없지만, 그리스도를 목표로 달음질한다고는 할 수 있
> 을 것 같소. 기어코 무슨 '주의'냐고 한다면 '살아계신 그리스도주의'라고
> 나 할까? 나는 하나님께서 자신의 경륜대로 써 주시기를 기도할 뿐이며,
> 또 그렇게 믿고 있소.[21]

　이러한 신앙 체험에서 비롯된 김재준의 자유 사상은 삶으로 실천
되었다. 김재준 자신이 말한 것처럼 그는 1950년 한국전쟁 이후 남한
국민으로서 반공의식 없는 사람이 거의 없는 사회 분위기 속에서, 더

욱이 전투적 반공주의를 내포하고 있는 한국교회의 상황 속에서 상대
적으로 탈 이데올로기적 자세를 견지하였다. 그것은 1960년대 이후
박정희 정권에 대한 대항적 태도로 나타났다. 아래와 같은 박정희에
대한 김재준의 대항은 그의 신앙에 의한 발로였다.

> 독재자는 책임을 지지 않는다. 무신 유물론자니 하나님께 책임질 맘 뿐
> 새도 안 생긴다. 자기가 '신'의 자리를 점령했기 때문이다. '박이 곧 국가
> 다' 하는 오만자다.[22]

이러한 사실들에서 볼 때 김재준의 소유로부터의 자유, 생명으로
부터의 자유 그리고 탈 이데올로기적인 인식, 1960년대 이후 박정희
정권에 대한 대항적 태도 등은 회심을 계기로 시작된 초월에 잇댄 삶
에서 기인한 것임을 알 수 있다.

그렇지만 오늘날 김재준 인식에서 그의 신앙과 탈 이데올로기적
사상 그리고 현실참여를 분리된 것으로 보는 경우가 많다. 더욱이 그
가 평생 박형룡과 대립적 경쟁자 관계를 형성하게 됨에 따라 앞서 언
급한 것처럼, 김재준에 대하여 '그리스도의 처녀 탄생도 기적도 부활
도 믿지 않는 자'로, '성경 파괴자'로, 즉 '자유주의자'로 인식하는 경우
도 있다.

이러한 자유주의자로서의 인식은 전투적 반공주의가 보편화된 한
국전쟁 이후 남한 교회에서 김재준을 문익환, 박형규, 문동환 등을 통
해 인식함에 따라 부정적 의미에서의 진보적 사회운동가, 급진적인
통일운동가[23]로 인식하도록 영향을 끼쳤다. 즉 박형룡의 대립적 경쟁
자로서의 그와 문익환, 박형규, 문동환의 스승으로서의 그는 "김재준
에 대한 부정적인 의미에서의 파편적 인식"이다.[24]

김재준에 대한 파편적 인식은 그에 대하여 긍정적인 인식을 가진 이들에게서도 발견된다. 대표적으로 김경재의 경우가 그렇다.

김재준의 대승적 기독교 이해는 20세기 세계적 대신학자 칼 바르트(Karl Barth), 폴 틸리히(Paul Tillich), 라인홀드 니버(Reinhold Niebuhr) 형제, 본회퍼(Dietrich Bonhoeffer), 과정신학자 존 캅(John B. Cobb), 예수회 신부 테야르 드 샤르댕(Teilhard de Chardin)의 기독교 이해 입장과 큰 틀에서 같이 한다.[25]

이와 같은 김경재의 인식은 김재준의 자기 인식과 맞지 않는다. 왜냐하면 김재준 스스로가 일찍이 자신이 "주마간산(走馬看山)격으로 학자들의 영향을 받는 바는 있지만 특정한 누군가로부터의 영향을 절대적으로 받지 않았음"을 밝혔기 때문이다. 필자는 김재준을 세계적으로 알려진 학자들과 비교하기보다는 김재준이 성경에서 기인한 자유사상을 실천한 인물임을 강조해야 한다고 본다.

김재준은 단지 "기독교의 가장 근본적인 것을 확실히 보수하면서 자유하는 복음을 천명한다"고 주장하였다.[26] 더욱이 그는 "내가 어느 분의 책에 가장 많은 감화를 받았을까 하고 생각해 봐도 도무지 석연치 않다. 오히려 인간 심정을 산채로 영사(映寫)한 유명한 작품들에 맘이 끌리고 감격 비슷한 것을 느낀다"[27]고 주장하였다. 김재준의 평생에 걸친 관심은 어떤 학(學)보다는 자유로운 복음과 인간 자체에 있었다.

김경재의 김재준 인식에서 스승을 세계적인 학자들과 같은 범주에 두려는 노력이 보이지만, 김재준을 그렇게 범주화하는 것은 오히려 그를 파편적으로 인식하도록 하고 심지어 곡해된 인식을 갖도록 할 수 있다.

필자는 오늘날 김재준에 대한 인식이 대부분 파편적 인식 차원에서 머무르고 있다고 본다. 1930년대 자유주의 논쟁에서 시작되어 1960년대 이후 박정희 정권에 대항하는 현실 참여에 이르기까지 김재준에 대한 인식은 부정적인 의미에서의 파편적 인식으로 이어졌다. 그러나 김재준에 대하여 올바르게 이해하려면 그에 대한 파편적 인식이 아닌 통전적 인식을 가져야 한다. 그러한 의미에서 필자는 김재준을 '자유인'이라는 범주에서 그의 신앙, 행동을 포함한 삶을 전반적으로 고찰하려고 한다.

본서의 의의는 김재준을 일컬어 특정한 주의자라는 범주에 묶음으로서 파편적인 인식을 해온 지금까지의 인식을 '자유인'이라고 하는 큰 틀에서의 통전적 인식으로 전환하고자 하는 시도에 있다.

# 2 장
# '자유사상'의 배경*

김재준은 '변방의 사람'이었다. 그의 태생적 환경부터 그가 변방의
사람이었음을 말한다. 그러한 측면에서 이오갑의 다음과 같은 언급은
참으로 적절하다.

그가 어린 시절을 보냈던 함경북도 경흥군 아오지는 춥고 먹을 것이 변
변치 않은 한반도 북쪽 끝에 위치한 산간지대 마을이었다. 그곳은 가파
른 땅에 화전을 일구며 살아가야만 하는 '개척자들의 땅'이었던 것이다.
이와 같은 변방 지역은 정신적으로 중앙과 느슨한 유대만을 가지게 되
고, 어떤 점에서는 중심에 대한 반감과 저항 의식 같은 것들이 배태되는
곳이기도 하였다. 왜냐하면 그곳은 세도가들이라 해도 중앙 권력에서
밀려난 자들일 수밖에 없었을 뿐 아니라, 선비나 학자라 해도 유배 생활
을 하거나 이미 중앙에서 떠난 지 오래된, 말 그대로 '묻혀 사는 사람들'
이거나 그 후손들이 사는 곳이었기 때문이다.[1]

김재준은 일본과 미국에서의 유학 생활을 마친 후에도 당시 서북
기독교의 중심 지역인 평양이 아닌 변방 지역인 간도에서 활동하였
다.2 그가 약 3년 동안 활동했던 간도 또한 "새로운 삶을 개척할 수밖
에 없는 영세민들의 '신천지'로서, 조선 후기 정치 기강의 해이에 따른
탐관오리의 발호와 대재해로 인한 생존의 위협 속에서 목숨을 걸고
도강(渡江)한 후 황무지를 개간하여 정착한 개척자들의 땅"이었다.3

일본과 미국에서 유학을 마치고 돌아온 직후는 물론 평생 김재준
은 '변방의 인물'로 살았다. '자유주의 신학자'라는 호칭에 함몰되어 평
생 한국교회 주류의 인물이 아닌 변방의 인물로 산 것이다. 한국전쟁
이후 폭넓게 확산된 '공산주의'에 대한 공포로 인해 '반공주의'가 이른
바 신성불가침의 용어로 군림해 온 것처럼, 한국교회에서의 정통주의
또한 신성불가침의 용어로 군림해왔기에 일찍이 '자유주의자'로 낙인
된 김재준은 평생 한국교회 변방의 인물일 수밖에 없었다.

1953년 한국기독교장로회의 분립은 김재준이 결국 변방의 '지도
자'로서 자리매김한 결정적 사건이었다. 교단 분립의 원인에 대한 자
세한 언급은 이 단락에서 다루려는 범위를 넘기 때문에 자세한 논의
는 생략하려고 한다. 다만 1953년 제2차 장로교의 분열로 인해 김재
준을 중심으로 분립한 한국기독교장로회에 속한 이들이 소수에 불과
하였음을 밝힌다.4

김재준은 인생의 황혼기에도 변방의 사람이었다. 변방의 사람이
라는 표현보다도 '떠돌이'5였다는 표현이 더욱 적절할지도 모른다. 사
실 그의 삶 자체를 '떠돌이' 삶이었다고 볼 수 있다. 그는 고향에서 서
울로, 일본으로, 미국으로, 평양으로, 간도로, 서울로 그리고 캐나다
로 그리고 다시 고국으로 평생 떠도는 삶을 살았다. 그는 1940년 조선
신학교 설립 후 20여 년 동안 교수로, 학장으로 봉직하다가 1961년

5.16 군사정부의 "대학의 총·학장 중 만 60세 이상은 총사퇴하라"는 지시에 의해 아무 대책도 없이 학교를 떠났다. 학교에서 제공한 교직원 사택에 거주하며 청빈한 삶을 살아온 그에게는 거주할 집조차 없었다.6

현직에서 물러난 뒤 대한일보 논설위원으로 활동하며 유유자적한 삶을 살던 김재준은 1965년 한일 굴욕외교 반대운동을 시작으로 1969년 삼선개헌 반대 투쟁 위원회에 참여함으로써 박정희 군사정권에 본격적으로 대항했다.7 그로 인해 네 번의 가택연금 후 1974년 자녀들이 살고 있는 캐나다로 이주해야만 했다. 캐나다에서 거주하는 10년 동안 조국의 민주화와 통일을 위한 활동에 전념하다가 1983년 귀국 후 1988년 1월에 소천할 때까지 김재준은 한마디로 '떠도는 삶'을 살았다.

김재준은 왜 평생 떠도는 삶을 살아야 했을까? 필자는 그것이 1930년대부터 그를 따라다닌 '자유주의 신학자'라는 낙인에 기인한 것이라고 본다. 지금도 여전히 김재준은 자유주의신학자라는 낙인에서 자유롭지 못하다. 그것은 오늘날 김재준을 자유주의 신학자라고 일컫는 이들이 적지 않다는 사실에서도 알 수 있다. 특히 그와 평생 대립적 경쟁 관계를 형성한 박형룡을 필두로, 하비 콘(Harvie M. Conn),8 박용규,9 김길성10 등이 그렇게 주장한다. 이들은 모두 박형룡으로부터 영향을 받았거나 박형룡과 사상적 연계성을 가진 신학자들이다.11 그러나 신학자가 아닌 일반 역사학자로 활동한 김양선12조차 김재준을 자유주의 신학자로 분류하였다는 사실에서 김재준이 '자유주의 신학자'라는 인식이 한국교회에 폭넓게 확산되었음을 알 수 있다.

김재준 교수는 일본 청산학원의 자유로운 분위기 속에서 자유주의 신학사상을 회포(懷抱)하게 되었고, 미주에 과학(過學)하는 동안에는 가장 리버럴한 웨스튼신학에서 이미 기초 지어진 자유주의 신학사상에 만족할 수 있는 신학 연구에로 매진(邁進)하였다. 그는 파괴적인 성경 비판을 감행하는 극단의 자유주의 신학자는 아니었으나, 성경의 축자적 영감과 성경의 역사적, 과학적 무오를 역설하는 보수주의 신학자와는 완전히 대립되는 자유주의 신학자이었고 전통과 정통을 무시할 뿐 아니라 그것과 대결하여 싸우려는 철저한 자유주의 신학자였다.[13]

그러나 김양선의 주장은 설득력이 떨어진다. 김재준은 그의 자서전인 『범용기』에서 "아오야마학원 신학부에서의 '극단적인 자유주의 신학'과 프린스턴신학교에서의 '극단적인 정통주의 신학'을 경험한 후 이를 양기(揚棄)할 길을 찾아 고민하였다"라고 밝혔다.[14] 더욱이 당시 김재준이 공부한 웨스턴신학교가 "프린스턴과 같은 교단 신학교이며 신학적으로 그리 차이가 없었다"는 박용규의 언급에서도 김양선의 주장은 설득력이 떨어질 수밖에 없다.[15] 필자는 김양선의 주장이 서북 기독교의 보수적인 관점의 하나에 불과하다고 본다.[16] 김재준에 대한 극단적인 비판적 표현은 최덕성으로부터 발견된다.

김재준의 신학은 모든 것을 부정하는 부정신학(Nein-Theologie), 모두를 수용하는 포괄신학(Umgreifen Theologie), 마치 이것인 듯하기도 하고 저것인 듯하기도 한(Als-Ob) 신학, 어느 한 카테고리에 속하지 않는, 높고 먼 공중을 떠도는 장공신학(長空神學)이다.[17]

그는 김재준을 일컬어 "자유주의 신학자도 아닌, 그렇다고 해서 정통주의 신학자는 더욱 아닌 인물"로 표현하면서도 하비콘과 박용규의

논지에 기대어 자유주의 신학자로 규정하고 있다.[18] 그렇다면 김재준
은 자신의 신학사상을 어떻게 생각했을까?

> … 나는 무슨 '주의'에 내 신앙을 주조할 생각은 없으니 무슨 '주의자'라
> 고 판박을 수가 없오. 그러나 나는 생동하는 신앙을 은혜의 선물로 받았
> 다고 믿으며 또 그것을 위해서 늘 기도하고 있소. 내가 어느 목표에 도달
> 했다고 생각할 수는 없지만, 그리스도를 목표로 달음질한다고는 할 수
> 있을 것 같소. 기어코 무슨 '주의'냐고 한다면 '살아계신 그리스도주의'라
> 고나 할까? 나는 하나님께서 자신의 경륜대로 써 주시기를 기도할 뿐이
> 며, 또 그렇게 믿고 있소….[19]

김재준은 자신이 특정한 '주의자'로 분류되는 것을 거부하였다. '정
통주의'에도, '자유주의'에도 그리고 그가 이후에 자신의 신학을 설명
하기 위해 차용했던 '바르트의 신정통주의'에도 말이다.[20] 필자는 김
재준이 강조한 '주조할 수 없는 생동하는 신앙', '살아계신 그리스도
주의'에 주목한다. 이러한 맥락에서 그를 자유인이라는 범주로 고찰
할 수 있다. '자유주의 신학자'가 아닌 '자유의 신학자', '자유주의자'가
아닌 '자유인'으로 말이다.

필자는 이 단락에서, '자유의 신학자', '자유인'으로서 김재준의 삶
의 배경과 경험을 고찰하려고 한다. 이 단락에서 중점적으로 고찰하
려는 것은 그의 어린 시절 성장 배경과 국내외에서의 교육 배경이다.
이 글을 진행하면서 필자는 종종 박형룡을 언급하려고 한다. 박형룡
과의 비교를 통해 '자유인'으로서, '자유의 사상가'로서의 김재준을 이
해하는 데 도움이 되기 때문이다.

## 1. 어린 시절의 환경과 경험

김재준은 자신의 자서전 『범용기』의 여러 지면에 가족의 따뜻한
돌봄을 받으며 자란 유년 시절을 언급하였다. 그는 엄격한 유교질서
의 가부장적인 성품을 지녔지만 풍류를 즐기며 유유자적한 여생을 보
낸 아버지와 '위신(威信)스러움'과 동시에 인자한 어머니의 돌봄을 받
으며 성장하였다.21 그의 이야기를 들어보자.

> 나는 서당이 없어진 것을 무척 좋아했다. 아침에 아버님 앞에서 강(講)
> 을 바치고 그날 글을 배우고, 글제나 하나 받아 놓으면 그만이었다. 두세
> 번 읽는 것으로 암송 준비는 끝나는 것이니 나머지는 온통 자유 시간이
> 다. 소먹이 풀 베는 재미에 낫 들고 종일 싸다니기도 했다. 노성에도 올
> 라가고 소도 옮겨 매고, 뒷산, 앞뜰, 가재골, 온통 내 천지였다. 언덕바지
> 를 내리달릴 땐 다리에 날개 돋친 것 같았다. 맨발로 다녀서 발바닥이
> 구두 바닥같이 굳었다. 다섯째 숙부님과 함께 가재골에서 가재잡이도
> 했다. 아버님은 시상이 떠올라 마음에 드는 시라도 지으시면. 다른 방에
> 서 자는 꼬마(나)를 불러서 자작시를 읊어주셨다. 특히 초가을 입추에
> 서 추석에 걸쳐 푸른 하늘, 밝은 달, 맑은 바람, 익어 가는 곡식 등등의
> 계절이면 거의 매일 불려갔다. 그래서 아예 옆에서 자기로 했다. 그러노
> 라니 나도 풍월을 알 것 같고 풍월의 감흥이 제법 느끼어지기도 하는 것
> 같았다. 하지만 진짜 한 시 짓는 재주는 없었다.22

여기 언급한 고백은 김재준이 소학교에 들어가기 이전인 열 살까
지의 이야기이다. 이를 통해 그가 가족과 친척들의 따뜻한 돌봄을 받
으며 자유롭게 성장하는 어린 시절을 누렸음을 알 수 있다. 그뿐 아니

라 김재준이 미국 유학을 떠날 때 그의 가족들은 가족의 생계가 걸린 밭을 저당 잡혀 여비 일부를 마련해 주었고,[23] 김재준이 미국 유학을 마치고 귀국한 후 은진중학교의 교목 겸 성경 교사로 부임할 때도 집을 마련하도록 도움을 주었다.[24] 그만큼 가족들은 김재준에게 전폭적인 지지를 아끼지 않았다.

김재준은 아버지 김호병을 '글 하는 분'이라고 소개하였다.[25] 그것은 "유교의 선비 계급으로서 한문으로 기록된 유교 고전을 자유자재로 구사할 수 있는 지식인"을 의미한다.[26] 김호병은 유학 지식이 풍부한 인물이었다. 그러나 매관매직이 성행한 구한말, 여러 번 과거시험에서 떨어지고 귀향한 후 도연명의 〈귀거래사〉를 읽고 풍월을 벗 삼아 시를 쓰며, 농사를 짓고 아이들을 모아 글을 가르치는 유유자적한 삶을 살았다.[27] 이처럼 유학에 풍부한 지식을 가진 아버지로부터 김재준은 소학교 입학 전에 이미 「통감」, 「대학」, 「중용」, 「논어」, 「맹자」 등을 배웠다. 심지어 여덟 살 무렵에는 각기 일곱 권씩이었던 「논어」와 「맹자」를 암송할 수 있는 실력까지 갖추었다.[28]

어린 시절 쌓은 동양 고전과 한문 실력은 김재준의 생애 동안 큰 영향을 끼쳤다.[29] 그가 신학을 가르칠 때 서양에서 학문을 뜻하는 '앎', '지식'을 전하는 객관적인 지식과 논리의 교육이 아닌 동양에서 학(學)을 의미하는 '깨달음'에 초점을 둔 교육, 주체와 객체가 통전되는 '깨달음'에 초점을 둔 교육을 실천하였다.[30]

그러나 전통 유교의 가치에 갇힌 김호병은 기독교로 개종하지 않았다. 근엄하고 정중한 유교적 '수신제가치국평천하'(修身齊家治國平天下)라는 삶의 질서와 '하학이상달'(下學而上達)이라는 진리탐구 방식이 몸에 밴 유생일 뿐 아니라,[31] 유교의 높은 정신세계에 익숙한 그는 기독교를 "조폭(粗暴)하고 철없이 떠들기만 하는 종교"로 보았다.[32] 아버지를 개종시키지 못한 김재준은 "더 좋은 것이 제일 좋은 것의 원수"라는 속담을 기억하며 탄식하였다.[33] 김재준이 볼 때 그의 아버지가 평생 추구한 유교의 도덕적·철학적 정신세계는 전통적 샤머니즘이나 사이비 종교들 보다 훨씬 '더 좋은' 가치의 정신세계였지만, 자신이 경험한 기독교라는 영적 종교의 진리 체험은 '영적으로 그보다 더 높은, 제일 좋은 진리 세계'였다.[34]

김재준은 아버지로부터 문학적 재능과 학문적 자질을 물려받았고 어머니로부터는 자애로움 속에서도 위신(威信)을 잃지 않는 삶의 지혜를 배웠다. 그는 자신의 어머니를 "경원의 실학파 석학인 채향곡의 직계 사대 손이며 매우 인자하신 분"이었다고 소개하였다. 그는 제사나 환갑 같은 큰일을 치를 때, 집안 어른으로서 수십 명 젊은 아낙네들을 각기 책임 주어 일 시키고 보살피시는 온유하면서도 '위신 어린' 어머니를 존경하였다.[35]

어머니는 내 입에서 쌍스러운 말이 한마디라도 나오기만 하면 결코 가만두지 않으셨다. 반드시 책망하고 고쳐주셨다. 언젠가 내가 못된 장난을 하다가 어머니께 들켰다. 어머니는 사랑방에 나를 혼자 데리고 가셔서 머리칼에 빗질해 주시면서 책망하셨다. 나는 어머니 얼굴에 그런 '위신'이 감도는 것을 전에 본 일이 없었다. "그렇게 못된 장난하던 애가 후에 더 큰 인물이 됐다는 이야기는 있기는 하더라만!" 하시며 한숨과 함께 내 어깨를 쓰다듬어 주셨다. 그때부터 나는 어머니를 존경하게 됐다. 아버지와 형님이 모두 내게는 압력 권위였기 때문에 나는 노상 억울하게 당하는 일이 많았다. 그럴 때마다 나는 어머니께 호소했고 어머니는 아버님 앞에서 당당하게 나를 변호해 주셨다.[36]

앞서 언급한 것처럼 김재준은 어렸을 때뿐 아니라 성장하여 일본과 미국 유학을 다녀온 후에도 가족들의 전폭적인 사랑과 지지를 받았다. 그러나 그는 어린 시절 자신의 아버지뿐 아니라 자신과 나이 차이가 적지 않은 형을 대할 때조차 적지 않은 어려움을 느꼈다. 그것은 '압력 권위' 때문이었다. 김재준은 그것을 "유교 계층의 윤리가 인간관계에 경화증을 일으켰다는 사실 때문"이라고 보았다.37 이러한 유교의 계층 윤리에 대해 김재준은 반발심을 느꼈다. 특히 그의 누이들이 아버지의 가부장적 권위로 인한 독단에 의해 결혼하는 것을 목격했을 때 그러하였다.38

유교 가정에서 성장한 김재준이 기독교로 개종하게 된 이유에는 이와 같이 엄격한 유교의 계율에 대한 반발감도 있었다.39 가부장적이고 권위적인 질서 속에서 변함없이 온유한 모습으로 중간자 역할을 해주었고, 온유하면서도 위신 어린 모습을 보여준 어머니의 모습은 어린 김재준에게 무언(無言)의 교육으로 받아들여졌다.

김재준은 엄격한 유교적 계율이 적용되는 가정에서 어린 시절을 보냈다. 그러나 동시에 두만강 유역 창골 마을의 넓은 자연 속에서 마음껏 뛰어놀고 아름다운 자연을 누리는 어린 시절을 지냈다. 이처럼 "산세 좋고, 물 맑고, 사람 인심 좋은 산골 마을"의 환경은 어린 김재준의 품격 형성에 적지 않은 영향을 미쳤다.40

엄격한 유생으로서 가부장적 질서에 익숙한 아버지로부터 '압력 권위'를 느꼈지만 동시에 풍류를 벗 삼아 시를 쓰며 유유자적한 삶을 지낸 아버지로부터 문학적 감수성을 물려받았고 학문적 기반도 닦았다. '위신스러우면서도' 자애로운 어머니로부터 인격의 감화를 받은 김재준은 정서적인 안정 속에서 성장하였다. 경제적으로 부유하지는 않았지만 자작자급하는 가정에서 생계에 대한 염려 없이 성장한 어린

시절의 환경은 김재준이 여유롭고 따뜻한 심성은 물론 구속받지 않는
자유로운 시적 감수성 또한 갖추도록 하는 데 영향을 주었다.


## 2. 김재준의 교육 배경

### 1) 국내에서의 교육 배경

앞서 언급한 것처럼 열 살 이전에 동양 고전들을 눈감고 암송할 만
큼 실력을 갖춘 김재준은 향동소학교 3학년에 편입한 후에도 학업 성
적에서 1등을 놓치지 않았다.[41] 향동소학교에서 김재준을 가르친 교
사는 그에게 이질(姨姪) 조카 되는 김희영이었다. 그는 학생들에게 헌
신적인 교육을 베풀었을 뿐 아니라 민족정신을 불어넣어 줌으로 많은
학생에게 깊은 감화를 끼쳤다.[42]

그러나 필자는 향동소학교에서의 교육이 그가 장차 한국교회의
신학자로 활동하는 데 걸림돌로 작용한 교육 배경으로서 첫걸음이 되
었다고 본다. 그가 다닌 향동소학교는 선교사들이 운영하는 선교 학
교도 아니었고, 기독교인이 설립하고 운영한 사립학교 또한 아니었
다. 그로 인해 김재준은 선교사와 교분을 맺을 수 없었다. 그것은 김재
준과 평생 대립적 경쟁 관계를 형성한 박형룡과는 상반된 것이었다.

박형룡의 경우 신성중학교의 기초과정에서부터 미국 유학에 이르
기까지 모든 교육 과정이 선교사들과의 교분 속에서 이루어졌다. 박
형룡은 "신식학교인 소학교를 여섯 군데 다니면서 신학문을 배우다가
15세 때 의주 양실학교에 입학하였다. 그가 다닌 소학교들의 공통점
은 기독교와 서양의 문화 그리고 한국 민족주의를 결합한 교육 이념

2장 _ '자유사상'의 배경 41

이었다는 것이다.43 박형룡은 신식 소학교에서 공부한 후 평안북도 선천에 있는 선교학교(mission school)인 신성중학교에 진학함으로써 선교사들과 본격적인 교분을 가졌다.

김재준이 자작자급(自作自給)하는 가정에서 경제적 어려움 없이 아버지로부터 한문과 동양 고전을 배우며 성장한 것과는 달리, 박형룡은 술을 좋아하여 가산을 탕진한 아버지 밑에서 어린 시절을 보냈다. 그는 15세에 부모를 떠나 신성중학교에 입학하여 선교사들의 도움을 받으며 고학을 하였다.44 선교사 소안론(T. S. Soltau)은 15세의 나이에 신성중학교로 찾아온 박형룡을 다음과 같이 회상하였다.

먼지투성이의 꾀죄죄해 보이는 한 소년이 선교 학교(신성중학교)에 나타나 입학을 신청하였습니다. 그는 수업료를 낼만한 돈이 없었지만 교장은 소년들에 대하여 큰 사랑을 가지고 있었을 뿐 아니라, 그를 찾아온 젊은이들의 성격을 판단하는 특별한 은사를 지니고 있었습니다. 그는 박형룡에게 기회를 주기로 하고 입학을 허락하였습니다. 그리고 작업반에서 일을 하도록 배려해줌으로써 식비와 수업료에 필요한 돈의 일부를 벌 수 있도록 해주었습니다.45

박형룡은 15세에 가족을 떠나 신성중학교에 입학했기 때문에 선교사들에게 경제적인 도움을 받아야 했다. 선교사들로부터 도움을 받은 박형룡은 모범적인 신앙생활과 우수한 성적으로 선교사들의 기대에 부응하였다.46 박형룡은 신성중학교를 졸업한 후 선교사의 추천을 받아 숭실전문학교에 입학하였고, 숭실전문학교의 교수이며 평양신학교의 교장이었던 선교사 마포삼열의 추천으로 미국 유학을 다녀온 후 한국교회의 '주류'에 자리매김하였다.

박형룡과는 달리 김재준은 선교사들과 교분을 가질 기회가 없었다. 김재준은 새로운 학문을 배우기 위해 상경한 20대의 나이에 기독교를 접하였고, 회심 체험 이후에도 선교사를 만나 교분을 맺을 기회를 가지 못하였다. 결국 김재준은 일본과 미국에서 신학을 공부할 때도 선교사들과 교회들로부터 전혀 도움을 받지 못했다.

김재준은 미국 유학을 마친 후 활동에서도 많은 어려움을 겪었다. 유학을 떠날 때 한국교회의 반응이 "선교사의 추천생도 아니고 정식 장학생도 아닌 개인행동인데 교회에서 알게 뭐냐?"는 것이었고,47 유학을 마치고 귀국한 후의 반응 또한 "선교사의 소개도 없이 노회나 총회의 추천도 없이 제멋대로 나갔던 사람을 이제 와서 우리가 알게 뭐냐?"는 것이었다.48

이처럼 선교사와의 교분 문제뿐 아니라 김재준의 한국교회에서의 활동에 걸림돌이 될 수밖에 없었던 요인이 또 있었는데, 필자는 그것이 박형룡과 비교해 볼 때 상대적으로 빈약한 교육 배경이었다고 본다. 김재준이 받은 교육의 빈약함은 특히 국내 교육에서 발견된다. 김재준은 "내가 받은 기초 교육이란 초등학교 4년, 간이 농업학교 2년, 합쳐 6년밖에 없다"49라고 언급하였다. 김재준은 당시 최고 학부(전문학교)에 진학하고 싶었지만 간이농업학교 졸업을 진학 자격으로 인정받지 못했기 때문에 중학교 과정을 다시 거쳐야 했다.50

전문학교 진학을 위해 김재준은 속성으로 중학교 과정을 마칠 수 있는 중등학교에 입학했지만 경제적인 어려움으로 지속할 수 없었다. 그 후 YMCA 영어 전수과51 3학년 과정에서 1년간 공부하였는데 그마저도 졸업장을 받지 못했다. 경제적인 어려움으로 수업료를 못 냈기 때문이었다.52 비록 졸업장을 받지는 못했지만 그는 윤치호, 신흥우 등의 명사들이 강연하는 YMCA 일요 강좌에 매주 참석하고, 「개조」, 「중앙 공론」 잡지들과 그 밖의 일본 잡지들을 섭렵함으로써 지적 세계를 넓혔다.53 그러나 그러한 교육 배경은 상급학교 진학과는 관련 없는 것이었다. 필자는 이처럼 빈약한 국내에서의 교육 배경 또한 김재준의 한국교회 활동에서 걸림돌로 작용했다고 본다.

### 2) 국외에서의 교육 배경

먼저 그가 일본 아오야마(靑山)학원 신학부에서 공부할 때의 이야기를 들어보자.

… 그러나 내 평생 사업(life work)이란 것도 나는 모른다. 신학에 들어온 것도 어쩔 수 없이 몰려서 그렇게 된 것이고 목사 할 생각은 처음부터 없었다. 교회에 충성할 용의도 없었다. 일제하 조선에서 할 수 있는 일이 무어냐? 그래도 교육밖에는 없다는 결론이었다. 그게 비교적 자유로우면서도 후진들에게 뭔가 '혼'을 넣어 줄 접촉점이 된다고 믿어졌기 때문이다. 나는 기독교 사상과 신앙을 주축으로 한 유치원부터 소, 중, 고, 대학까지의 교육 왕국을 세워 보리라고 맘먹었다.54

김재준이 일본 아오야마학원 신학부에서 신학 공부를 하였음에도 불구하고 목사가 아닌 교육자가 되려고 한 이유는 무엇이었을까? 필자는 그가 향동소학교에 다닐 때 자신을 가르쳤던 교사 김희영으로부터 받은 영향이 적지 않다고 본다. 김재준의 이야기를 들어보자.

하루는 김희영 선생이 우리 삼사 학년 아이들을 모아 놓고 통렬한 애국연설을 했다. 그는 일인(日人)이 민비를 살해하고 궁궐 안을 마구 짓밟은 것, 이등박문이 농락하여 합방까지 강행한 것, 개화의 선봉들이 장렬

했다는 것, 이준 선생이 할복하신 일 등등을 이야기하고 난 후 "사천 년 역사와 이천만 민족이 이런 굴욕을 당해야 하느냐? 지금도 애국지사들이 해외에서 독립을 위해 싸우고 있다. 제발 여러분은 정신을 똑바로 가지고 대를 이어 싸우라" 하면서 아이들 앞에서 통곡했다. 아이들도 덩달아 엉엉 울었다…. 그 후(김희영이 떠난 후)의 향동 학교는 후손 없는 초상집 같았다. 이런 선생, 저런 선생 데려와 봤지만 선생 같지도 않았고, 선생답지도 않았다. 졸업기 가까이 되어서는 그나마 선생도를 버렸다. 그래서 김희영 씨가 회령에서 일부러 내려와 시험 보고 채점하고 졸업식까지 치러주었다.55

김재준이 향동소학교에 편입하였을 때 조선은 국권을 상실하고 일제의 강압적인 무단 통치를 받기 시작하였다. 김재준의 고백을 통해 김희영이 민족정신은 물론 교사로서 책임감 또한 남다른 인물이었음을 알 수 있다. 김희영의 모습은 어린 김재준에게 깊이 각인되었을 것이고 이후 자신이 평생 사업으로서 교육자로서의 길을 숙고하도록 하는 데 많은 영향을 끼쳤을 것이다. 김재준이 서울에서의 학업을 마치고 고향에 돌아와 3년간 교사로서 활동한 것 또한 그가 김희영으로부터 받았던 영향에서 기인한 바가 적지 않았을 것이다.56

김재준이 소학교 교사로 일을 한 이유에는 그가 서울에서 기독교를 접하고 회심하게 되었던 신앙적 동기가 강했다고 본다. 왜냐하면 그는 얼마든지 경제적으로 넉넉할 수 있는 직업을 선택할 수 있었지만 경제적인 넉넉함과는 거리가 먼 소학교 교사직을 선택하였기 때문이다. 서울로 공부를 하러 가기 전 간이 농업학교를 졸업한 후 김재준이 회령 군청 직세과를 거쳐 웅기 금융 조합에서 근무한 것은 이미 언급하였다. 금융 조합의 직원은 경제적으로 소학교 교사보다 넉넉하였

다. 그뿐 아니라 그가 금융 조합에 사직서를 내고 상경하기 직전, 어떤
사람의 밭을 대신 팔아준 후 두둑한 거간료를 손에 쥐었던 것으로 볼
때 그는 마음먹기에 따라 얼마든지 별도의 수입을 올릴 수 있었다.57

서울에서 공부하던 어느 날 김익두의 집회에 참석하여 "가슴이 뜨
겁고 성령의 기쁨이 거룩한 정렬을 불태우는 회심"을 체험한 후58 김
재준은 톨스토이의 저작들과 아시시 성 프란시스의 전기를 탐독하면
서 무소유의 기쁨을 깨달았다. 이러한 측면에서 그의 회심 체험은 무
소유의 청빈을 즐거워할 수 있는 새로운 영적 가치 발견의 계기가 되
었다고 본다. 이처럼 새로운 영적 가치를 발견한 김재준은 "돈은 하나
님과 함께 섬기지 못한다. 여우도 굴이 있고, 공중에 나는 새도 깃들일
곳이 있지만 나는 머리 둘 곳이 없다"라고 말씀하신 그리스도의 무소
유 생활을 동경하였다. 결국 "애당초 돈을 멸시하고 오직 믿음과 청빈
을 살자"라고 결심하기에 이르렀다. 김재준이 고향으로 돌아온 후 소
학교 교사직을 선택한 이유를 회심 체험의 측면에서 볼 수 있는 이유
가 여기에 있다.

그러나 김재준이 교육자로서의 자신의 평생 사업을 숙고하게 되
었던 이유 가운데 가장 중요한 것은 그가 언급한 "비교적 자유로우면
서도 후진들에게 뭔가 '혼'을 넣어 줄 접촉점"이라는 표현에서 보아야
한다. 그는 김익두 목사의 집회에서 회심을 체험하고 기독교인이 되
었음에도, 3년 동안 세례를 받지 않았다. 그 이유는 먼저 그가 성령으
로 세례를 받았다는 경험 때문에 물세례 같은 형식은 군더더기라고
생각했기 느꼈기 때문이었고, 둘째로는 세례받은 신자 즉 재직에서
별다른 인간 변혁을 찾지 못했기 때문이다.59

이와 같은 당시 교회를 목격하였기에 김재준은 "목사가 될 생각도
없었고 교회에 충성할 용의도 없었던 것"이다.60 그러므로 일본 아오

야마학원에서의 유학 경험이 김재준으로 하여 교육자로서 자신의 사상을 구체화 시킬 수 있는 계기가 되었음을 알 수 있다. 그와 같은 사실은 김재준이 아오야마학원에서 공부하는 동안 어떤 신학 이론에 관심을 갖기보다는 당시 아오야마학원의 학풍이었던 '자유' 자체에 더욱 관심을 가진 사실에서 알 수 있다. 그의 이야기를 들어보자.

> 청산학원이라면 '자유'가 연상된다. 학생이고 선생이고 간에 개인 자유, 학원 자유, 학문 자유, 사상자유 – 모두가 자유 분위기다. 물속의 고기 같이 자유 속에 살았던 것이다…. 학원은 거의 절대 자유여서 그야말로 '백화 쟁발'이었다. 기독 학생들의 노방 전도대, 캠퍼스 내 전도대가 거리와 교정을 부산하게 하는가 하면 좌익 학생들의 사회주의 선전도 요란했다.[61]

이처럼 아오야마학원의 학풍이었던 '자유'는 신학을 가르치는 교육자로 활동한 김재준에게 커다란 영향을 끼쳤다. 그러한 사실은 그가 송창근 등과 함께 설립했던 조선신학원의 설립 이념에서도 확인된다. 1940년 개원 당시 김재준이 발표한 조선신학교의 교육 이념은 다음과 같다.

1. 우리는 조선신학교로 하여 복음선포의 실력에 있어서 세계적일 뿐 아니라 학적, 사상적으로도 세계적 수준에 도달하도록 할 것.
2. 조선신학교는 경건하면서도 자유로운 연구를 통하여 자율적으로 가장 복음적인 신앙에 도달하도록 지도할 것.
3. 교수는 학생의 사상을 억압하는 일이 없이 동정과 이해하고 신학의 제 학설을 소개하고 다시 그들이 자율적인 결론으로 칼뱅 신학의 정당성을 재확인함에 이르도록 할 것.

4. 성경연구에 있어서 현대비판학을 소개하며, 그것은 성경 연구의 예비적 지식으로 이를 채택함이요 신학 수립과는 별개의 것이어야 할 것.

5. 어디까지나 교회의 건설적인 실재 면을 고려해 넣은 신학이어야 하며 신앙과 덕의 활력을 주는 신학이어야 한다. 신학을 위한 분쟁과 증오, 모략과 교권의 이용 등은 조선교회의 파멸을 일으키는 악이므로 삼가 그러한 논쟁을 하지 말 것.[62]

본래 목사가 아닌 교육자로 자신의 평생 사업을 염두에 두었던 김재준은 결국 신학을 가르치는 교육자가 됨으로써 꿈을 이루었다. 사실 김재준은 송창근의 권유로 일본 유학을 시작하였지만 처음부터 유학을 떠나는 구체적인 목적을 그린 것은 아니었다. "그만큼 촌에서 일했으니 이제부터는 네 공부를 해야 하지 않느냐? 다들 고학하는데 넌들 못하겠나?" "여비가 마련되는 대로 덮어 놓고 동경에 오라"고 한 송창근의 권유에서 시작된 김재준의 일본 유학은 그야말로 '덮어 놓고 시작한' 것이었다. 간신히 일본에 가는 경비만 마련한 채 "하나님이 보내시는 대로 간다는 신념"으로 시작한 일본 유학이었기에 그는 준비가 갖춰지지 않은 상황에서 시작해야만 했다.[63]

아오야마학원 신학부에서 김재준은 정규학생이 아닌 청강생이었다. 수업 기간도 한 학기 부족했고 학기금, 학우회비, 기숙사비 등을 한 푼도 내지 못했다. 그렇지만 학교 당국은 김재준에게 졸업시험을 치를 수 있도록 배려해 주었다. 김재준이 졸업 논문으로 제출한 "바르트의 초월론"을 학교 당국이 받아줌으로써 김재준은 졸업장을 받을 수 있었다.[64]

그가 아오야마학원에서 인상 깊게 경험한 '자유'는 이후 미국에서 신학을 공부하는 데 중요한 기준을 제시해 주었다. '아오야마학원 신학부'에서 접하게 되었던 '자유주의 신학'[65]이 아닌 '아오야마학원'에서 접하게 되었던 학풍인 '자유'가 말이다.

김재준은 미국 유학 중에 프린스턴신학교에서 1년 과정을 마친 후 웨스턴신학교로 학적을 옮겨서 신학사 학위와 신학석사학위를 취득하였다. 그가 프린스턴신학교에서 신학사와 신학석사 학위를 취득한 박형룡과는 달리 프린스턴신학교에서 학업을 마치지 않고 웨스턴신학교로 전학하여 학업을 마친 정확한 이유는 알 수 없다. 그의 자서전인 『범용기』에 "(웨스턴신학교가) 학비, 기숙사비 모두 면제였고 장학금은 프린스턴보다 백 불 더한 삼백 불이었다"[66]라고 언급한 것을 보아 경제적인 문제 때문이었음을 짐작할 수 있다. 그러나 다음과 같은 언급을 통해 그가 프린스턴신학교를 떠나 웨스턴신학교에서 공부를 한 또 다른 이유를 알 수 있다.

> 내가 1925년 이래 일본 청산학원에서 공부할 때 나 자신은 자유주의 신학이 전성할 때였습니다. 그러나 졸업할 때는 자유주의 신학이 막다른 골목에 이마를 부딪친 것 같은 느낌으로 이것을 양기(揚棄)할 길을 찾아 고민하였습니다. 그 후 곧 프린스턴에 가서 메첸 박사의 강의를 열심히 들었습니다. 많은 배움이 있었으나 그곳을 떠날 때 나는 극단의 정통주의 신학이 역시 막다른 골목에서 스스로 발악하는 고민상을 여실히 보았습니다. 그 후 만 2년 동안 나는 이 두 신학을 양기하면서 둘을 다 살리는 건설적인 참된 '정통'신학이 수립되기를 기원하여 스스로 노력해 왔습니다.[67]

만약 김재준이 아오야마학원 신학부에서 접한 '극단의 자유주의 신학'과 프린스턴신학교에서 접했던 '극단의 정통주의 신학'을 양기하

면서 참된 '정통'주의 신학의 수립을 위한 노력의 방편(方便)으로 웨
스턴신학교에서의 공부를 결정하였다면, 그가 '정통주의'와 '자유주
의'를 아우른 폭넓은 신학적 탐구를 목적으로 프린스턴신학교에서 1
년 동안 공부한 후 웨스턴신학교로 옮겼다고 볼 수 있다. 김재준의 이
와 같은 행보(行步)는 박형룡과는 달랐다. 박형룡은 미국에서 본격적
으로 신학을 공부하기 이전부터 방어적인 생각을 가졌다.

> 8년 전 이 논문의 저자(박형룡 자신)가 미국에 학업 차 건너가고 있었
> 다. 그는 특별히 무엇을 공부해야 할지를 아직 결정하지 않은 상태였다.
> 태평양을 항해하던 어느 날 그는 일본에 유학 중인 한국인 학생들이 발
> 행하는 잡지를 읽게 되었다. 그는 한 글을 읽는 도중에 이 문제를 해결하
> 기 위한 답이 떠올랐다. 그 글은 "어느 무신론자의 종교관"이라고 하는
> 글이었는데, 학문적이지는 않았으나 극단적인 무신론자의 입장에서 쓴
> 하나님을 모독하는 글이었다. 이 글을 읽는 가운데 필자는 기독교의 신
> 앙인들을 대신해서 참을 수 없는 분노가 일어나는 것을 느꼈다.[68]

박형룡은 당시 재일유학생들이 발행한 잡지인 「학지광」에 실린
반기독교적인 논조의 글을 보고 분노를 느꼈고, 이는 장차 그가 미국
에서 변증학을 공부하기로 결심한 계기가 되었다. 그러나 필자는 이
와 같은 박형룡의 태도에서 사상적으로 미숙한 20대 청년의 모습을
본다. 당시 「학지광」이 세속적 인문주의에 그 사상의 기반을 둔 문예
지로서 반기독교적 논조를 보이는 글들이 다수(多數)였던 것은 사실
이었지만[69] 그 또한 사상적으로 미숙했던 20대 젊은이들의 미숙한 사
상에 의한 산물이었다. 그러니까 사상적으로 미숙한 청년 박형룡이
그와 마찬가지로 사상적으로 미숙한 청년들의 반기독교적 논조의 글

들을 보고 참을 수 없는 분노를 느낌으로써 방어적인 성격을 가지는 결정적인 계기가 되었다는 것이다.

이처럼 처음부터 방어적인 생각을 가지게 된 박형룡은 '정통주의'와 '자유주의'를 아우르는 신학적 순례를 할 수 없었다. 박용규의 표현을 차용한다면 그야말로 '알짜 정통주의'[70]의 틀 안에서 자신의 신학을 정립시켜나갔다고 볼 수 있다. 더욱이 선교사들의 도움으로 미국에서 신학 공부를 하게 되었던 박형룡은 김재준처럼 폭넓은 신학 순례를 할 수 없었다.

이를 통해 박형룡과 김재준이 상반된 행보를 보인 이유를 알 수 있다. 앞서 언급한 것처럼 김재준이 누구도 의지할 수 없는 가운데 오직 "하나님이 보내신다는 신념"으로 "덮어 놓고 강행했던" 유학 생활을 한 것과는 반대로 박형룡은 선교사들의 도움으로 유학 생활을 하였다. 이처럼 김재준과 박형룡의 상반된 시작은 그들이 신학을 공부하는 목적과 방향에서도 상반된 모습으로 나타났다. 앞서 언급한 것처럼 김재준이 뚜렷한 목적을 지니지 않은 채 일본 아오야마학원 신학부에서 공부했던 것과는 달리 박형룡은 마포삼열을 비롯한 미국 북장로교 선교사들이 원하는 인재가 되어야 한다는 목적으로 공부하였다.

김재준과 박형룡은 귀국 후에도 상반된 모습을 보여주었다. 귀국 후 박형룡은 평양신학교 교수 및 「신학지남」의 집필자로서 한국교회의 핵심적인 신학자로 자리매김하였다. 그러나 김재준은 '비주류'로, 변방의 학인으로 활동할 수밖에 없었다. 박형룡이 서북 기독교의 중심이었던 평양에서 한국교회의 중심인물로 활동하는 동안 평양에 발을 붙이지 못하고 간도로 밀려 나간 김재준의 모습은 그것을 상징한다.

## 3. 소결

'자유인'으로서 김재준은 어느 날 갑자기 형성되지 않았다. 성장기부터 그를 둘러싼 배경과 경험 하나 하나가 김재준이 자유인으로 형성되는 데 영향을 끼쳤다. 어릴 때부터 그러한 경험들을 체득한 김재준은 이후 '무소속'의 자유인으로서, 오직 그리스도께만 속하기 원하는 자유인으로서 자신의 정체성을 말할 수 있었다. 이런 맥락에서 볼 때 "김재준은 철저한 자유주의자도 아니고, 철저한 바르트주의자도 아니다. 정통주의자는 더욱 아니다"라는 최덕성의 표현은 맞다. 역설적이기는 하지만 "나는 무슨 '주의'에 내 신앙을 주조할 생각은 없으니 무슨 '주의자'라고 판 박을 수 없다"고 표현한 김재준 자신의 언급 또한 최덕성과 다르지 않다. 그러나 최덕성과 김재준 자신의 표현은 상반된 의미를 담고 있다. 최덕성의 주장은 김재준이 "정통주의냐? 혹은 자유주의냐?"라고 하며 어느 편인지 선택을 묻는 의미를 담고 있지만, 김재준의 주장은 사상의 검증을 강요하는 한국교회 현실 속에서 자신 생각의 획일화를 거부하는 의미를 담고 있다.71

이처럼 '김재준다운' 생각72을 가지고 있던 그에게는 한국교회에서의 '비주류' 혹은 '변방', 더욱 솔직하게 표현한다면 '떠돌이의 삶'이 기다리고 있었다. 그와 평생 대립적 경쟁 관계를 형성했던 박형룡이 평양신학교의 교수로, 「신학지남」의 편집인으로 한국교회의 핵심에서 활동할 때, 김재준은 변방의 땅 간도로 가야만 했다.

태생에서부터 김재준이 걸어온 길은 이른바 '자유인'으로 성장하는 과정이었고 '자유인'의 삶을 걸어가는 발자취였다. 그는 자유인으로 살려고 하였지만 보수적인 한국교회의 풍토에서 변방의 인물로 떠도는 삶을 살았다. 변방 함경도에서 서울로, 서울에서 일본으로, 일본

에서 미국으로, 미국에서 조선으로, 조선에서 간도로, 간도에서 조선
신학원 설립과 한국기독교장로회로의 분립으로 말이다.

김재준은 자유인이고 싶었지만 한국교회는 그를 자유주의 신학자
라고 낙인을 찍었다. 그러나 김재준과 대립적 경쟁자 관계를 형성한
박형룡은 평양신신학교의 교수로, 「신학지남」의 편집인으로, 예수교
장로회 합동 교단의 대표적인 인물로 살았다.

오늘날 김재준을 일컬어 "근본주의와 독재에 맞선 예언자적 양
심"[73]이라는 칭송이 있지만 그러한 평가 또한 오늘날 한국교회의 소
수에 불과하지 않을까? 여전히 김재준은 '자유주의 신학자'라는 낙인
에서 자유롭지 못하다. 그러므로 오늘날 자유주의 신학자가 아닌 자
유인으로서의 김재준 연구가 활발하게 일어나야 한다. 지나친 비판과
칭송이 배제된 객관적 시각에서 말이다. 김재준은 한국교회뿐 아니라
한국 현대사에 있어서도 커다란 족적을 남긴 인물이었기 때문이다.
그러므로 김재준을 새롭게 연구하는 것은 특정한 인물 연구를 넘어
한국교회 역사 전반을 새롭게 연구하는 것이다.

# 3 장

# 김재준의 회심

김재준은 인생의 황혼기 어느 날 자신의 청년기를 다음과 같이 회
상하였다.

> 내가 20대 이상과 공상이 뒤섞여, 무지개 타고 하늘에 오르는 동화의 세
> 계가 생각의 테두리에 맴돌고 목가적인 낭만이 자연과 인간 사이에 감미
> 로울 무렵에 그리스도가 찾아오셨고 아시시 성 프란체스코가 손을 잡아
> 주었다.[1]

이 글은 1921년 늦가을[2] 승동교회에서 열린 김재준이 당시 유명
한 부흥사였던 목사 김익두가 인도하는 집회에 참석하여 경험한 회심
의 체험을 회상한 글이다. 사실 김재준은 그 집회에 특별한 목적이 없
이 다만 예배당 안과 밖, 뜨락과 담장 위에까지 사람들로 가득할 만큼
인산인해를 이룬 광경에 호기심을 갖게 되어 참석하였을 뿐이었다.
그렇지만 김재준은 집회 마지막 날 회심을 체험하였다.[3] 김재준은 자

신의 회심 체험을 '낭만적 체험'으로 기억하였다.

그러므로 이와 같은 김재준의 회심 체험은 '빡빡한 현실주의'로부터 '아름다운 낭만주의'로의 들어섬이라고 말할 수 있다. 왜냐하면 김재준 스스로가 자신의 기독교 입문에 대하여 '유교의 빡빡한 교훈과 계율'을 초월한 '자유로운 영'의 사람으로서의 '낭만적 체험'이라고 말하였기 때문이다.[4] 회심 체험을 기점으로 김재준은 빡빡한 현실주의로부터, 계율을 따지는 빡빡한 유교로부터 탈출하여 낭만적이고 자유로운 기독교로 들어서게 되었다. 김재준의 이야기를 들어보자.

조부님 생전에 우리 아이들은 무서워서 감히 그 앞에 서지도 못했다. '재롱'이란 꿈에도 생각할 수 없었다. 그런 환경에서 자란 어린 '혼'이 자유분방할 까닭이 없다. 더군다나 유교 문화는 누구 말마따나 '노인문화'였다. 사람은 점잖아야 한다. '젊지 않아야' 사람이란 말이다. 한국문화는 유교에서 젊음을 잃었고 민족은 그 생명이 늙었다…. 수다한 곡절을 거쳐 나는 서울에서 그리스도인이 됐다. 나 자신으로 보더라도 나의 그리스도 신앙이 나 자신의 결단만으로 된 것이 아님을 안다. 성령의 역사를 나는 부정할 수 없다. 나는 서울 승동교회에서 열린 김익두 목사님 부흥회에서 그리스도인으로 결단했다. 그 순간 나는 그리스도 안에서의 자유를 경험했다. 지금까지의 유교적인 윤리와 규례에서 해방했다. '분토같이 버렸노라' 한 '바울'의 말이 영락없는 '내' 말로 된다.[5]

그러나 필자는 김재준의 회심 체험 이전 삶을 모두 유교적 계율에 매인 부정적인 삶의 체험으로 점철된 것으로 보지 않는다. 왜냐하면 "20대의 이상과 공상이 뒤섞여, 무지개 타고 하늘에 오르는 동화의 세계가 생각의 테두리에 맴돌고 목가적인 낭만이 자연과 인간 사이에

감미로울 무렵"이라는 김재준의 언급에서 "재롱이란 꿈에도 생각할
수 없었기에 어린 '혼'이 자유분방할 까닭이 없었던 삶, 점잖은 사람이
기를 강요하는 유교문화 속에서의 체험만으로 점철된 삶" 속에서는
그와 같이 "목가적이고 낭만적인 사고"를 발견하기 어렵기 때문이다.

　김재준의 어린 시절 환경에 대하여 구미정은 "개종이 용납되지 않
는 완고한 유교 집안"에 주목하며,6 이오갑은 "책 앞에서 한눈팔거나
딴청할 때마다 떨어지는 회초리와 일장훈시"7 등에 주목한다. 이들은
특히 김재준과 그의 아버지 김호병과의 관계를 이와 같은 관계로 말
한다.

　물론 어린 시절에 대한 김재준의 기록 속에서 그와 같은 모습이 발
견되기는 하지만 그의 어린 시절의 환경을 그러한 측면에서만 보아서
는 안 된다. 왜냐하면 김재준의 어린 시절 환경, 특히 아버지와의 관계
에서 '자유하는 영'으로서의 회심 체험에 긍정적인 영향을 끼친 측면
이 발견되기 때문이다. 그렇기에 필자는 김재준의 회심 체험에서 그
의 언급에 나타나는 어린 시절의 경험, 특히 아버지와의 관계를 중점
적으로 살펴보려고 한다.

　필자는 김재준의 회심 체험과 어린 시설의 환경을 언급하는 가운
데 그와 일평생 대립적 경쟁 관계를 형성한 박형룡의 회심 체험과 어
린 시절의 환경 또한 간헐적으로 언급하려고 한다. 왜냐하면 박형룡
과의 비교를 통해 김재준의 '자유하는 영'으로서의 회심 체험을 더욱
풍부하게 이해할 수 있기 때문이다.

## 1. 성장기의 '자유' 경험

### 태생적 환경과 가족관계

김재준 자신의 어린 시절에 대한 언급을 보면 그가 자유로움과 근
엄함이 동반된 환경 속에서 성장하였음을 알 수 있다. 먼저 태생적 환
경을 볼 때 어린 시절 김재준이 자유로운 환경 속에서 생활하였음을
알 수 있다. 그가 태어나고 자란 함경북도 경흥군 아오지읍 창골마을
의 자연환경은 어린 김재준이 자유로운 성격을 형성하도록 적지 않은
영향을 끼쳤다. 그의 이야기를 들어보자.

> 나는 인가가 별로 없는 관북의 어느 산간 외홋의 집에서 나서 거기서 소
> 년 시절을 지냈다. 산과 계곡과 밭과 시내, 그 어디를 가도 '입산금지'니
> '오프 리미트'니 하는 간판은 없었다. 한 고장에서 오순도순 같이 놀 동무
> 도 없었다. 그래서 밥만 먹으면 어디론가 정처 없이 돌아다녔다. 어쨌든
> '자유롭게' 자란 셈이라고 지금도 흐뭇하게 회상하곤 한다. 20리 길을 가
> 서 가로막힌 송진산맥을 넘으면 바다가 있다고 들었다. 바다는 하늘에
> 끝이 없다고 들었다. 그게 그렇게 보고 싶었다. 그래서 여덟 살 때 삼촌
> 의 콩 실은 우차를 자원해 몰고 소와 함께 팔십 리를 걸어 송진산을 넘어
> 서 웅기로 가 본 일이 있다.[8]

'입산금지', '오프 리미트'는 '구속'(拘束)이 없었던 김재준의 어린
시절을 상징한다. 김재준은 자신의 어린 시절 가정의 분위기에 대하
여, 특히 아버지 그리고 손윗형과의 관계에 대하여 "압력 권위"라고
표현하며 "유교적 계층 윤리가 만든 인간관계의 경화증"이라고 말하

였다.9 그러나 필자는 그가 수직적 질서와 가장의 일방적인 권위 속에서 압박된 삶을 살았다고만 보지 않는다. 그러한 사실은 김재준의 아버지인 김호병의 성품이 김재준에게 끼친 영향에서 알 수 있다. 물론 김호병이 "근엄하고 정중한 유생"10이었지만, 김재준에게 일방적인 압력 권위만을 행사하는 권위적 인물은 아니었다. 김호병은 엄격한 유생임과 동시에 풍류를 즐기는 다정다감한 인물이었다.

매관매직(賣官賣職)이 흔했던 구한말, 김호병은 과거에서 실패하고 낙향하여 도연명의 〈귀거래사〉를 읽으며 풍월을 벗 삼아 흥이 나면 시를 쓰고 농사를 지으며, 아이들을 모아 글도 가르치는 유유자적한 생활을 하였다. 특히 초가을 입추에서 추석에 걸쳐 푸른 하늘, 맑은 달, 맑은 바람, 익어 가는 곡식 등등의 계절이면 어린 김재준을 거의 매일 옆에서 재우며, 자작시를 읊어주었다.11 이러한 어린 시절 경험으로 김재준은 아버지로부터 따뜻한 문학적 감수성을 물려받을 수 있었다.

물론 김재준이 20대 청년 시절 서울 승동교회에서 열린 김익두 목사가 인도하는 부흥 집회에 참석하여 회심을 경험하고 기독교인이 되었을 때 김호병은 엄격한 유생으로서의 반응을 보인 것이다. 김재준으로부터 수차례에 걸쳐 일종의 "변증론"이기도 하고 신앙고백의 성격을 띠기도 한 장문의 편지를 받은 후 그는 "네가 부모형제까지도 파리 변사(笆籬變事)로 여기고 무부무군(無父無君)의 묵적(墨翟)의 도를 따르니 마음이 아프다. 아마도 네가 환장한 것 같다"12는 답장으로서 엄격한 반응을 보였다.

그렇지만 김호병은 김재준의 장래 문제에 대하여 인격적이고 자유로운 입장을 보였다. 그러한 사실은 김재준이 기독교인이 된 후 그의 신앙생활을 단호하게 반대하지 않았을 뿐 아니라13 김재준이 미국 유학을 마치고 귀국한 후에도 아들과의 종교적 차이에 의한 절연을 선언하지 않고 "이제부터 '교(敎) = 宗敎'에 대해서는 말하지 않기로 하자. '부자유친'만으로 '친'할 수 있을 게 아니냐?"라고 하였다는 것에서 알 수 있다.[14]

김재준이 간도 은진중학교에 근무할 무렵을 회상한 다음과 같은 언급에서도 그들의 관계가 압력 권위에 의한 일방적 수직관계이기만한 것이 아니었음을 알 수 있다.

> 나는 부모님을 내 집에 모시고 살았으면 하고 평생에 염원해 왔다. 극진히 대접하고 즐겁게 만들기 위해 드릴 수 있을 것 같았다. 특히 아버님은 산수와 풍류를 아시는 분이시라 보시는 명승마다 시흥이 솟구치리라 믿어진다…. 내가 살림을 차린 다음 해 단오였던가 아버님이 용정에 오신다고 기별이 왔다. 우리는 마중 나가 모셔 들였다. 말쑥한 새 의장에 등사립(갓)을 받쳐 쓰셨다. 아내는 세 끼 고기반찬에 산해진미로 정성을 다했다. 내 집에 아버님 모신다는 게 그렇게 좋아서였다.[15]

물론 김재준의 회심 체험 후 고향 창골집에서의 생활을 마치 '귀향살이'처럼 느꼈지만, 그것은 김재준 개인의 정신적 이질감에 의한 것으로 보아야 한다.

필자는 이처럼 어린 시절의 환경, 특히 아버지와의 인격적인 관계 형성이 김재준의 회심 체험에 긍정적인 영향을 주었다고 본다. 김재준은 자신이 김익두 목사가 인도했던 한 부흥 집회에 참석하여 경험했던 회심 체험을 '성령에 의한 체험'이라고 언급하였지만 그것은 동시에 스스로 내린 결단에 따른 인격적 체험이었다. 어린 시절의 자유로운 환경과 아버지와의 인격적인 관계가 회심 체험에 긍정적인 영향을 끼친 사실은 김재준과 평생에 걸친 경쟁적 대립 관계를 형성하게 되었던 박형룡의 회심 체험과 비교해 볼 때 더욱 명확해진다.

## 2. 김재준과 박형룡의 회심 체험 비교

김재준은 처음으로 참석했던 집회 마지막 날의 회심 체험을 다음과 같이 회상하였다.

> 마감날 나는 그의 설교에 말려들고 말았다. 그건 "닭이 달걀에서냐, 달걀이 닭에서냐?" 하는 얘기였는데 창조주 신앙이 없다면 모든 것이 '순환'일 뿐이요, '해결'은 있을 수 없다는 내용의 것이었다. '옳다!'고 생각되자 '믿겠다!'고 결단했다. 갖고 온 예의 성경은 있었지만 '찬송가'는 없었다. 찬송가까지 사서 손에 들 때 내 가슴 속에는 무언가 뜨거움이 올랐다. 고요한 고장을 보면 기도할 의욕부터 생긴다. 성경을 밤새가며 읽었다. 감격해서 뻘건 연필로 줄을 무턱대고 그으면서 탐독했다. 전도하고 싶은 생각이 불현듯 일어났다. 삶의 방향이 달라졌다. 그 의미도 달라졌다. 그 전 생활은 '분토'같이 여겨졌다. 나는 '새사람'이 됐다고 느꼈다.[16]

김재준은 자신의 회심 체험을 신약성경에 언급된 '바울'의 표현을 차용하여 표현하였다.[17] 물론 그의 회심 또한 바울에게서 볼 수 있는 것처럼 삶의 지향성에서 극적인 변화가 이루어진 회심이었다. 그러나 김재준의 회심 체험에는 신약성경에 언급된 바울의 경우와 다름 또한 발견된다. 왜냐하면 바울의 회심 체험이 신비적이고 불가항력의 종교적 체험이었다고 한다면 김재준의 경우에는 신비적이고 불가항력의 체험이라기보다는 인격적 결단에 의한 회심에 가깝기 때문이다.[18]

김재준의 회심 체험에서 공포의 감정이 아닌 기쁨과 환희의 느낌만을 경험하였다는 것에 주목해야 한다. 그 자신이 고백한 것처럼 "가슴이 뜨겁고 성령의 기쁨이 거룩한 정열을 불태우는 느낌",[19] "병아리가 껍질을 깨고 나오듯이 '영의 사람'이 '자연인'의 껍질을 깨고 다시 탄생한 환희[20]의 느낌말이다. 이처럼 공포가 동반되지 않은 기쁨과 환희로서의 회심 체험은 박형룡과 다르다. 왜냐하면 박형룡은 공포 감정을 수반한 회심을 경험하였기 때문이다. 그는 선교사 소열도(T. S. Soltau)에게 다음과 같이 털어놓았다.

그 밤에 연설자는 예수가 죄인들을 구속하기 위해 십자가에 죽었다는 이야기며, 주 예수를 믿어 죄 용서를 받는 사람들에게 하늘의 영광이 기다리고 있다는 이야기 등을 했습니다. 예수를 믿는 이들은 영광의 문으로 들어가고 믿지 않는 자들은 영원한 지옥에 떨어진다는 거예요. 그 설교를 듣고 우리 삼형제는 큰 충격을 받았습니다. 겨울철 우리는 매 주일 산 고개를 넘어, 그 마을에 세워진 조그만 예배당에 참석했습니다. 날이 가고 달이 가면서 저는 마음을 깨끗하게 하고 주님과 참된 교제를 가지기 위해 가능한 무슨 일이든 하겠노라고 작정하게 되었습니다.[21]

박형룡의 언급에는 김재준이 느꼈던 기쁨과 환희와는 달리 공포와 충격의 느낌이 발견된다. 박형룡은 "영원한 지옥"이라는 설교자의 말을 듣고 '큰 충격'을 받은 것이다. 공포스러운 느낌이 동반된 박형룡의 회심 체험은 처음 접한 기독교 신앙이 '은혜와 자유의 신앙'보다는 일종의 '계율적 신앙'으로 인식되었음을 의미한다. 이처럼 기독교 신앙을 계율적 신앙으로 인식하게 된 박형룡은 "주님과의 참된 교제를 갖기 위한" 방책으로서 기독교 신앙과는 거리가 먼 방법을 추구하였다.

박형룡의 이야기를 들어보자.

그런데 평소 세 사람의 중들과 친하게 알고 지내고 있었어요. 그 사람들은 '악을 듣지 말라. 악을 말하지 말라. 악을 보지 말라'라는 세 가지 삶의 원리를 이야기해 주었습니다. 그래서 저는 이 원리를 귀감으로 삼아 마음과 생각을 순결하게 만들겠다고 결심했습니다. 먼저 귓속에 낡은 천조각을 틀어박고서 이웃들의 지저분한 농담이나 불결한 이야기들을 듣지 않으려 했지요. 그런데 쓸데없는 짓이었어요, 그래서 저는 하루에 스무 마디로 말을 제한하고 매번 말을 할 때마다 그 소매 속에 넣어 둔 작은 종잇조각에 표시를 하였습니다. 열흘을 더 기다렸으나 원하던 결과는 나타나지 않고 마음은 여전히 불결로 가득 차 있었습니다. 절망 중에 세 번째 방법을 시도했습니다. 악을 듣지 않고 말하지 않는 것 외에도 마음에 나쁜 생각을 불러일으키는 것은 아무것도 보지 않기도 마음먹었습니다. 걸어 다닐 때 눈앞에 단 한 걸음만 보이도록 아예 낡은 수건을 얼굴을 감쌌어요. 친구들은 제가 "빨리 미치고 있구나"라고 생각했습니다.[22]

물론 박형룡이 회심을 체험했을 당시 10대 초반의 소년이었다는 것을 감안한다면, 회심 당시 20대에 청년에 접어든 김재준과 동일한 상황에서 비교할 수만은 없다. 그러나 김재준과 박형룡의 회심 이전, 성장기의 환경을 비교해 보는 것은 이들의 회심 체험을 이해하는 데 도움이 된다. 계속해서 박형룡의 이야기를 들어보자.

저는 원래 세 아들의 장남으로, 산골 마을에 부모 형제와 함께 살았습니다. 부친은 대주가(大酒家)여서 빚이 늘 끊이지 않았습니다…. 설상가상으로 부친께서는 더욱 깊숙한 곳으로 이사하기로 결정을 내리셨어요. 그래서 우리는 작은 진흙벽 초가집을 팔았고 그 돈으로 부친이 진 빚의

일부를 갚을 수 있었습니다.[23]

박형룡의 고백을 통해 그의 열악했던 어린 시절 환경을 충분히 알 수 있다. 특히 "대주가(大酒家)여서 빚이 늘 끊이지 않았습니다"라고 하는 언급에서 박형룡이 아버지와의 관계가 김재준과 달랐다는 것도 알 수 있다. 필자는 박형룡의 열악한 가정환경, 특히 어린 시절 아버지와의 긍정적이지 못한 관계의 경험이 그의 회심 체험에 부정적인 영향을 끼쳤다고 본다. 어린 시절 경험의 차이는 김재준과 박형룡의 회심 체험에 다른 영향을 주었다는 것이다.

다시 김재준의 회심을 살펴보자. 앞서 언급한 것처럼 김재준의 회심 체험에는 공포의 느낌이 발견되지 않는다. 그의 회심은 강압에 따른 것이 아니었다. 김재준은 "창조주 신앙이 없다면 모든 것이 순환일 뿐이요, 해결은 있을 수 없다"는 목사 김익두의 설교를 듣고 자신의 의지로 '창조주 신앙'을 받아들였다. 어린 시절부터 익숙한 유교를 그는 '자유로운 영'의 사람으로서의 '낭만'이 결여된 '빡빡한 교훈과 계율'로 여겼다.

유교가 윤리적이란 것은 어린 마음에도 강하게 '어필'됐던 것 같다. 그 중에서도 '효도'가 모든 생활의 근본이라고 한다. 논어, 맹자 등에서도 그러했지만, 거기서는 대범하게 원리적인 것을 말했기 때문에 나 자신의 실제 문제로 파고들지는 않은 것 같았다. 그러나 효경인가 한 책을 읽으면서 나는 도저히 효를 할 수 없다는 것을 느꼈다. 따라서 나는 '불효자'다 하고 스스로 쳐버렸다…. 더군다나 "예기"(禮記)라고 하는 책을 읽어보면 그 관혼상제 특히 상사와 제사에 있어서의 복잡한 예법이 읽어도 분간할 수 없고 분간이 간대도 그대로 할 것 같지 않았다.[24]

김재준은 이미 열 살 이전에 「통감」, 「대학」, 「중용」, 「논어」, 「맹자」 등을 막힘없이 줄줄 암송하였다.[25] 소학교 교육과 회령 간이농업학교에서 교육을 받은 후 수년간 사회생활을 경험한 다음 20대에 기독교를 접하여 지금껏 자신에게 익숙하였던 유교를 버리고 기독교로 개종할 수 있었다. 김재준의 개종에는 기독교에 대한 일종의 '낭만'적 요소뿐 아니라 자신이 속해있던 유교 사회에 대한 '냉철한 비판'이 동반한 것이었다.

박형룡과는 대조적으로 김재준의 회심 체험에 대한 언급에서 공포의 감정이 발견되지 않는 것은 어린 시절 가정에서의 환경, 특히 아버지와의 인격적인 관계에서 기인한 바가 적지 않다고 본다. 아버지와 인격적인 관계를 형성하며 성장할 수 있었던 김재준이 안정적이고 자유로운 정서를 형성할 수 있었고, 이와 같은 안정된 내면의 형성은 이후 그의 회심 체험이 종교적 공포로서의 체험이 아닌 자유로움과 인격적인 결단으로서의 종교적 체험으로 이어졌다고 본다. 그러나 박형룡에게는 김재준과 많은 차이가 발견된다. 앞서 언급한 박형룡의 이야기를 다시 들어보자.

그 밤에 연설자는 예수가 죄인들을 구속하기 위해 십자가에 죽었다는 이야기며, 주 예수를 믿어 죄 용서를 받는 사람들에게 하늘의 영광이 기다리고 있다는 이야기 등을 했습니다. 예수를 믿는 이들은 영광의 문으로 들어가고 믿지 않는 자들은 영원한 지옥에 떨어진다는 거예요. 그 설교를 듣고 우리 삼 형제는 큰 충격을 받았습니다.

박형룡의 회심 이야기에서 그가 "예수가 죄인들을 구속하기 위해 십자가에 죽었다는 이야기"가 아닌 "믿지 않는 자들은 영원한 지옥에 떨어진다"는 말을 듣고 큰 충격에 빠지게 되었다는 대목에 주목해보자. 설교자가 말한 것은 세 가지이다.

첫째, 예수가 죄인들을 구속하기 위해 십자가에 죽었다. 둘째, 주 예수를 믿어 죄 용서를 받는 사람들에게는 하늘의 영광이 기다리고 있다. 셋째, 믿지 않는 자들은 영원한 지옥에 떨어진다. 설교자는 두 가지 긍정적인 이야기와 한 가지 부정적인 이야기를 전하였다. 그런데 박형룡은 두 가지 긍정적인 이야기보다는 한 가지 부정적인 이야기에 귀를 기울였다. 이를 통해 박형룡의 하나님에 대한 부정적인 인식이 발견된다. 박형룡은 죄인을 구원하시는 하나님보다는 심판하시는 하나님으로 인식한 것이다. 필자는 박형룡의 이와 같은 회심 체험이 그의 어린 시절 경험, 특히 아버지와의 관계와 연관되었다고 본다.[26]

당시 박형룡의 아버지가 가정생활을 정상적으로 꾸려갈 수 없었던 '알코올 남용' 상황이었음을 짐작하는 것은 어렵지 않다. 알코올 남용자는 가정에 대한 자신의 책임을 완수하지 못할 지경에 이르게 되는 경우가 적지 않기 때문에[27] 그들의 자녀들은 죄책감과 두려움 그리고 불안을 느끼게 되며 가장 친밀감을 느껴야 할 부모로부터 실망감을 맛본다.[28] 자녀에게 이와 같은 부모의 모습은 하나님 이미지 형성에도 영향을 미친다. 왜냐하면 어린아이에게 하나님 이미지는 부모와의 상호작용 안에서 발생하는 사실들, 환상들 그리고 소원들의 모체로부터 만들어지기 때문이다.[29]

박형룡이 설교자로부터 들은 세 가지 내용 가운데 "예수를 믿지 않는 자들은 영원한 지옥에 떨어진다"는 내용에 유독 귀를 기울인 것은 어린 시절의 경험에 비추어 이해할 수 있다. 이처럼 죄인을 심판하는 하나님 경험으로서의 회심 체험은 박형룡이 자유와 은혜가 아닌 율법적이고 억압적인 기독교 신앙 이해를 하도록 하였다. 그것은 앞서 언

급한 것처럼 그와 친분이 있던 불승(佛僧)들의 충고에 따라 "악을 듣
지 않고, 악을 말하지 않고, 악을 보지 않기 위한 세 가지 삶의 원리를
따르기 위해 마음과 생각을 순결하게 만들기 위한 스스로 노력"을 기
울이는 것으로 나타났다.

그러나 박형룡의 노력은 철저한 실패로 끝났고 그로 인해 더욱 낙
담하였다. 박형룡은 신성중학교에 진학하여 한국인 목사 한 사람을
만남으로써 비로소 이와 같은 고민에서 벗어날 수 있었다. 그는 박형
룡에게 다음과 같이 충고하였다.

> 형룡 군, 주님께서 '능력으로 안 되고 힘으로도 안 되고 오직 나의 영으로
> 만 할 수 있다'고 말씀하시네. 마음을 깨끗하게 하기 위한 모든 노력은
> 무익할 거네. 자네는 기도 가운데 모든 문제를 주님께 맡기고 그가 자네
> 마음속에 역사하시도록 간구해야 한다는 것을 배워야 하네. 오직 하나
> 님의 성령의 권능으로 마음을 깨끗이 하고 순결하게 유지시킬 수 있기
> 때문이네.[30]

이러한 충고를 들음으로써 박형룡은 "전에는 결코 알지 못한 새로
운 기쁨과 평화가 가슴 속에 들어와 자신의 태도와 시각을 완전히 변
화시킨 체험"을 하였다. 박형룡은 이러한 체험이 자신의 생활 전체가
바뀐 체험이라고 고백하였다.[31] 그렇지만 박형룡은 이와 같은 체험에
서도 자율적인 결단이 아닌 타율적인 결단의 모습이 보인다. 왜냐하
면 박형룡의 체험에는 그의 인위적인 노력이 동반되었기 때문이다.
박형룡은 "제 마음이 주님을 기쁘게 할 수 있도록 주께서 불가능한 그
일을 이루시어 마음을 깨끗하게 해 달라"는 내용의 짧막한 기도문을
적은 후 무수하게 되풀이하여 암송하는 노력을 기울였다.[32] 이를 통

해 박형룡의 "계율에 얽매이는 유교적 기독교"로서의 신앙 이해를 볼 수 있다.

김재준은 비록 부유한 환경은 아니었지만 자급자족하는 중농 가정의 막내아들로서 생계에 대한 염려 없이 자유를 누리며 아버지와 인격적인 관계를 형성하였다. 그러나 박형룡은 술을 좋아하여 가계에 부담을 가중하는 아버지로부터 삼 형제 중 첫째로서 책임감을 느끼며 성장하였다. 김재준과 박형룡의 회심 체험 차이는 이와 같은 측면에서도 이해할 수 있다.

## 3. 생활인의 삶에서 자유인의 삶으로

회심 체험 이전의 김재준은 평범한 생활인이었다. 그는 회령간이 농업학교에서 공부를 마친 후 16세에 회령군청 재무부 직세과에 근무하던 중 18세 때 부모가 짝지어준 처녀와 혼인하였고, 그 후 웅기금융조합으로 직장을 옮겨 월급을 받아 가족을 부양하였다.[33]

앞서 언급한 것처럼 김재준은 어린 시절 자유를 누리며 성장하였다. 그것은 비록 엄격한 유생이었지만 풍류를 즐기며 아들을 인격적으로 대하는 아버지와의 관계에 기인한 것이었다. 그가 나고 자란 태생적 환경 또한 마음껏 뛰어놀 수 있는 자연 환경이 구비된 곳이었다. 그렇지만 성장기 동안 김재준은 억압으로부터의 자유를 갈망하곤 하였는데 그것은 그가 속했던 가정의 환경 때문이라기보다는 당시 보편적으로 받아들여진 유교 문화에 의한 억압 때문이었다.

그러한 사실은 김재준이 "한국문화는 유교에서 젊음을 잃었고 민족은 그 생명이 늙었다"라고 고백한 사실에서 알 수 있다. 그는 "유교

의 빡빡한 계율을 초월한 '자유하는 영'의 사람으로서의 낭만, 그가 갈
망하였던 억압으로부터의 자유를 기독교를 통해 발견한 것이다. 이처
럼 '자유하는 영'의 사람으로서의 회심을 체험한 김재준이 가장 먼저
자유를 선포한 것은 '물질적 소유로부터의 자유'였다.

> 이 무렵이었다. 강렬하게 내 맘을 끌은 것은 '소유' — 무언가 재산을 가
> 지고서야 살 수 있다는 삶의 길에 대한 근본적인 도전이었다. 특히 '영의
> 자유'를 십분 발휘할 수 있는 인간이기 위하여 '물질적 소유'에 자기의
> 삶을 얽매어서는 안 된다고 단정했던 것이다. 예수께서는 "여우도 굴이
> 있고 공중에 새도 깃들일 곳이 있는데 나는 머리 둘 곳이 없다"고 했고
> 제자들에게도 입은 옷 한 벌 이외에는 아무것도 가지지 말고 선교 여행
> 을 모험하라고 분부하시지 않았느냐는 것이었다.34

이러한 변화는 '더 좋은 것'으로부터 '제일 좋은 것'을 추구하는 삶
으로의 변화였다. 다시 말하면 김재준이 경험한 기독교라는 영적 종
교의 진리 체험은 전통적인 샤머니즘이나 사이비 종교들보다는 훨씬
'더 좋은' 가치인 유교의 도덕적·철학적 정신세계보다도 '영적으로 그
보다 더 좋은, 제일 좋은 진리 세계'를 추구하는 삶으로의 변화였다.35
이처럼 '제일 좋은 진리'를 경험한 김재준에게 가장 먼저 찾아온 심경
의 변화는 예수님으로부터 발견되는 무소유 삶에 대한 동경이었다.
그로 인해 김재준은 톨스토이의 저작들, 아시시 성 프란시스의 전기,
가가와 도요히코의 저작36 등을 읽으며 그들에게서 발견되는 무소유
의 삶을 더욱 동경하였다.37 김재준의 이야기를 들어보자.

> "돈과 어떻게 대결하느냐 (1) 될 수 있는 대로 돈을 많이 벌어서 남 못잖
> 게 살자. (2) 우선 돈을 벌어서 좋은 사업에 쓰자. (3) 애당초부터 돈을

멸시하고 오직 믿음과 사랑으로 청빈을 살자." 그 중에서 나는 제3을 택했다. 그것은 이미 말한 대로 톨스토이, 아시시 프랜시스, 그 밖에도 비슷한 분들의 영향이랄 수 있을 것 같다. "돈과 하나님은 함께 섬기지 못한다", "여우도 굴이 있고 공중에 나는 새도 깃들일 곳이 있지만 나는 머리 둘 곳이 없다"고 하신 하나님 아들의 무소유 생활이 '태양'이었고 다른 분들은 그 '반사광'이었다고 생각된다.38

서두에 언급한 것처럼 김재준은 회심을 통해 그리스도를 만났고, 그의 반사광으로서 아시시 프란시스 등을 만났다. 이를 통해 김재준의 회심은 소유를 쌓는 평범한 생활인의 삶으로부터 무소유의 자유인으로의 변화였음을 알 수 있다. 이와 같은 회심은 곧 그의 삶으로 실천되었다. 그러한 실천은 그가 고향으로 돌아온 후 시작했던 소학교 교사로서의 생활에서 구체적으로 시작되었다. 앞서 언급한 것처럼 그는 회령농업학교를 졸업한 후 회령군청 재무부 직세과에 근무하였고 이후 웅기금융조합으로 직장을 옮겨 월급을 받으며 생활하였다. 물론 이와 같은 직업이 높은 직책과 수입이 보장되는 것은 아니었지만, "그래도 학교 나오고 출세하기 시작한 신식 젊은이의 길"39이었을 뿐 아니라 안정된 수입이 보장되는 직업이었다.

그러나 김재준이 선택한 소학교 교사라는 직업은 안정된 수입, 출세와는 거리가 멀었다. 그렇지만 당시 교육받고 고향에 돌아온 뜻있는 청년들이 소학교 교사의 길을 선택한 것처럼 고향으로 돌아온 김재준 또한 변방 지역인 함북 산골 마을의 작은 소학교들인 용연학교, 귀낙동학교, 신아산 학교에서 3년 동안 교사로 활동하였다.40

김재준은 귀낙동 학교에서 가르치면서 일요일에는 주일학교를 시작하고 청년들과 예배를 보았는데 그로 인해 목숨의 위기를 겪는 경험을 하였다. 그것은 '예수쟁이 교사'를 쫓겠다고 동네의 청년들이 몽둥이를 들고 습격한 것이었다. 그러나 그 사건은 오히려 김재준에게 물질에 대한 소유뿐 아니라 생명에 대하여도 자유함을 체험하는 계기가 되었다. 김재준의 이야기를 들어보자.

> 나는 웬일인지 마음이 유난스레 평안했다. 아닌 게 아니라 고함소리가 가까워 오는 것 같았다. 나는 앉은 대로 잠시 기도했다. 그렇게 평화롭고 기쁠 수가 없었다. 성령의 위로란 이런 것이구나 싶었다. 인간의 감정, 판단, 설계, 심리 작용 등등 혈육에 속한 것이 아니라 위에서 주어지는 '영'의 감격이었다. 가까워지는 것 같던 소리가 잠잠해졌다. 다들 도중에서 가버린 모양이었다. 나는 영속하는 영의 감격을 맞이하면서 아쉬운 새벽을 앉은 대로 맞이했다.[41]

이와 같은 체험에 대하여 김재준 자신은 어떻게 생각하였을까? 앞서 언급한 것처럼 김재준은 자신의 회심 체험에 대하여 "나 자신으로 보더라도 나의 그리스도 신앙이 나 자신의 결단만으로 된 것이 아님을 안다. 성령의 역사를 나는 부정할 수 없다"라고 고백하였다. 같은 맥락에서 볼 때 그가 생명의 위협을 당했을 때의 체험 또한 회심 체험과 같은 "성령의 역사"라고 할 수 있다. 더욱이 김재준 자신이 회심 체험에 대하여 '자유하는 영'의 사람으로서의 기쁨이라고 표현한 것을 볼 때 그러한 설명은 더욱 설득력을 지닌다. 신약성경 누가복음에 기록된 예수의 말씀을 보자.

> 주의 성령이 내게 임하셨으니 이는 가난한 자에게 복음을 전하게 하시려고 내게 기름을 부으시고 나를 보내사 포로 된 자에게 자유를, 눈먼 자에게 다시 보게 함을 전파하며 눌린 자를 자유롭게 하고 주의 은혜의 해를

전파하게 하려 하심이라 하였더라.⁴²

성령의 역할은 "포로 된 자에게 자유를", "눌린 자를 자유롭게 함"
이다. 즉 성령은 자유를 주는 영이다. 이와 같은 측면에서 김재준이
자신의 회심을 성령의 역사라고 표현한 것은 설득력을 얻는다. 김재
준 자신의 언급에서 알 수 있듯이 그에게 성령의 역사에 의한 회심은
'자유하는 영의 사람'으로서의 변모. 즉 소유로부터의 자유 그리고 생
명으로부터의 자유였다. 김재준이 경험한 회심 체험은 "신비적 신앙
체험"이었다. 그러나 기복적 신앙이 아닌 그리스도를 만나고 아시시
성 프란체스코의 손을 잡는 경험으로 이어졌다.

김재준은 자신의 이상을 충족시키기 위해 변방 지역이었던 고향
을 떠나 한반도 교육의 중심인 서울로 떠났다. 하지만 그곳에서 김재
준은 자신의 목적을 이루지 못하고 귀향하였다. 김재준은 만성 대장
염에 이질, 기침까지 겹친 환자였기 때문에 형의 손에 이끌려서 고향
으로 내려올 수밖에 없었다. 김재준은 당시의 심정을 다음과 같이 말
하였다.

내 마음은 시종 우울했다. 호지(胡地)의 땅에 끌려가는 포로 같기도 했
다. 우리 가족과 집안은 모두 불신자였다. 이스라엘이 바벨론에 잡혀가
는 심경이었다. 집이 가까울수록 내 맘은 무거웠다. 간혹 지나가는 인간
들 모두 발목에 쇠고랑을 차고 무덤을 향해 비틀거리는 것 같았다.⁴³

비록 서울에서 원하는 결과를 얻지는 못했지만 그곳에서 김재준
은 그리스도를 만났다. '성령의 역사'를 체험한 것이다. 이처럼 그리스
도를 만나고 성령의 역사를 체험했음에도 불구하고 김재준의 발걸음

이 옮겨진 곳은 그가 원치 않았던 곳, 그가 떠나온 변방 지역 고향이었다. 그러나 그의 발걸음은 이전의 평범한 생활인으로서의 발걸음이 아닌 그리스도를 만난 자유인으로서의 발걸음이었다.


## 4. 소결

김재준은 자신의 회심을 '자유로운 영의 사람'으로의 경험이었다고 말하였다. 그가 체험한 '자유로운 영의 사람'으로서의 회심은 '성령의 역사'에 의한 것이었다. 이러한 체험은 평범한 생활인으로 가정을 부양하던 김재준이 무소유의 그리스도를 따르는 자유의 사람으로 들어서는 첫걸음이 되었다.

김재준은 자신의 꿈을 이루기 위해 한반도의 중심인 서울로 올라왔지만 경제적인 어려움과 건강 문제로 꿈을 접어야 했다. 그러나 그는 회심 체험을 통해 그리스도를 만났다. 그리스도와 만남은 아시시 성 프란체스코, 톨스토이, 가가와 도요히코와의 만남으로 이어졌다. 이들 모두 무소유의 자유인으로서 실천하는 삶을 산 인물이었다. 이렇게 자유인들을 만난 김재준은 본래의 꿈을 포기한 채 그가 속했던 변방 지역으로 돌아와야만 했다. 그러나 그는 평생 더욱 넓은 영역에서 자유인으로서의 삶, 실천하는 삶을 살았다.

김재준의 회심에서 발견되는 흥미로운 사실은 그와 평생에 걸친 대립적 경쟁 관계를 형성한 박형룡의 회심 체험과 매우 다르다는 것이다. 김재준의 경우 그의 회심 체험에서 공포의 느낌이 보이지 않고 기쁨과 감격이 보일 뿐이다. 그러나 박형룡의 경우에는 회심 체험에서 공포의 느낌이 언급되었고 이를 해결하기 위해 인위적인 노력을

기울였다. 회심 체험에서 두 사람의 차이는 앞서 언급한 것처럼 김재
준이 어느 정도 사회생활을 경험하고 어느 정도 인격적인 성숙이 있
었던 20대의 나이였다는 것과 박형룡이 아직 인격적으로 미숙했던
10대 초반의 나이였다는 데에서도 기인하였을 것이다. 그러나 그보
다 더욱 영향을 미쳤다고 볼 수 있는 것은 그들의 성장기 가정환경,
특히 아버지와의 관계의 차이였다.

김재준의 회심 체험은 '자유로운 영의 사람'으로 변화의 경험이었
다. 비록 상급학교 진학이라는 목적은 달성하지 못했지만, 그는 그리
스도를 만남으로 자유로운 영의 사람이 될 수 있었다. 그리스도를 만
나 자유로운 영의 사람이 된 김재준은 아시시 성 프란체스코, 톨스토
이, 가가와 도요히코를 만나게 되었는데 그들은 모두 무소유의 자유
인들이며 중심이 아닌 변방으로 발걸음을 옮긴 인물이었다는 공통점
을 지녔다.

김재준 또한 그러하였다. 왜냐하면 그가 회심을 체험하고 발걸음
으로 옮긴 곳은 그가 나고 자란 두만강 유역 변방이었기 때문이다. 이
처럼 자유로운 영의 사람으로서 회심을 경험한 김재준이 변방 지역
고향으로 다시 돌아온 것은 마치 평생에 걸친 그의 행보를 예시해 주
는 듯하였다. 중심이 아닌 변방으로의 행보 말이다.[44] 그러므로 김재
준의 '자유하는 영의 사람'으로서의 회심은 '중심의 사람'이 아닌 '변방
의 사람'으로서의 첫발을 내딛는 회심이 되었다고 본다.

# 4 장
# 체제, 그 너머의 삶과 교육 생각

김재준을 기억하는 많은 제자는 그를 무엇보다도 진정한 교육자라고 칭송한다. 김재준 또한 1968년 「새가정」에 기고한 글에서 "나는 평생 교사라는 직책을 맡아왔다. 하나님이 주신 '천직'이라고 믿어왔고 지금도 그렇게 믿고 있다"라고 고백하였다.[1] 그의 나이 20대 초반, 서울에서 신학문을 접한 후 귀향하여 귀낙동에서 소학교를 열었을 때 그는 "서당은 며칠 안에 다 없어지고 아이들은 해방됐다"고 표현하였을 만큼 서당 교육을 부정적으로 보았다.[2] 그것은 어린 시절 자신의 체험에서 기인한 것이었다. 왜냐하면 어린 시절 김재준에게 서당 교육은 아이들을 마치 '죄수'처럼 대하는 억압적인 교육으로 경험되었기 때문이다.[3]

일찍이 20대 청년 시절 일본 아오야마학원 신학부에서 공부할 때 김재준은 교육자로서 자신의 평생 사업을 구상하였다.[4] 미국 유학을 마치고 귀국한 후 참여한 노회 모임에서는 '목사탈'로 굳어진 목사들과 노회원 장로들의 평화 없는 얼굴, 은혜도 화평도 증발한 사무절차 뿐인 노회 모임을 목격함으로써 율법주의로서의 정통주의가 아닌 자

유로운 인간을 배출할 수 있는 "좀 더 복음적인 신학 교육의 필요성"을 절감하였다.5

신사 참배 권유를 거절함으로써 평양 숭인상업학교를 그만두고 간도 용정의 은진중학교에 근무할 때 김재준은 "교인을 얻으려는 전도 기관으로서의 학교가 아니라 다가오는 역사의 격랑에 대결하여 새 세계 새 인류의 지도자가 될 창조적 소수를 길러내는 학원으로서 조형되어야 한다"고 하며 교육자로서의 포부를 다졌다.6 그뿐 아니라 1940년 조선신학원이 설립되었을 때 김재준은 "경건하면서도 자유로운 연구를 통한 자율적으로 가장 복음적인 신앙, 학생의 사상을 억압하는 일이 없이 동정과 이해로 신학의 제 학설을 소개하고 다시 학생들이 자율적인 결론으로 칼뱅 신학의 정당성을 재확인하도록 함"에 중점을 둔 교육 이념을 발표하였다.7

이와 같은 사실들에서 반복적으로 발견되는 것은 김재준이 "자유를 가장 중요한 가치로 여기는 교육자"였다는 것이다. 그가 자유를 가장 중요한 가치로 여긴 이유는 자신의 회심 체험이 "그리스도 안에서 자유인이 되는 경험"8이었다는 것과 아오야마 학원에서 유학할 때 그곳에서 경험했던 '자유의 학풍'과 밀접한 관련이 있을 것이다.

김재준은 1924년 용현학교의 교사를 시작으로 1961년 한국신학대학에서 은퇴할 때까지 평생 교육자로 살아온 자신의 삶을 다음과 같이 반추(反芻)하였다.

내가 다른 면은 어떤지 몰라도 교육자로서는 성공한 것 같습니다. 자기보다 뛰어난 인재를 키워내는 것보다 교육자로서 더 성공적인 일은 어디 있겠습니까?9

김재준은 평생 다양한 활동을 하였기 때문에 그만큼 많은 직책을 가지고 있었다. 학자, 교육행정가, 목회자 그리고 그가 활동했던 다양한 영역에서 말이다. 은퇴 후 대한일보 논설위원으로 위촉되어 활동하였을 뿐 아니라 1961년에는 한국신문윤리위원회 위원이 되었으며, 1972년 국제엠네스티 한국위원장에 추대되었다.[10] 그렇지만 김재준은 무엇보다도 교육자로서 자신을 인식하였다. 이러한 맥락에서 볼 때 김재준이 경험했던 교육 과정에 대해 고찰하는 것은 김재준의 교육자로서 정체성 인식을 이해하는 데 많은 도움이 될 것이다.


## 1. 그의 교육 경험과 교육 생각

### 비주류 교육과 교육사상 형성

윤응진은 김재준이 학문적 의미에서의 성숙을 이룬 것은 일본과 미국에서의 유학 생활을 통해서였다고 말했다.[11] 물론 1930년대 이후 한국기독교 신학사상의 한 축을 이끌어 가게 된 신학자로서의 측면에서 본다면 윤응진의 언급이 타당하다. 그러나 필자는 교육자로서 김재준의 교육사상 형성은 이미 미국 유학 이전에 이루어졌다고 본다. 소학교 입학 전 아버지부터 받았던 고전 교육, 중앙 YMCA 영어전수과에서 공부하며 경험할 수 있었던 일요강좌 그리고 아오야마학원의 자유 학풍으로부터 교육자로서의 자신의 사상을 형성했다는 것이다. 필자는 이와 같은 비주류에 속한 교육들이 김재준의 교육 사상 형성에 어떠한 영향을 끼치게 되었는지 고찰하려고 한다.

(1) 소학교 이전의 고전 교육[12]

김재준은 다섯 살 때부터 아버지에게 천자문을 배우기 시작한 지 얼마 지나지 않아 「백수문」, 「동문선습」을 뗄 수 있을 만큼 학문에서 탁월한 재능을 드러냈다. 김재준 자신은 "읽었다고 하기보다는 앵무새처럼 외운 것이었다"라고 하지만 나이 일곱, 여덟이 되었을 때 「대학」, 「중용」, 「논어」, 「맹자」 등 사서를 읽었을 뿐 아니라 각기 일곱 권으로 구성하는 「논어」, 「맹자」를 막힘없이 줄줄 암기할 수 있었다는 사실에서 그의 학문적 탁월성이 일찍부터 드러났음을 알 수 있다.

이처럼 어려서부터 학문적 탁월성을 드러낸 김재준은 자신의 아버지가 훈장으로 있는 서당에서 '꼬마 조수'격으로 아버지를 도와 다른 학생들을 가르쳤다.[13] 그렇지만 어린 김재준은 서당이 '자유를 속박하는 공간'이라고 생각하였다. "어린 아이들이 선생님 앞에서 죄수가 되는 공간", "온종일 공기구멍도 없는 골방에서 물푸레 채찍을 맞으며 뜻도 모를 한문을 덮어 놓고 외워야 하는 공간"이라고 생각한 것이다.[14]

그렇지만 어린 시절의 교육이 김재준에게 부정적으로만 적용된 것은 아니었다. 박재순은 김재준의 교육에 대해 다음과 같이 말했다.

> 가르치는 자나 배우는 자가 깨달음 없이 지식과 정보를 전하는 오늘의 학문적 풍토와는 달리 김재준의 학문과 교육은 '마음'으로 깨달은 지식, 산지식을 전하고 받는 데 있어서 귀감이 되었다. 김재준의 신학교육과 학문 자세는 동양의 학문 자세에 충실한 것이었다.[15]

어린 시절 김재준이 받은 고전 교육은 그가 이후 신학을 가르치는 교육자가 되었을 때 서양에서 학문을 의미하는 '앎', '지식'이 아닌 주

체와 객체가 통전되는 '깨달음'에 초점을 둔, 동양에서의 학문을 의미
하는 교육을 실천하는 데 있어 밑거름이 되었다.16 김재준의 이야기
를 들어보자.

> 한문책들을 그리고 그 내용이 무척 어려운 것들을 7, 8세밖에 안 되는
> 어린애에게 덮어놓고 외우게 하니 그게 무슨 '교육'이며 '독서'겠습니까
> 만 그래도 그때 매일 '강'(講)을 바치던 그 글귀들이 지금도 저절로 입에
> 서 튀어나오곤 하는 것을 보면 어렸을 때 심은 씨란 무서운 것이라고 생
> 각됩니다. 사상이나 사고방식 같은데 있어서도 어렸을 때 잘 알지도 못
> 하면서 따라 외운 그것이 거의 전부의 토대를 이룬 것 같습니다. 그러니
> 까 결국 내게는 유교가 아이 때에 생리화했다고 볼 수 있겠습니다.17

그러나 이와 같은 어린 시절의 고전 교육이 서당 교육을 통해서만
이루어진 것은 아니었다. 김재준의 아버지 김호병은 도연명의 〈귀거
래사〉를 읊으며 풍월을 벗 삼아 흥이 나면 시를 쓰고, 유유자적한 여
생을 지낸 인물이었다. 그는 간혹 시상이 떠올라 마음에 드는 시라도
지으면, 다른 방에서 잠자고 있는 꼬마 김재준을 불러 자작시를 읊어
주었다. 더욱이 초가을 입추에서부터 추석에 걸친 때에는 아예 어린
김재준을 옆에 재우며 시를 읊어주었다.18
    김재준이 아버지로부터 학문적 자질과 문학적 감수성을 물려받았
음은 물론이다. 이후 김재준이 신학을 가르치는 교육자가 되었을 때
"마음으로 깨달은 지식, 산지식을 전하고 받는 데 귀감이 되는 교육"19
을 실천함에 있어 어렸을 때 아버지로 받았던 고전 교육에 입각한 삶
의 교육이 밑거름처럼 되었을 것이다. 그러나 회심 체험 후 이와 같은
깨달음을 갖기까지 김재준에게 어린 시절의 고전 교육은 그 내용이 "빡

빡한 교훈과 계율"[20]에 지나지 않았다. 김재준의 이야기를 들어보자.

그러나 효경(孝經)인가 한 책을 읽으면서 나는 도저히 효를 할 수 없다
는 것을 느꼈다. 따라서 나는 "불효자"다 하고 스스로 쳐버렸다. 밤에 부
모님이 주무시기 전에 내가 자서는 안 된다. 부모님 이부자리를 깔아드
리고 큰절을 하면서 "안녕히 주무십시오" 하고 자리에 누우라고 한다.
아침에 부모님보다 늦게 일어나서는 안 된다. 아침에 또 절하면서 "안녕
히 주무셨습니까?" 하고 인사드리고 이부자리를 거둬야 한다. 이것이 소
위 "혼정신성"(昏定晨省)이다.[21]

이처럼 김재준이 부정적인 언급을 남긴 이유는 그가 받은 유교의
교육이 수직적이고 차별적인 사회구조를 정당화하기 위한 이데올로
기로 작용한 바가 적지 않기 때문이다. 그와 같은 사실을 삼강오륜(三
綱五倫)에서 발견할 수 있다. 유교에서 '오륜'(五倫)이라는 '다섯 가지
의 기본적 인간관계'의 화목을 통해 가정과 사회의 문제를 해결한다고
하지만 문제는 이 다섯 가지 기본적 인간관계가 수평적 개념이 아니
고 수직적 개념이라는 데 있다.[22]

김재준이 받은 고전 교육에도 수직적 관계, 주종의 관계를 통해 가
정과 사회를 안정시키려고 한 유교적 가르침의 내용이 적지 않았다.[23]
이를 통해 김재준의 어린 시절의 사회가 "효의 가치가 사회의 모든 영
역에 스며들어 종교적 영역과 세속적 영역이 용해된 짜임새로 굳어짐
으로 인해 모든 영역이 유교라는 종교적 가치에 의하여 철저히 정당
화된 사회"였음을 알 수 있다.[24] 이러한 유교적 질서 속에서의 교육은
부모에 대한 자녀의 일방적인 순종을 일종의 옭아매는 율법으로서,
"어린 혼이 자유 할 수 없는" 기제로 작용하였다.[25] 그가 청년기에 경

험하게 되었던 자신의 회심 체험에 대하여 "유교의 빡빡한 교훈과 계율을 초월한 '자유로운 영'의 사람으로서의 '낭만'"이라고 표현하였던 것을 이와 같은 맥락에서 이해할 수 있다.26

회심 체험 이전 그에게 어린 시절의 교육은 자유로운 영의 사람을 만들 수 없는 빡빡한 계율로 인식되었다. 그러나 회심 체험 이후 사상이 성숙함에 따라 어린 시절의 교육 경험은 새롭게 적용되었다. 어린 시절의 교육을 통해 생리화 된 동양사상은 김재준이 삶과 사상, 윤리와 논리의 통전을 추구하는 교육, 객관적인 지식과 논리보다는 주체와 객체가 통전이 되는 '깨달음'에 초점을 둔 신학 교육을 실천하는 데 중요한 영향을 끼쳤다. 청년 시절 회심을 체험하고 자유로운 영의 사람이 된 김재준이 이후 사상의 폭이 넓어짐에 따라 유교 학문에 대한 새로운 이해를 갖게 된 것이다.

(2) 초등교육

김재준이 공부한 향동소학교는 교회 부설 학교에 속한 교육기관도, 어떤 기독교 기관과 연계된 교육기관도 아니었다. 그렇기에 이후 그가 한국교회의 목회자로, 신학자로 활동하는 데 도움이 될 수 없다.27

아버지로부터 고전 교육을 받을 때 탁월한 학문적 재능을 보인 김재준은 향동소학교 3학년에 편입함으로써 신식교육을 받기 시작했다. 그의 나이 아홉 살 무렵 이미 성인이 된 외사촌 형님과 그의 조카이며 향동소학교 교사인 김희영이 찾아와서 김재준이 향동소학교에 입학하도록 그의 부모에게 요청하였다. 김재준이 다섯 살 때부터 고전 교육을 시킬 만큼 유학 교육에 열정을 기울였던 유생인 김재준의 아버지 김호병을 설득하는 것은 쉽지 않았다. 그렇기에 그들은 여러 가지 예를 들어가며 신학문의 필요성을 역설(力說)하여 김재준의 소학교 입학을 허락받았다. 향동소학교에 입학하기 위해 집에서 30리 떨어진 함양동 외갓집에서 어른들의 보살핌을 받으며 공부를 하게 된 김재준이 처음 겪어야 했던 것은 그동안 길게 땋은 머리를 마치 '중대가리'처럼 짧게 자르는 것이었다.[28]

'중대가리'처럼 머리를 짧게 자른 것은 그동안 그가 속했던 과거로부터 단절하고 새로운 세계로 들어섬을 상징하는 것이라고 볼 수 있다.[29] 이처럼 과거로부터의 단절은 어른들에 의해 결정된 타율적인 경험이었다. 그로 인해 김재준은 향수병(homesick)[30]을 앓을 만큼 정신적인 충격을 받았다. 그러나 이러한 경험은 "학교 나오고 출세하기 시작하는 신식 젊은이"가 되기 위해 반드시 거쳐야만 하는 것이었다.[31]

소학교 입학 전 유교 경전을 암기하기까지 한 김재준이었기에 그는 소학교에서 가장 우수한 성적을 유지하였다.[32] 소학교를 졸업한 김재준은 성적에 맞추어 고건원보통학교 3학년으로 편입하였고 그곳에서도 최우등 성적으로 졸업하였다.[33] 김재준이 향동소학교와 고건원보통학교에서 공부하는 동안 무엇보다 큰 영향을 끼친 것은 향동소학교의 교사 김희영과 고건원보통학교의 교사 최두진으로부터 받은 민족주의에 입각한 교육이었다.

김재준이 향동소학교에 재학할 무렵 한반도는 일제의 조선 총독인 데라우치(寺內)에 의한 강압 일변도의 무단 통치를 받았다. 그는 조선의 학생들이 사기가 오르는 것을 막기 위해 교과목 가운데 체조 경기, 분열 행진 등을 폐지시켰다. 어느 날 김희영은 향동소학교 3, 4학년 학생들을 모아 놓고 통렬한 애국 연설을 한 후 아이들 앞에서 통곡을 하였는데, 그 모습이 어린 김재준에게 각인(刻印)되었다.[34]

고건원보통학교 교사 최두진 또한 김재준에게 깊은 인상을 남겼다. 그는 학생들에게 "너희들은 왜족이 아니라 조선민족인 걸 잊지 말아야 한다. 범의 굴에 들어가도 정신만 차리면 산다. 정신을 똑바로 가지고 제 혼을 잃지 말아야 한다"고 하며 학생들이 민족정신을 망각하지 않도록 당부하였다. 최두진의 가르침 또한 김재준은 깊이 각인하였다.[35]

민족주의 교육에 깊은 영향을 받은 김재준은 회령간이농업학교를 졸업한 후 웅기 지역에서 사회생활을 할 때 웅기를 관문으로 삼아 만주와 시베리아로 떠나는 애국지사들을 동경하며 자신의 모습을 초라하게 여겼다.[36]

더욱이 이후 김재준에게 평생의 친구이며 후견인이 된 송창근으로부터 상경하여 공부할 것을 권고받은 후 김재준이 이를 실행에 옮겼다는 사실 또한 소학교와 보통학교의 경험을 통해 뿌리내린 민족의식에서 기인하였을 것이다. 그러나 김재준이 향동소학교와 고건원보통학교를 거쳐 회령 간이농업학교에서 받은 교육은 그가 상경하여 상급학교로 진학하는 데 걸림돌이 되었다. 간이농업학교를 졸업한 그의 학력으로는 당시 한반도의 최고 학부였던 전문학교에 진학할 수 없었기 때문이다.

그러한 사실은 김재준과 평생 동안 대립적 경쟁자 관계를 형성한 박형룡과 비교해 볼 때 더욱 두드러진다. 박형룡은 교회 부설 소학교인 신명학교를 비롯한 여섯 군데의 소학교와 양실학교를 거쳐 신성중학교에서 공부한 후 숭실전문학교에 진학하였다. 박형룡이 교회와 선교사들의 도움을 받아 숭실전문학교까지 진학한 것과는 대조적으로 20대가 되어 상경 후 비로소 기독교인이 된 김재준은 교회로부터, 선교사들로부터 어떠한 도움도 받지 못했다.

결국 김재준의 상경 후 공부는 중앙 YMCA에서의 비주류에 속한

교육으로 종결되었다. 그러나 앞서 언급한 것처럼 서울에서의 유학생
활을 통해 김재준은 이전의 관습적인 사고의 틀에서 벗어나 새로운
지식과 의식으로 무장할 수 있었다.

### (3) 중앙 YMCA

김재준이 스무 살 때 송창근과의 만남은 그가 본격적으로 신학문
을 탐구하는 계기가 되었다. 당시 송창근은 서울 남대문 교회의 전도
사로 있던 중 3·1 운동 다음 해에 독립의 노래를 작사하여 퍼뜨렸다
는 죄목으로 인해 6개월 동안 징역을 치른 후 고향에 부모님을 만나러
왔다가 김재준에게 "상경하여 공부하라"고 강권(强勸)하였다. 송창근
과의 만남은 웅기를 관문으로 만주 혹은 시베리아로 떠나는 애국지사
들을 동경하며 민족의식을 느끼던 김재준의 가슴을 설레게 하였다.37

송창근의 말을 듣고 상경한 김재준은 중동학교의 고등과에 등록
을 하여 잠시 공부를 하였지만 그곳에서의 교육은 별다른 의미를 주
지 않았다. 그는 그곳에서의 교육에 대하여 "나도 성적이 나쁜 편은
아니었으니 제대로 밀고 나갔더라면 의전쯤 들어갔을지도 모른다"라
고 간략한 언급을 남겼을 뿐이다. 김재준에게 중동학교 속성과에서의
공부가 상급학부 진학을 위한 이상의 가치로 여겨지지 않았음을 짐작
하도록 하는 대목이다.38 김재준은 중앙 YMCA에 개설된 영어 전수
과 3학년에 편입하여 약 1년가량 공부를 하였지만 경제적인 어려움으
로 수업료를 지불하지 못했기 때문에 졸업장을 받지는 못했다.

김재준의 이와 같은 국내 교육적 배경은 신성중학교를 거쳐 숭실
전문학교를 졸업한 박형룡과 비교해 볼 때 빈약하기 짝이 없는 것이
었다. 그러나 YMCA에서의 경험은 김재준이 자신의 지적 세계를 넓
히는 커다란 계기가 되었다. 왜냐하면 당시 중앙 YMCA는 1919년

3.1운동의 주요 본거지 가운데 하나였을 만큼 학생들과 민중 그리고 청년들을 의식화시킨 본산이었기 때문이다.

중앙 YMCA는 당대 최고의 지성인이었던 이상재, 윤치호, 신흥우가 이끌고 있었다. 매 주일 오후에는 이들 세 사람을 중심으로 민족적, 종교적 교양강좌가 열렸는데, 간혹 미국에서 명사가 오면 그곳에서 신흥우와 윤치호의 통역으로 강연을 하였다. 이러한 사실을 통해 당시 중앙 YMCA의 위상(位相)을 충분히 알 수 있다. 김재준은 매 주일 오후에 열리는 강좌에 참석하여 명사들의 강연을 들었을 뿐 아니라, 거의 매일 잡지실에 앉아 「개조」, 「중앙공론」 그리고 그 밖에도 많은 일본 잡지들과 일본 문인들의 작품을 섭렵하면서 지적인 욕구를 충족시키며 문학적인 깊이를 더할 수 있었다.[39]

김재준은 이후 일본 아오야마학원 신학부에서 공부하는 가운데 "신학에 있어 먼저 사면팔방을 전망하며 자신이 걸어야 할 방향부터 재측정"하기 위해 여러 분야의 책들을 돌아가며 짓씹는 시간을 가졌다.[40] 중앙 YMCA에서의 경험이 그가 신학을 공부함에 있어서 폭넓은 사고로 학문적 순례를 하도록 적지 않은 영향을 준 것이다. "신학 공부에 있어 그것이 학(學)으로서보다는 '사람'으로서의 요소를 더 많이 앞세워야 할 것이라는 점에서 스스로 고민하며 신앙이란 것은 하나님과의 주체적인 응답일 것이요, 무슨 원리 원칙이거나 도덕 교훈이거나를 앞세울 성질의 것이 아니다"라는 김재준의 언급에서 중앙 YMCA에서 경험한 인문학적 지식이 그의 신학 형성에 영향을 끼쳤음을 알 수 있다.

(4) 아오야마학원 신학부

김재준은 서울에서의 공부를 마치고 귀향하여 몇몇 소학교에서

가르친 지 3년째 되던 해, 귀낙동학교에서 급여 없이 가르치던 중 송
창근으로부터 "동경으로 건너와 공부 하라"는 편지를 받았다. 김재준
은 동경으로 가는 여비 마련을 위해 월급을 주는 신아산학교로 옮겨
6개월간 교직 생활을 함으로써 최소한의 여비를 마련하여 동경으로
떠났다.41 동경으로 떠나기 얼마 전 그는 비몽사몽간에 신비한 체험
을 하였다. 어느 날 꿈도 생시도 아닌 상태에서 큰 호랑이가 그의 뒤에
서 앞발을 그의 어깨에 걸고 뒤로 잡아당기는 것을 본 것이다. 그런데
그 순간 "아니다! 네 떠나는 건 하나님 뜻이다!" 하는 소리가 들림과
동시에 호랑이는 사라지고 말았다. 김재준은 그 순간 더 이상의 망설
임 없이 하나님이 보내시는 대로 간다고 확신할 수 있었다.42

김재준의 동경 유학 결정은 쉽지 않았다. 왜냐하면 만삭의 아내를
둔 채 떠나야 했을 뿐 아니라, 동경에서 "무일푼의 경제적 어려움"을
각오해야 했기 때문이다. 그러나 일본 유학 직전의 체험을 하나님께
서 주신 사인(sign)으로 받아들였기 때문에 그는 "하나님이 보내시는
대로 간다는 믿음"으로 떠날 수 있었다. 김재준은 아오야마학원 신학
부 청강생 신분으로 공부를 시작하였지만 본래 신학을 공부하는데 목
적을 둔 것은 아니었다. 그렇지만 신학을 공부하게 된 것에 대하여 김
재준은 "강한 어떤 보이지 않는 손에 몰려서" 이루어진 일이었다고 생
각하였다.43

아오야마학원에서의 경험은 이후 김재준의 학문과 교육에 결정적
인 영향을 끼쳤다. 아오야마학원 신학부에서 공부하면서 경험한 '자유
학풍'으로부터 큰 영향을 받은 것이다. 김재준의 이야기를 들어보자.

학생이고 선생이고 간에 개인 자유, 학원 자유, 학문 자유, 사상 자유 ―
모두가 자유 분위기다. 물속의 고기같이 자유 속에 살았던 것이다. 나는
청산의 자유를 감사한다. 학원은 자유여야 한다고 나는 지금도 믿고 있

다. 자유에서 창조 작업이 생겨나기 때문이다.[44]

이러한 자유 사상은 이후 김재준이 1940년 조선신학교 설립에 참여하였을 때 교육 이념 설립에 적지 않은 영향을 주었다.[45]

김재준의 아오야마학원에서의 공부에는 세 가지 특징이 발견된다. 첫째, 그는 정규학생으로 등록을 한 적이 없었다. 김재준은 동경에 있는 동안 굶주릴 만큼 경제적인 어려움을 겪었기 때문에, 아오야마학원 신학부에서 청강생 신분으로 수업에 임했을 뿐 정규학생으로 등록하지 못했다. 학기금, 학우회비, 기숙사비 등도 내지 못했다. 그렇지만 학교 측의 배려로 김재준은 졸업할 수 있었다.[46] 아오야마 측에서 김재준에게 졸업장을 수여한 이유는 정확히 알 수 없다. 다만 "과묵한 조선 청년의 진지하고도 사려 깊은 학구적 태도와 방학 때마다 기숙사에 남아 엄청나게 독서를 하는 모습을 수년간 지켜본 학교 당국에서 김재준의 아오야마학원 신학부 졸업생 자격이 충분하다고 판단했을지도 모른다"[47]고 추측해 볼 따름이다. 이후 프린스턴신학교로 유학 갔을 때 아오야마학원에서 부여한 학위를 인정받아 김재준은 대학원 과정에 입학하였다.

둘째, 김재준은 아오야마학원 신학부에서 공부하는 동안 다양한 독서를 통해 폭넓은 지적 탐구를 하였다. 앞서 언급한 것처럼 그는 그곳에서 공부하는 동안 "신학에 있어 먼저 올바른 방향 측정이 있어야 하겠다"고 절감하는 가운데 여러 분야의 책을 폭넓게 섭렵하였다. 그는 2학년 여름 방학 때 아오야마 학원 기숙사에 머물면서 『아리지마 전집』, 『도스토옙스키 전집』의 고전문학과 『마르쿠스 아우렐리우스 참회록』 등의 스토아파 서적들 그리고 다니자키의 순정소설, 이시카와 다쿠보쿠의 시가 그리고 학교 도서관에서 신학 서적들도 더러 갖

다 읽는 등 분야를 망라하여 수많은 책을 섭렵하였다.[48]

김재준은 "신학을 함에 있어서 그것이 학(學)으로서 보다는 '사람' 으로서의 요소를 더 많이 앞세워야 할 것"이라는 점을 고민하며 학문 으로서의 신학에 대한 반발을 느꼈지만, 결국 신학이 인격적, 주체적 인 생명으로 화신(化身)하여 피와 살이 꿈틀거리는 예언의 외침으로 선포되어야 한다는 성숙한 사상을 지니는데 아모야마학원에서의 폭 넓은 독서를 통한 사색이 커다란 도움이 되었을 것이다.[49]

셋째, 김재준은 아오야마학원에서 학문적, 사상적 자유를 마음껏 경험하였다. 그의 학문적 자유는 당시 아오야마학원 신학부에 전성하 였던 과격한 자유주의 신학에서부터 동·서양을 아우른 종교학에 이 르기까지 폭넓은 것이었다. 김재준은 자신이 접하게 되었던 아오야마 학원의 신학적 학풍을 마치 "뉴욕 유니온 그대로였던 것" 같으며 '자 유'를 넘어 '과격'에 가깝다고 표현하였다. 그러나 이처럼 과격한 학풍 을 김재준은 비판적으로 수용하였다.[50] 그러한 사실은 김재준이 "아 오야마학원 신학부를 졸업할 무렵 자유주의 신학이 막다른 골목에 이 마를 부딪친 것 같은 느낌을 받았기 때문에 이것을 양기(揚棄)할 길을 찾아 고민하였다"고 한 고백에서 알 수 있다.[51] 1949년 김재준의 다 음과 같은 고백은 과격한 자유주의 신학을 비판적으로 보는 가운데 이를 양기할 길을 찾아 고뇌하였던 산물이었다고 본다.

자유주의 신학은 그동안 너무 인본주의 자연주의에 영념(迎念)한 전후 에 다수의 자유주의 신학자 자신이 솔직하게 이 잘못을 고백하고 새 출 발을 선언하였습니다. 소위 자유주의 신학은 물리친다 하더라도 그 중 심에 흐르고 있는 신앙과 양심의 자유라는 대헌의(大憲意)까지 버릴 수 는 없을 것입니다. 그러므로 우리는 이 자유적인 정신을 건전하게 육성 하여 금후(今後) 건전한 신학 수립의 동력이 되도록 하는 것이 선책(善

策)일 것입니다. 목욕물과 함께 애기까지 버리는 것은 어리석은 일입니다.[52]

그뿐 아니라 김재준은 아오야마학원에서 일본인 교수들로부터 비교종교학을 배우는 가운데 동서양 종교에 대한 이해를 넓혔다. 그 당시 김재준에게 깊은 감화를 준 교수는 히야네 야스사다(比屋根安定)와 벳쇼 카이노스케(別所海之助)였다. 히야네 야스사다 교수의 한서와 일본의 고문헌과 서구인(영·독·불)의 기독교 및 일반 종교 연구 문헌 등에 대한 그의 광범한 발섭(跋涉)과 그의 순수한 인간미는 20대의 김재준에게 깊은 인상을 심어 주었다. 벳쇼 카이노스케의 동양적 정취 또한 문학적인 감각이 뛰어난 김재준에게 인상을 남겼다.[53] 이처럼 폭넓은 학문적 탐구가 김재준의 인간 이해와 동양종교 이해에 적지 않은 영향을 주었음은 물론이다.

그러나 김재준이 아오야마학원에서 경험한 가장 중요한 것은 사상의 자유였다. 김재준에 따르면 당시 아오야마학원은 거의 절대 자유여서 그야말로 '백화쟁발'이었다. 캠퍼스 내 기독 학생들의 전도활동이 거리와 교정을 부산하게 하는가 하면 좌익 학생들의 사회주의 선전도 요란했을 만큼 사상에 개방적이었다. 물론 김재준이 재학했을 당시 좌익 학생들이 학교 측으로부터 제적됐지만 김재준이 볼 때 아오야마학원은 사상에서 매우 자유로운 곳이었다. 해방과 한국전쟁 직후 냉전 질서에 예속된 한반도에서 김재준이 비교적 탈 이데올로기적 자세를 견지할 수 있었던 것은 아오야마학원에서 경험한 사상적 자유에 영향받은 바가 적지 않았을 것이다.[54]

## 2. 주의(ism)로의 예속을 거부한 신학적 순례

미국 유학을 마치고 귀국한 김재준은 당시 흔하지 않은 미국 석사
학위 소유자였다. 한반도에서 활동했던 선교사들 가운데 적지 않은
이들이 보수적인 맥코믹신학교와 프린스턴신학교 출신이었던 상황
에서 그의 입지는 상대적으로 좁을 수밖에 없었다. 김재준이 공부했
던 웨스턴신학교 출신 선교사는 숭실대학 교수였던 선교사 모우리(E.
M. Mowry)가 유일했다. 그는 김재준이 귀국했을 때 선교사들 가운데
그에게 도움을 베풀었던 유일한 인물이었다.[55] 일본과 미국에서 폭넓
은 학문적 순례를 경험한 김재준은 귀국 직후 자신의 심경에 대하여
1960년대 말 다음과 같이 회상하였다.

> 서른두 살 되던 겨울에 귀국했다. 교회도 사회도 숨이 막힐 정도로 폐색
> (閉塞)과 체증에 걸려있었다. 가까스로 어느 중학교에 붙을 수 있어서
> 우리 새 세대와 접촉하게 되었다. 새 세대에 좀 더 트인 비전을 제공하고
> 그들로 하여 좀 더 세계적인 호흡 속에서 자라게 해야 하겠다는 각오에
> 서 나의 일에 스스로 의미를 부여하고 있었다. 나는 이 정통주의로 통조
> 림된 한국장로교회에 어딘가 숨 쉴 구멍을 트여줘야 하겠다고 느껴 간도
> 에 있을 때부터 「십자군」이라고 하는 작은 잡지를 내봤다.[56]

당시 한국교회의 정통주의적 획일화에 대한 책임을 김재준은 많
은 부분 선교사들에게 돌렸다.

> 그런데 이상하게도, 이 19세기 말엽의 프린스턴 출신들이 한국의 초대
> 선교사로 나오게 되어 그 정통주의 과(신)학의 몰락 직전의 몸부림을
> 한국에 이식하고 철의 장막으로 둘러막아 오십 년을 보호 육성한 것이

곧 한국장로교회의 정통주의 왕국인 것이다. 그러나 대원군의 쇄국주의
가 자유 세계의 파수(波壽)를 막아내지 못한 것과 마찬가지로 한국선교
사들의 그것이 오래 갈 리가 없는 것이었으며 그동안에 뒤떨어지고 저락
(低落)한 것은 불쌍한 한국교인들이었다. 한국교회 오십년 래(來)의 교
회 지도자들이 선교사 제위로부터 배운 것은 정통신학의 주입과 그에
대한 맹종밖에 없었다. 자유도 비판도 없었다. 그러므로 인격적이라고
할 것이 못 되며 따라서 학문도 성립되지 않았고 진리도 천명되지 않았
다. 관습화한 전통의 신앙의 탈을 쓰고 교권을 전횡하여 이성과 양심을
유린하는 암흑시대를 조성한 데 불과하였다. 이것이 과한 혹평이라고
느껴질지 모르나 해방 후 10년 드러난 열매가 그런 것임을 어찌하랴.57

물론 한국교회의 폐쇄적인 정통주의화에 당시 선교사들의 책임이
어느 정도 있었던 것은 부인할 수 없다. 그러나 구한말 한반도에 들어
온 프린스턴신학교 출신 선교사들에게 모든 책임을 돌리는 김재준의
언급을 그대로 받아들일 수는 없다. 한반도의 선교사들은 전형적인
미국 칼뱅주의 구학파의 사람들이었다. 그들은 개인 구원을 강조하고
복음의 사회적인 면을 강조하며 산업화와 도시화가 몰고 온 시대적
요구에 부응하려는 사회문제에 대한 '사회복음'적 신앙과 관심을 이단
시하였다. 성경고등비평 따위는 신앙 그 자체를 파괴하는 것으로 여
겼던 보수적 신학을 견지하였다. 그들의 신앙과 신학이 구한말 한반
도에서는 폐쇄적인 유교적 조선을 혁명적으로 바꾸는 개혁의 기제로
작용하였다.58 이들 선교사의 신학이 미국에서는 비정치적, 반사회복
음적 칼뱅주의 구학파의 신학이었지만, 한반도의 특수한 사회적 상황
속에서 그 반대로 작용한 것이다.59
이를 통해 김재준이 주장하는 맹목적인 정통주의의 폐해를 단지

선교사들에게게만 돌릴 수 없음을 알 수 있다. 그러므로 이와 같은 정통
주의에 의한 폐해의 원인에 대해서는 이 선교사들이 전한 신학과 신
앙을 한반도의 유교적 토대 위에 적용하고 이를 '정통'(Orthodox)이
라 여겨 수호하려고 하였던 박형룡을 중심으로 한 당시 한국교회의
정통주의자들로부터 찾아야 한다고 본다.

프린스턴신학교에서 1년간 공부하는 동안 "알짜 보수주의"[60] 신
학자인 메첸(J. G. Machen)의 강의를 충실히 듣고 그의 저작을 거의
읽음으로써 근본주의에 대하여 실존적으로 느끼고 배운 김재준은 웨
스턴신학교로 학적을 옮겨 구약을 전공하였다.[61] 김재준이 프린스턴
신학교을 마치지 않고 웨스턴신학교로 학적을 옮긴 이유에 대하여 김
양선은 웨스턴신학교가 신학적으로 미국에서 가장 자유주의적이었
기 때문이라고 주장하였다.[62] 그러나 당시 웨스턴신학교는 프린스턴
신학교와 같은 교단 신학교였기에 프린스턴신학교와 신학적인 차이
가 거의 없었다.[63]

구약 분야가 강했던 웨스턴신학교에서 김재준은 셈어(Semic lan-
guage)를 담당한 컬리의 지도를 받으며 구약을 전공하였다. 김재준
은 졸업 당시 성적표에 B+가 하나 있었을 뿐 각 과목 모두 A를 받았을
뿐 아니라 히브리어 특별상도 받았고, 재학 중에는 조직신학 시간에
자신이 제출한 페이퍼가 특선이 되어 청강자들에게 배포되는 등 두각
을 나타냈다.[64]

프린스턴신학교를 거쳐 웨스턴신학교에서 공부하는 동안 김재준
이 특정한 학자로부터 영향을 받은 흔적은 발견되지 않는다. 이후 김
재준 스스로 "내가 어느 분의 무슨 책에 가장 많은 감화를 받았을까
하고 생각해 봐도 도무지 석연치 않다"[65]라고 언급한 것은 그의 학문
적 특징을 잘 말해준다. 이러한 사실은 박형룡이 '한국의 메첸'(J. G.

Machen)이라고 불렀을 만큼 프린스턴신학교의 메첸으로부터 절대적인 영향을 받은 것과는 대조적이다. "박형룡이 서투른 자신의 작업을 추구하기보다는 완성된 서구의 신학사상을 소개하는 것을 철학으로 삼았다면, 김재준은 완성된 서구의 것보다는 서투르지만 자신의 신학세계를 만들어 가려고 노력했던 인물이다"라는 박용규의 언급은 적절하다.66

웨스턴신학교에서 신학 석사학위를 취득함으로써 김재준은 당시 흔하지 않은 미국 석사학위를 소유한 한국교회의 지식인 가운데 최상위에 속하는 인물이었다. 그러나 귀국을 앞둔 어느 날 한국의 모 선교사로부터 받은 편지에 언급되어 있던 "네가 근본주의냐, 자유주의냐? 근본주의라야 취직이 될 것이니 그렇기를 바란다"는 내용의 충고는 장차 한국교회에서 '자유하는 복음을 천명'67 하려고 했던 김재준에게 좁은 길이 놓여 있음을 예견하는 것이었다.

## 3. 소결

김재준은 그와 동시대에 활동했던 박형룡과 비교해 볼 때 여러모로 다른 길을 걸었다. 박형룡이 한국교회의 중심에서 활동했던 지도층의 인물이었던 것과는 대조적으로 김재준은 변방의 인물이었다. 이처럼 김재준이 한국교회의 중심에서 활동할 수 없었던 것은 그가 박형룡에 비해 상대적으로 빈약한 교육 배경을 가지고 있다는 데서도 기인하였을 것이다.

그와 같은 사실은 박형룡은 물론 김재준과 동시대에 활동했던 한경직, 박윤선 등과 비교해 볼 때도 마찬가지이다. 박형룡은 당시 5년

제였던 신성중학교를 졸업한 후 숭실대학을 거쳐 중국 남경의 금릉대
학에서 학사학위를 취득한 후 프린스턴신학교에 진학하였고, 한경직
은 오산학교와 숭실대학을 거쳐 미국 캔자스주의 엠포리아주립대학
에서 학사학위를 취득한 후 프린스턴신학교에 진학하였다. 박윤선은
숭실대학을 졸업한 다음 평양신학교에서 3년 동안의 정규과정으로
신학을 공부한 후 미국 웨스트민스터 신학교 석사과정(Th. M.)에 진
학하였다. 이들 모두 국내에서 엘리트 과정을 거쳤다.

　그러나 김재준은 국내에서 그들과 같은 과정을 거치지 못하였다.
국내에서 그의 학력은 향동소학교와 고건원보통학교 그리고 회령 간
이 농업학교 졸업 및 중앙 YMCA영어전수과 1년 수학이 전부였다.
그의 빈약한 교육적 배경은 단지 국내에서만 발견되는 것이 아니다.
물론 그가 일본 아오야마학원 신학부에서 학사학위를 취득할 수 있었
지만 청강생인 김재준에게 학위를 준 학교 측의 배려에 의한 것이었다.

　목회자로서의 행보 또한 김재준은 그들과 비교가 된다. 박형룡, 박
윤선, 한경직은 처음부터 목회자로, 혹은 신학자로의 길을 염두에 두
고 공부를 시작하였다. 그러나 김재준은 목회자가 되기 위해 신학을
공부한 것이 아니었다. 신학을 공부하기 전 잠시 소학교의 교사로 활
동을 했었다는 것 또한 이들 세 사람에게는 발견되지 않는 특징이다.
그러니까 이들 세 사람이 처음부터 목회자로서 자신을 인식하고 있었
다는 것과는 다르게 김재준은 자신에 대하여 무엇보다도 교육자로 인
식한 것이다.

　국내에서의 빈약한 교육적 배경 또한 그가 한국교회의 지도자로 활
동하는 데 적지 않은 걸림돌이 되었지만 무엇보다 그에게 걸림돌이 되
는 것은 그가 일본과 미국에서 경험한 폭넓은 신학적 순례였다. 당시
한국교회의 주류를 형성했던 신학은 주로 프린스턴신학교와 맥코믹신

학교 출신 선교사들의 보수적인 신학이었다. 그렇기에 그가 일본 아오야마학원 신학부를 졸업하고 미국 프린스턴신학교와 웨스턴신학교를 두루 거치며 폭넓은 신학적 순례를 통해 정립할 수 있었던 신학은 그가 한국교회의 지도자로 활동하는 데 오히려 걸림돌로 작용하였다.

김재준의 교육을 통해서 발견하게 되는 또 다른 특징은 그가 어린 시절 아버지에게 배운 고전 교육이 이후 신학을 가르치는 교육자가 되었을 때 적지 않은 영향을 끼친 것이다. 그리스도를 만나기 전까지의 고전 교육은 김재준에게 있어서 어린 영혼이 자랄 수 없도록 하는 감옥처럼 여겨졌지만 그리스도를 만난 후 그것은 자신의 사상을 정립하는 데 도움으로 작용하였을 뿐 아니라 신학 교육자로서의 후진 양성에도 긍정적으로 작용하였다.

어린 시절 아버지로부터 충실한 고전 교육을 받았고 일본과 미국에서 경험할 수 있었던 폭넓은 신학적 순례가 김재준이 한국교회의 중심에서 활동하는 데는 도움으로 작용하지 않았지만, 교육자로서의 김재준에게는 적지 않은 도움을 주었다.

김재준은 학자 교육행정가, 목사, 논설위원 등 많은 직함을 가지고 있었지만 그는 무엇보다도 교육자로서 자신의 정체성을 인식하였다. 일찍이 서울에서 3년 만에 공부를 중단한 후 귀향하여 소학교 교사로서 활동하였으며, 일본 아오야마학원에서 공부할 무렵 자신의 평생 사업을 교육이라고 인식하였다. 그뿐 아니라 미국 유학을 마치고 귀국한 후 "자유하는 인간을 배출할 수 있는 복음적인 신학교육"의 필요성을 절실하게 느끼게 되었다는 것도 그의 교육자로서의 인식에서 비롯되었다고 본다.

은퇴 후 "나는 평생 '교사'라는 직책을 맡아왔다. 하나님이 주신 '천직'이라고 믿어왔고 지금도 그렇게 믿고 있다"라고 한 김재준의 고백은 그가 무엇보다도 자신을 교육자로 인식하였음을 의미한다.

김재준은 평생 정통주의 일색인 한국교회의 중심에서 활동할 수 없었다. 그러나 그의 시각에서 볼 때 '정통주의'는 율법주의였기에 그곳에서는 자유하는 인물이 배출될 수 없었다. 그렇기에 김재준은 자유하는 인물을 배출할 수 있는 새로운 교육을 펼치고 싶었다. 국내에서의 빈약했던 교육적 배경, 일본과 미국에서의 폭넓은 신학적 순례 등은 그가 보수적인 한국교회의 중심에서 활동하는 데 걸림돌로 작용하였지만, 자유하는 영혼을 배출하고 싶었던 그에게 오히려 긍정적으로 작용한 것이다.

# 5 장
# 김재준과 1930년대 자유주의 논쟁*

　이 단락에서 필자는 김재준이 자유주의 논쟁의 핵심으로 부상한 1930년대 한국교회의 배경을 고찰함으로써, 당시 한국교회의 자유주의 논쟁을 통해 도출되는 결과들을 발견하려고 한다. 다시 말해 1930년대 한국교회의 자유주의 논쟁이 박형룡을 비롯한 정통주의자들과 김재준을 비롯한 '자유주의자'들의 신학 논쟁이었으며, 그 결과 정통주의자들의 승리로 종결되었다고 하는 기존의 시각과 다른 시각을 언급함으로써 이 사건에서 도출되는 결과들을 발견하려는 것이다.[1] 이에 대해 먼저 필자는 이 사건의 결과에 대한 이면적 의미로서 정통주의자들의 승리가 아닌 실질적 승자가 있었음을 논증하려고 한다.

　그뿐 아니라 필자는 이 단락에서 1930년대 당시 김재준이 한국교회의 자유주의 논쟁의 핵심으로 부상하게 된 이유를 신학적 논의가 아닌 다른 요인에서 비롯되었음 또한 논증하려고 한다. 왜냐하면 1930년대는 물론 오늘날에도 김재준은 한국교회의 대표적인 자유주의 신학자라는 의심으로부터 자유롭지 않기 때문이다.[2] 그러나 여기

에 동의하지 않는 학자들도 있다.3

사실 김재준은 19세기 독일에서 리츨(A. Ritschl)이나 슐라이어마
허(F. Schleiermacher)로부터 기원된 신학사조인 자유주의 신학에
대하여는 오히려 비판하였고, 다만 젊은 신학도로서 당시 학계의 연
구 성과를 소개하려고 하였다. 김재준 또한 "자유주의 신학은 그동안
너무 인간주의, 자연주의에 영합(迎合)한 잘못이 있으며 인간에 대하
여 낙관적이기 때문에 그 신학사상이 인간 중심이 되어 하나님의 존
재 의미조차 인간의 축복을 위해서만 있는 것"4이라고 비판하였다.

일찍이 박형룡은 김재준에 대하여 "성경의 파괴적 고등비평의 수
호자와 자유주의 신학의 옹호자로서 자현(自現)함이 명백하다"5고 주
장하였다. 그러나 박형룡의 이와 같은 김재준 인식은 당시 그의 학위
논문에 대한 교수회의 평가가 "지나친 보수주의 사상"이었다고 평가
했을 정도로 보수적이었던 그의 신학사상에 기인한 측면을 간과할 수
없다.6 그렇다면 박형룡이 "파괴적인 고등비평의 수호자와 자유주의
신학의 옹호자"라고 할 만큼 당시 한국교회의 풍토에서 급진적으로
인식되었던 김재준의 성경관은 과연 어떤 것이었을까?

김재준은 자신이 성경무오류설을 부인하지 않으며, "성경의 목적
은 과학이나 역사를 가르치려는 것이 아니라 구원의 길을 가르치려는
것"이라고 주장하였다.7 사실 이 같은 성경관은 박형룡에게서도 발견
된다. 박형룡 또한 "성경은 과학을 가르치려 하지 않는다. 성경은 과
학책이 아니고 구속의 역사를 기록한 책이다"8라고 주장하였다. 이를
통해 김재준이 지금까지 자유주의 신학자로 인식되어 온 이유가 단지
학문적 논의의 결과 때문이라고만 볼 수 없음을 알 수 있다.9 그렇기
때문에 필자는 먼저 이 단락에서 박형룡을 비롯한 한국교회의 정통주
의자들의 사상이 저항할 수 없는 가치로 작용했던 1930년대 한국교

회의 상황을 고찰하려고 한다.

이를 통해 도출된 결과로서 기대하는 것은 1930년대 한국교회의 자유주의 논쟁의 이면적 결과에서 발견되는 논쟁의 실질적인 승자에 대한 발견과 그에 따른 한국교회의 율법주의화 및 속화의 침잠(沈潛)됨 그리고 이 사건과 한국교회 신사 참배의 연관성 등이다.

## 1. 사회적 배경

1934년 「기독신보」에 개재된 한 편의 글은 1930년대 한국교회의 '자유주의 논쟁'을 가열시키는 기제로 작용되었다. 그것은 당시 함경북도 성진중앙교회의 담임목사였던 김춘배가 "장로회 총회에 올리는 말씀"이라는 문제로 게재한 논문인 "여권 문제"라는 대지(大旨) 하에 쓴 글이다. 이 논문에서 김춘배는 "사도 바울이 '여자는 조용하여라, 여자는 가르치지 말라'고 한 것은 [2천 년 전 한 지방교회의 교훈과 풍습]이요 [만고불변의 진리]가 아니라"는 의견을 피력(披瀝)하였다.[10]

일본 간사이(關西)대학 신학부를 졸업한 김춘배가 평양신학교 출신 목회자들이 지배하던 보수적 풍토의 한국교회에 제기했던 '여권 문제' 논의는 단순히 교회 안의 인권 혹은 평등에 대한 문제 제기를 넘어 '성경의 권위에 대한 도전'으로 받아들여졌다. 그로 인해 당시 김춘배가 속했던 한국장로교단은 미국 북장로교 선교사인 감부열(Archibald Cambell)과 박형룡에게 그에 대한 조사를 일임한 후 그들의 보고서를 받아들임으로써, 김춘배를 목사로서 모든 교회의 직무에 있어서 해임해야 한다는 결정을 내렸다. 그들의 주장은 다음과 같다.

성진중앙교회 목사 김춘배 씨가 기독신보 977호에 "장로회 총회에 드리

는 말씀"이라는 문제로 기재한 논문 중 『여권 문제』라는 대지 하에 사도
바울이 『여자는 조용하여라. 여자는 가르치지 말라』고 한 것은 『2천 년
전의 한 지방교회의 교훈과 풍습』이오 『만고불변의 진리』가 아니라는
의미의 성경해석을 술한 것은 큰 오류라고 인정하나이다. 사도바울이
고린도전서와 디모데전서에 여자의 교회교권을 불허한 말씀은 2천 년
전의 한 지방교회의 교훈과 풍습을 의미한 것이 아니라 만고불변의 진리
이웨다.11

김양선은 이 사건을 같은 해 발생한 서울 남대문교회의 담임목사
김영주의 "모세의 창세기 저작설에 대한 의문 제기 사건"과 함께 성경
의 고등비평과 자유주의 신학이 전 교회로 문제화된 최초의 사건이었
다고 평가하였다.12 그러나 필자는 이 사건을 김영주의 "모세의 창세
기 저작설에 대한 의문 제기 사건"과 동등한 사안으로 여김으로써 신
학 논의의 주제로 삼은 사실에 의문을 제기하고 싶다. 왜냐하면 김춘
배의 "여권 문제 제기"에 대한 당시 한국장로교단의 반응에서 신학 논
의의 측면을 넘어 구한말 한반도를 장악했던 수직적인 "유교 사회적
성격"을 발견하기 때문이다.13 그러한 사실은 박형룡의 다음과 같은
주장에서도 잘 나타난다.

솔선범죄에 대한 형벌로써 여필종부(女必從夫)의 명령이 내려졌으니
교회 일에서도 그래야 한다(창 3:16).… 창조의 질서에서 여자는 종
(從)이 되기 위해 남자보다 연약한 성질을 갖고 났다가 후에 솔선(率
先) 범죄한 것이요 또한 벌을 받은 것이다. 그러므로 여자의 벌 받음은
그의 성질상 지도능력이 결핍함을 암시한다.… 하나님께서 논죄(論罪)
하실 때에 그 죄의 차이에 따라서 먼저 악마에게, 다음에 여인에게, 마지
막에 남자에게 형벌을 선고하셨다. 그런즉 여성은 신청(信聽)함에 빨라

서 쉽게 속는 약점이 있으므로 공중(公衆)의 사표가 되기에 적당하지
않다.14

필자는 박형룡의 이와 같은 주장을 당시 한국교회가 견지했던 전
통신학에 기인한 것으로 볼 수 없다고 생각한다. 왜냐하면 당시 정통
신학의 본거지였던 평양신학교의 교수였던 사우업(C. E. Sharp)으로
부터 박형룡이 주장하는 여필종부의 법칙과 다른 견해가 발견되기 때
문이다.

> 하나님께서 가족을 조직하실 때에 머리는 남자로 세우시고 주관할 자격
> 을 주신 것이니라(창 30:16, 딤전 2:12-14). 이 두 사람 중에 여자가
> 더 연약하매 죄가 이 세상에 들어온 후로부터 여자가 남자에게 종의 대
> 우를 받았으니 이것은 하나님의 본뜻이 아니라, 예수의 복음이 들어가
> 는 곳마다 사람들이 그 뜻을 깨달아 알고 여자의 지위를 이전보다 높게
> 대접하였으니. 이것은 하나님의 말씀이 퍼지는 결과 가운데 한 가지 큰
> 결과가 되는 것이니라.15 어떠한 사람들은 여자들을 업신여기며 집안일
> 을 하는 자로 여기되 예수께서는 그렇게 여기지 아니하시고, 남자와 여
> 자를 다 같이 하나님의 은혜를 받고 하나님과 사귈 수 있는 것으로 인증
> 하셨고, 예수께서는 하나님의 아들이시라도 어려서부터 장성하신 때까
> 지 여자 되신 모친 마리아를 복종하셨느니라.16

표면적으로 보면 "하나님께서 가족을 조직하실 때 머리는 남자로
세우시고 주관할 자격을 주신 것이라"고 함으로써 마치 박형룡과 비
슷한 주장을 한 듯 보인다. 그러나 본문에서 그는 "죄가 이 세상에 들
어온 후로부터 여자가 남자에게 종의 대우를 받았으니 이것은 결코

하나님의 본뜻이 아니니라"고 주장함으로써17 박형룡과 다른 견해를 말하고 있다. 더욱이 박형룡의 "여성은 신청함에 빨라서 쉽게 속는 약점이 있다"는 주장은 조선 후기 유학자들의 견해와 일맥상통한 것처럼 보인다. 예컨대 조선 후기의 실학자로서 자못 진보적이었던 정약용조차 "여성의 성품이 성정과 취미가 편벽되고 좁으며 질투심이 강하고 사나우므로 남편이 어리석음을 달래주어야 한다"고 주장함으로써 여성에 대한 편견을 드러냈다.18 김춘배의 여권 문제 제기와 박형룡 등의 반응에서 나타나는 논쟁을 신학 논의의 측면에서만 볼 수 없는 이유가 여기에 있다.19

이와 같은 한국교회의 율법주의화에 대한 문제의식은 1930년대 자유주의 논쟁의 중심에 놓였던 김재준과 보수적 교회 지도자 가운데 대표적인 인물이었던 길선주가 동일하게 느낀 것이기도 하였을 뿐 아니라 당시의 대표적인 소설가였던 이광수가 느낀 것이기도 하였다. 1930년대 자유주의 논쟁은 그러한 측면에서 이해할 수 있다.


## 2. 자유주의 논쟁과 1930년대 한국교회

### 1) 한국교회의 율법주의화 및 속화

1932년 미국 유학을 마치고 귀국한 김재준은 그의 유학 기간 중에 함경북도 경흥에서 발생한 한 가지 충격적인 사건을 다음과 같이 언급하였다. 그것은 이른바 "김태훈 장로님 사건"이었다.

내가 미국 가 있는 동안 경흥읍교회에는 '김태훈 장로님 사건'이란 것이 있었다. 그는 목사 받드는 겸손, 교회 섬기는 충성, 개척 전도의 열성,

젊은이들에 대한 기대와 사랑 등등 신앙과 덕행의 상징이었다. 나는 그
이를 내 교부(敎父)같이 존경했다. 그런데 내가 미국서 돌아왔을 때 그
는 없으셨다. 그에게는 아들이 한 분밖에 없었다. 그 아드님은 천재로
알려진 젊은이였으나 신앙적으로는 탕자였다. 그는 오랜만에 작은 불상
하나를 갖고 집에 나타났다. 옛날 금동제 불상인데 일본에 밀수하면 한
몫 본다고 아버님께 소근거렸다. 그리고 그것은 안방 농장 위에 세워 됐
다. 그런데 항간에는 "김태훈 장로가 안방에 우상을 모시고 있다"는 소
문이 낭자하게 퍼졌다. '불상' 곧 '우상'이라는 선교사들의 가르침에 맹종
하던 그 당시 교회에서는 여론이 들끓었다. 결국 김태훈 장로님은 책벌
대상이 됐다. "그건 불상을 모신 것이 아니라, 아들이 상품으로 사 온 것
을 둬둔 것뿐이다"라고 해도 "장로가 그런 걸 집안에 들여놓다니 말이
되느냐?"는 것이었다. 김태훈 장로님은 고민했다. 원로장로로서 교회에
부덕을 끼쳤다는 것, 일종의 배교자같이 됐다는 것, 성직을 더럽히고 자
신의 이름이 땅에 떨어졌다는 것 등등 이제는 더 살아야 할 아무 의미도
없다고 느끼셨다. 그래서 그는 하루, 뒷산 낙엽송 밀림 속에 그 불상을
파묻고 그 옆에서 자살하셨다. 그릇된 죄책감이 은혜를 눌러 양심과 이
성까지 질식시킨 것이라 하겠다. 한국교회가 얼마나 율법주의자였다는
걸 이 사건으로 짐작할 수 있을 것 같다.[20]

　사실 이와 같은 한국교회의 율법주의적 행태에 대한 지적은 김재
준 한 사람에게서만 발견되지 않는다. 1935년 『아빙돈 단권주석』이
고등비평적인 입장이라며 구독을 금할 것을 제안했을 만큼 정통신앙
의 대표적 인물이었던 길선주[21] 또한 한국교회의 율법주의에 대하여
질타하였다. 그가 1932년 제21회 조선예수교총회에서 행한 설교인
'감독의 책임'을 통해 한국교회의 율법주의화 및 속화를 동일하게 보

고 있음을 알 수 있다.

> 몇 해 전에 평남에 교적을 둔 한 청년 교인이 견학을 왔습니다. 그 청
> 년이 총회를 구경하고 돌아가서 교회에 나오지 아니하기로 그 이유를
> 물은바 "총회에 가보고 예수 믿을 마음이 없어졌다"고 하였습니다. 평교
> 인 중에는 노회나 총회를 성회로 알고 우러러보다가 정작 회의장에 와서
> 보고 성회답지 않다고 낙망하는 사람이 적지 않습니다. 그러니 우리의
> 일언일동(一言一動)으로 하나하나를 어찌 삼가지 아니하겠습니까? 그
> 러면 금일의 교회는 어떠합니까? 양으로 보아서 그렇게 감소하지 아니
> 하였더라도 질로 보아서는 한심한 일이 많습니다. 교회는 날로 속화(俗
> 化)하여 가는 중에 있습니다. 신앙은 박약하고, 사랑은 아주 식어져 열
> 심과 능력을 잃어버린 형편입니다.22

이와 같은 길선주의 질타는 김재준이 귀국 직후 참석했던 노회에
서 받았던 인상에 대해 "은혜도 화평도 증발된 사무절차뿐이었는데
예외 없이 평양신학교 출신 목사님이니만큼 '정통신학' 일색이었다"23
고 느꼈다는 것 그리고 "교회도 사회도 숨이 막힐 정도로 폐색과 체증
에 걸린 당시의 시대 속에서 정통주의로 규격된 한국장로교회에 어딘
가 숨 쉴 구멍을 틔워주는 것이 자신에게 맡겨진 시대적 사명이라고
느꼈다"24는 사실과 같은 맥락에서 이해할 수 있다. 이처럼 은혜를 상
실한 채 경직된 모습은 당시 정통신앙의 대표적 지도자였던 길선주와
1930년대 자유주의 논쟁의 중심인물이었던 김재준 두 사람이 공통으
로 목격한 한국교회의 모습이었다.

이처럼 경직된 한국교회의 모습을 고발하는 또 하나가 이른바 '성
조지(聖朝誌) 사건'이었다. 이것은 손양원 목사가 처음 부임한 부산

감만동교회에서 1932년 「성서조선」을 읽고 설교했다는 이유로 교회
를 사임하게 된 사건이었다.25 「성서조선」의 발행인 김교신은 1935
년 나병 환우 문신활로부터 다음과 같은 서신을 받았다.

> 소생이 성조지를 통하여 썩어졌던 생명이 소생함을 얻은 때는, 1932년
> 부산 감만리나병원에서 손양원 전도사님이 성조지에서 얻은 소감으로
> 설교하던 때였습니다. 그 당시 손양원 전도사님은 성조지를 가지고 사
> 경(查經)공부처럼 일주일간 설교한 일이 있었습니다. 그래서 비로소 그
> 때부터 부산 감만리나병원 배후에도 복음의 꽃송이들이 드문드문 피게
> 되었지요. 암흑에 잠겼던 감만리나교회는 광명을 맞이하게 되었지요.
> 썩어졌던 생명들은 생생하게 소리를 쳤더이다. 아! 모든 법과 의식에 결
> 박되어 고통과 번민으로 예수를 뜻 없이 믿던 소생은 날로 때로 생명력
> 으로 자라는 참 진리로 해방을 받아 한없는 희열이 넘쳤나이다. 뭇 생명
> 들이 그처럼 재미스럽게 해방을 받아 나아가던 도중에 소위 목회자라고
> 하는 몇 사람의 시기로 인하여 손양원 전도사님도 감만리나교회 일을
> 못 보게 되고 말았습니다. 그 후로는 참이라고 날뛰던 사람들도 교권자
> 들이 위협하는 바람에, 한 사람 두 사람 다 떨어지고 600여 명 중에서
> 겨우 5, 6인이 진정한 복음 안에서 참 진리를 호흡하는 한 식구가 되었나
> 이다. … 그러다가 그것도 반대자들의 조사에 탄로나 아무 조건 없이 이
> 단파에 속한 자들이라 하여 무수히 박해를 당하였습니다.26

서신을 읽은 김교신은 기성교회의 교권주의자들을 향해 "하필 나
환자의 최후로 남은 영적 생명의 양도(糧途)까지 끊으려하는가. 천국
으로 들어가지도 않고 남이 들어가는 것까지 방해하여 마지않는 교권
자 아귀배여, 너희가 회개치 않을 건데 최대의 화(禍)가 너희 신상에

미치리라"²⁷하며 분노하였다. 언급된 일련의 사건들 통해 당시 한국 교회에 율법주의화 및 속화가 혼재되어 드러났음을 알 수 있다.

이와 같은 한국교회의 율법주의화 및 속화에 대한 비판은 비단 길 선주, 김재준 그리고 김교신같이 한국교회의 인물들로부터만 제기된 것이 아니었다. 이미 1920년대에 당시 대표적인 지성인이며 소설가 였던 이광수가 "한국교회에는 교육자로서, 문화계급으로서, 종교지 도자로서, 사회적 지위와 명망을 안고 있던 이들이 사람들 위에 군림 하기 시작하였다"고 하며 비판을 제기하였다.²⁸ 이와 같은 이광수의 비판을 사회학자 박영신의 표현을 차용한다면 기독교의 "평범화과정" 이라고 표현할 수 있다. 교회 지도자들의 신분이 점차 상승하게 되고, 교회 공동체가 힘을 얻게 됨으로써 더는 "별난 예수쟁이"가 아닌 "보 통사람"이 되어 사회적 변혁 에너지를 상실하게 되었을 뿐 아니라 오 히려 더욱 권위주의적 속성이 내포된 기독교가 되었다는 것이다.²⁹

본래 구한말 개종자들은 유교 사회에서 차별을 받아온 빈곤층과 억압받는 사람들 그리고 왕조 정치 체제 속에서 소외된 젊은 양반 계 층 가운데 소수로 구성되어 있었기 때문에 유교 체제에 대항적일 수 밖에 없었다. 이들을 중심으로 이루어진 구한말, 일제 강점 초기 한국 교회 공동체는 사회 개혁 및 정치 개혁을 이끄는 동력으로 작용했기 때문에 급성장할 수 있었다. 그로 인해 초기 한국교회는 반일 활동의 온상(溫床)으로 인식되었다.³⁰ 한국교회 공동체는 일제에 억압당할 수록 더욱 강한 영향을 끼쳤기 때문에 1919년 3.1운동을 이끌 만큼 한반도의 거대 세력으로 부상하였다.³¹

그러나 1919년 3.1운동 이후 일제의 문화 통치 정책은 한국교회 공동체가 민족주의 운동의 중심에서 물러나도록 하였고 이를 계기로 한국교회는 민족 공동체의 사회 및 정치문제들을 외면하기 시작하였다.[32] 점차 성직자들과 평신도 지도자들은 자신들의 사회, 경제적 지위 유지를 위해 기득권 사회에 대한 타협뿐 아니라, 심지어 식민 정부에 순응적인 모습조차 보였다.[33]

이처럼 사회 개혁의 동력이 위축된 후 기득권 유지를 위한 도구로 활용되기도 한 당시의 정통신학은 앞서 언급한 '김태훈 장로님 사건'에서 보았던 것처럼 신앙을 억압하는 기제로 작용되었을 뿐 아니라, 구한말 선교사들의 가르침을 받았던 초기 개종자들이 이루려고 했던 개혁적 기독교 사회, 다시 말하면 불평등과 차별의 제도, 습속을 '사악의 것', '이방의 것'으로 간주하며 적극적으로 바꾸려고 했던 이들의 사회[34]가 아닌 차별적인 유교적 사회질서를 합리화하는 이데올로기로 적용되기까지 하였다. 김재준이 자유주의 신학의 핵심으로 부상된 1930년대 한국교회가 그런 성격을 내포했던 것이다.

## 2) "아빙돈 단권 성경주석" 사건

1935년에 일어난 "아빙돈 단권 성경주석" 사건은 김재준을 자유주의자로 인식하도록 한 중요한 사건이었다. 왜냐하면 그 책이 당시 한국장로교회에서 금기시되었던 역사 비판적인 주석이었기 때문이다.[35] 성경에 대한 역사 비평을 포함한 이른바 고등비평적 해석은 당시 한국 장로교회의 보수적인 풍토에서 받아들여지기 어려웠다. 그렇지만 장로교 목사였던 채필근, 한경직, 김재준, 송창근 등이 번역에 참여한 것이 문제시된 것이다.[36]

앞서 언급한 것처럼 길선주가 "『아빙돈 단권 성경주석』이 고등비평적인 입장이라며 이 책의 구독을 막자"는 제안을 함에 따라, 총회에서 『아빙돈 단권 성경주석』을 장로교회의 교리에 위배되는 점이 많으므로 구독(購讀)치 않을 것을 결의하고 집필자들에게 해명을 요구하자,[37] 이 가운데 김재준, 한경직, 송창근은 다음과 같은 성명서를 「신학지남」에 기고함으로써 자신들의 입장을 표명하였다.

금일 문제된 신생사 발행 성경주석에 대하여 본인 등은 총회의 권고를 따라 좌(左)와 여(如)이 성명함.

一. 본인 등이 집필한 부분은 장로교신조에 위반됨이 무함.

二. 타인 등이 집필한 부분이나 전체 편집에 대하야는 본인 등은 상담(相談) 혹 관여한 사(事)가 무함.

三. 본 주석의 내용에 대하야는 이미 제24회 총회에서 결정된 것인바 본인 등은 집필자의 일원(一員)으로서 유감의 의를 표함.

1935년 10월 19일 송창근, 김재준, 한경직[38]

이들의 입장표명을 받아들임으로써 장로교총회에서는 이 사건을 더 이상 문제 삼지 않았다.[39] 당시 진보적 신학에 개방적이었던 감리교에서는 고등비평적 입장에서 저술된 『아빙돈 단권 성경주석』 발행에 대한 논쟁이 없었지만, 보수적인 장로교회에서는 1930년대 한국교회의 자유주의 논쟁 가운데 중요한 사건이 되었다. 당시 장로교회의 신앙 풍토에 대해서는 초기 한국 장로교 선교사로서 '조선 교회의 아버지'라고 명명되기까지 했던 선교사 마포삼열(S. A. Moffett)이 1930년대에 행한 설교에서도 짐작할 수 있다.

금일에 말하기를 마 목사는 너무 수구적이요 구습을 그치지 않는다고 한다. 옛 복음에는 구원이 있긴 있으나 새 복음에는 구원이 없는 데는 답답하다. 그 옛 복음, 바울의 전한 복음을 전할 때에는 교회가 왕성하였지만 새 복음에는 대단히 조심하시오. 우리는 옛적 복음 그대로 금일까지 전하자. 죄는 복음으로야만 사한다. 복음을 변경하려면 바울의 자격이 제일 할만하였지만은 그는 결코 아니했다. 근대에 있어 흔히 새 신학, 새 복음을 전하려는 자는 누구며 그 결과는 무엇일까 조심하자. 조선 모든 선교사가 다 죽고 다 가고 모든 것은 축소한다 할지라도 형제여! 조선 교회 형제여! 40년 전에 전한 그 복음 그대로 전파하자. 바울이 청년 목사 디모데에게 부탁함과 같이 나도 조선에 있는 원로 선교사와 노인 목사를 대표하여 조선 청년교역자에게 말한다. 원로 선교사와 원로 목사의 전한 그대로 전하라, 이 복음은 우리가 내 것이 아니요, 옛적부터 전한 복음이다. 이렇게 하므로 신성하고 권능 있는 교회를 세우고 모든 백성에게 십자가의 도로 구원의 복음을 전파하기 바란다. 형제여! 원로 선교사 원로 목사들이 40년 동안 힘쓴 것인데 우리의 지혜가 아니요, 바울에게서 받았고 하나님의 말씀을 전한 것인 데는 다른 복음 전하면 저주를 받을 것이요, 말할 기회 많지 않은 데는 딴 복음을 전하지 말기를 간절히 바란다.[40]

이 설교에서 그의 보수성을 엿볼 수 있는데, 심지어 그는 교회 혁신 과제조차도 달가워하지 않았다. 사실 마포삼열은 선교사로서 폭발적인 업무량과 분주한 선교 전략 때문에 더욱 진전된 성경 연구 시간을 거의 가질 수 없었다. 그로 인해 단지 자신이 배운 것만으로 복음을 전하는 일에 열중했을 뿐, 새로 대두하는 상황에 따른 복음 이해에 대한 다양한 측면은 중요하게 여기지 않았다. 더욱이 그에게는 수구적이고 보수적인 기질이 있었기 때문에 자기가 확신하는 일에 유일성을 두는 경향 또한 있었다.[41]

이처럼 장로교에서는 조선 교회의 아버지라고 칭송받았던 마포삼

열의 상징성42에서 그의 신앙과 신학이 한국 장로교회에 끼친 영향력
이 참으로 지대(至大)하였음을 알 수 있다. 동시에 마포삼열의 수구적
이고 보수적인 기질이 한국교회의 반지성적 풍토에 다소나마 영향을
끼쳤음 또한 짐작할 수 있다.43 1930년대 한국교회의 자유주의 논쟁
이 일어났을 때 과연 김재준 등이 주장하는 자유주의 신학이 19세기
독일에서 슐라이어마허나 리츨로부터 시작된 자유주의 신학과 동일
한 것인가 하는 진지한 학문적 반성이 결여된 가운데 자유주의를 운
위한 데서 볼 수 있었던 것처럼 말이다.44 이와 같은 맥락에서 볼 때
김재준의 다음과 같은 언급은 일면(一面) 타당하다.

> … 그리하여 그들과 미국 남북장로교 제 씨가 한데 엉키어 그 옛날의 영
> 화를 두루 찾으려는 운동을 전개하였다. 그리하여 소위 '정통신학'을 표
> 방하여 축자영감설에 의한 성경문자무오설을 믿지 않는 사람은 성경이
> 하나님의 말씀이라는 것도 믿지 않는 사람으로 인정한다는 등, 모세오
> 경을 모세가 직접 쓴 것이라고 믿지 않는 사람은 예수를 믿는다고 할 수
> 없다는 등, 정통주의 신학에 절대 귀의하지 않는 사람은 다 "신신학"(新
> 神學)인데 "신신학"이란 것은 거의 합리주의요, 처녀 탄생도 기적도 부
> 활도 재림도 부인하는 것이라고, 한 옛날에 귓결에 들은 풍월을 되풀이
> 하여 무책임한 비방을 퍼뜨리고 있었다.45

물론 1930년대 한국교회의 자유주의 논쟁에서 당시 한국교회에
소개된 새로운 신학 사조를 신신학이라고 하며 비난했던 책임이 마포
삼열을 비롯한 선교사들에게 일정 부분 있음은 사실이다. 그러나 필
자는 1930년대의 자유주의 논쟁, 특히 앞서 김재준의 언급에서 볼 수
있는 비판의 원인을 선교사들보다는 당시 한국교회 정통신학의 핵심

인물이었던 박형룡으로부터 발견해야 한다고 본다. 왜냐하면 마포삼
열이라는 이름이 한국교회의 아버지를 상징했던 것처럼 박형룡 또한
한국교회의 정통신학을 상징했기 때문이다.[46]

박형룡이 유학 생활을 했던 1920년대 미국에서는[47] 근본주의-현
대주의 논쟁이 활발했다. 포스딕(H.M. Fosdick)이 "근본주의자들은
승리할 것인가?"라는 설교를 통해 이른바 근본주의자들을 공격하였
고(1922), 장로교 총회에서는 이와 같은 자유주의자들의 움직임에 대
응하여 '5대 필수 원리'를 제정하였다(1923). 메첸(J. G. Machen)이 그
해에 『기독교와 자유주의』를 저술하여 자유주의가 기독교와는 다른
종교인 것을 천명하였다.[48] 연이어 어번 선언(1924),[49] 원숭이 재판
(1925),[50] 메첸의 프린스턴신학교에서의 축출(1926) 등의 사건이 발
생했다.[51]

박형룡은 프린스턴신학교의 변증학 교수 그린(W. B. Greene Jr),
조직신학 교수 호지(C. W. Hodge, Jr) 등의 지도를 받았고,[52] 그 외에
도 남침례신학교에서 변증학 교수 멀린스(E. Y. Mullins), 카버(W. O.
Carver) 등의 지도를 받았다.[53] 그러나 그에게 가장 큰 영향을 끼친
인물은 프린스턴신학교에서 신약을 가르친 메첸이었다. 당시 프린스
턴신학교에서 자유주의와의 논쟁을 주도한 그는 미국 반자유주의 운
동의 핵심 인물이었다.

박형룡이 변증학을 공부하게 된 동기가 당시 조선의 젊은이들 사이
에서 유행하는 반기독교운동에 대항하기 위함이었다는 사실에서 알
수 있듯이 박형룡은 자유주의에 대항하는 메첸에게 깊은 유대감을 느
낄 수밖에 없었다. 메첸 또한 박형룡이 프린스턴신학교에 입학할 때부
터 주목하고 기대했을 뿐 아니라 초기에는 장래가 촉망되는 식민지의
한 젊은 신학도로서, 후기에는 같은 길을 걷는 동지로 생각했다.[54]

박형룡은 이후 한국교회의 다양한 신학 논쟁에 휘말리는 가운데 '한국의 메첸'이라고 명명되었지만, 사실 메첸은 '근본주의자'가 아닌 과학적 사실과 합리적 판단을 중요하게 생각하는 정통 프린스턴의 후예였다. 논쟁자가 아닌 신학자였고, 근본주의자가 아닌 개혁주의자였으며, 분리주의자가 아닌 통합적 사고를 가진 학자였다. 오히려 후기 박형룡의 행동은 메첸을 논쟁자, 근본주의자, 분리주의자로 오해받도록 하기에 충분했다.[55]

박형룡 또한 스스로 충실한 한국의 메첸이라고 생각했지만, 사실 그의 신학은 마포삼열을 비롯한 평양신학교 교수들에게서 배운 근본주의적 범주에 머물렀다. 이를 통해 "아빙돈 단권 성경주석" 사건으로 잘 알려진 1930년대의 자유주의 논쟁이 발생한 신학적 풍토를 짐작할 수 있다. 박형룡은 1930년대 정통주의 신학의 상징적 인물이었다.

미국에서 변증학 전공으로 박사학위를 취득한 박형룡은 귀국 후 한국교회 기성세대를 대변하는 활동을 하였다. 마포삼열과 길선주로 상징되는 초기 한국교회의 보수적 신앙과 그들의 신앙으로부터 절대적인 영향을 받은 박형룡의 학문적 지원은 한국 장로교회의 보수 신앙 및 신학의 입지를 더욱 든든하게 해주기에 충분하였을 것이다.

다시 말해 마포삼열의 보수주의적 신앙 전통이 박형룡을 통해 보다 학문적으로 정리되어 이후 한국 장로교회의 신학을 주도하게 되었다는 것이다. 미국에서 공부하는 동안 박형룡은 메첸으로부터 적지 않은 영향을 받았지만, 사실 그의 신학은 미국 유학 이전 상당 부분 정립되어 있었다.[56] 결국 "아빙돈 단권주석" 사건을 통해 1930년대 한국 장로교회에서는 "근본주의적 성경관과 보수적 정통주의신학" 그리고 "정통"에 어긋나는 어떠한 신학과 사상도 '자유주의 사상'으로 단죄되었음을 알 수 있다.[57]

## 3) 자유주의 논쟁과 한국교회의 속화 문제

한국교회의 속화에 대한 우려는 김재준과 길선주 모두 동일했지
만, 1930년대 한국교회의 자유주의 논쟁은 한국교회의 속화 문제를
침잠시키는 결과를 가져왔다. 왜냐하면 박형룡을 비롯한 정통주의자
들은 교회의 세속화보다 자유주의화를 더욱 우려했기 때문이다. 더욱
이 1935년을 고비로 총회의 주도권이 정통신앙을 표방하는 교권주의
자들에게 넘어가게 되었는데, 그로 인해 교회의 지도자들은 일제의
회유와 협박에 손쉽게 순응하였고,58 결국 한국교회의 속화 문제는
1930년대 말 신사 참배로까지 연결되고 말았다.

일제의 신사 참배 위협에 직면한 한국교회는 일치함으로써 대처하
는 방안을 구하지 못했다.59 1930년대 한국교회의 자유주의 논쟁은
강압적으로 다가오는 일제의 신사 참배에 함께 대처하고 대항할 수 있
는 힘을 소진하는 데 적지 않은 영향을 주었다. 이른바 "아빙돈 단권
성경주석" 사건으로 대표되는 한국교회의 자유주의 논쟁은 장로교단
내의 충돌은 물론, 감리교단과의 충돌 위기를 내포한 사건이었다.60

성숙한 학문적 논의가 받아들여지지 않은 1930년대 신앙 풍토에
서 한국교회는 장로교단과 감리교단의 충돌 위기를 경험할 수 있었을
뿐 아니라 장로교단 안에서도 이른바 보수와 진보로서의 분열 발생으
로 인해 힘을 소진할 수밖에 없었다. 결국 앞서 언급한 것처럼 김재준
과 길선주가 우려하며 문제를 제기한 한국교회의 속화 문제는 결국
신사 참배 가결과 함께 더욱 심각하게 대두된 것이다. 교권주의자들
의 일제에 대한 협력으로 말이다. 일제의 강압에 의해 한국교회가 신
사 참배에 굴복하자, 이에 반대하는 교역자와 신도들은 조직적이고
집단적인 저항을 하였다.61 그러나 당시 조선예수교장로회 총회장이

었던 홍택기를 비롯하여 백낙준, 전필순 등의 지도자들은 일제에 협력하였다.[62] 이처럼 신사 참배 가결 후의 한국교회는 교권주의자들의 장이 되고 말았다.

### 4) 자유주의 논쟁의 결과

1930년대의 자유주의 논쟁은 김재준이 보수적인 한국교회로부터 축출되는 결정적인 계기가 되었다.[63] "아빙돈 단권 성경주석" 사건 때 김재준과 함께 유감의 뜻을 표시했던 송창근 또한 마찬가지였다. 송창근은 산정현교회의 담임목사로 활동하며 「신학지남」에 글을 투고하는 등 평양 교계에서 적극적인 활동을 하였지만 결국 평양을 떠나야 했다. 왜냐하면 당시 평양신학교의 교수로 활동하며 산정현교회와 깊은 관련을 맺고 있던 박형룡이 송창근의 '자유주의적 사상'에 반대하여 그의 사상을 학교와 교회에서 노골적으로 지적하였기 때문이다.[64]

1930년대 한국교회 정통신학의 상징적 존재였던 박형룡과 비교해 볼 때 김재준의 입지가 크지 않았음에도 불구하고 그는 적극적으로 활동하였다. 그는 1933년 5월 「신학지남」에 "욥기의 영혼 불멸관"을 기고한 것을 시작으로 1935년 5월 "위대한 종결 - 예레미야의 비통한 최후를 추모함" 게재를 끝으로 「신학지남」에 글을 올릴 수 없게 된 약 2년 동안 14편의 글을 올렸다. 박형룡은 당시 「신학지남」의 편집장이었던 남궁혁에게 김재준과 송창근이 비록 자유주의의 본색은 감추었지만 분명한 자유주의자라며 그들의 글을 싣지 않도록 수차례 권고하였을 뿐 아니라 이들 '자유주의자'들이 「신학지남」과 「기독신보」에 계속 글을 발표하며 '적극신앙단'[65]을 통해 자신들의 세력을 키워나가고 있다고 주장하는 등 직간접적인 활동을 통해 그들이 총회에

서 설 자리를 잃도록 하였다.66

앞서 언급한 것처럼 김춘배의 한국교회의 여권 문제 제기, 김영주의 모세의 창세기 저작설 의문 제기로 1930년대 한국교회의 자유주의 논쟁은 가열화되었음에도, 그들의 주장은 곧 위축되고 말았다. 김재준과 송창근 또한 본래 보수적인 한국교회에 오래도록 출석했던 사람들로써 보수적인 신앙을 견지하였음에도 불구하고 말이다. 아무리 기존 교회를 비판적인 안목으로 보고 새로운 성경해석의 방법을 소개한다고 해도 기독교의 초자연적인 면이나 그리스도의 대속과 부활과 같은 전통적인 기독교의 교리까지 버릴 수 있는 사고가 그들에게 형성되지 않았음은 물론이다.67

근본주의적 정통신학을 가르치는 평양신학교에서 김재준이 자리를 잡을 수 없었음은 물론이다. 그로 인해 귀국 후 김재준은 숭인상업학교의 교목 겸 성경 교사로 일하다가 얼마 지나지 않아 간도로 떠날 수밖에 없었다. 숭인상업학교의 김항복 교장으로부터 "학생들에게 민족의식을 불어넣지 말고 신사 참배 때 행동을 같이해 달라"는 요구를 받게 되자 곧 사표를 제출하고, 1936년 8월 간도의 은진중학교의 교목 겸 교사직을 얻어 평양을 떠났다.68 결국 김재준과 송창근 등이 평양에서 정착하지 못하고 떠남으로써 1930년대의 자유주의 논쟁은 정통주의자들의 승리로 종결된 것처럼 보였다. 이를 계기로 박형룡 또한 정통신학의 대부로 각인되었다.69

김재준과 송창근이 떠남으로써 평양을 중심으로 한 서북 지역은 박형룡과 정통주의자들의 지배한 것처럼 보였다. 그러나 그것은 오래 가지 못했다. 왜냐하면 얼마 지나지 않아 박형룡 또한 신사 참배 압박을 피해 일본으로 떠나게 되었을 뿐 아니라, 정통주의를 표방하던 많은 교회 지도자들이 신사 참배에 순응하였기 때문이다. 해방 직후 신사 참배에 대한 자숙 운동에서 이들 가운데 상당수가 걸림돌이 되었음은 물론이다.[70] 결국 1930년대의 자유주의 논쟁은 정통주의자와 자유주의자 가운데 어느 쪽도 승자가 없는 싸움으로 종결되었다.

## 3. 소결

표면적으로 볼 때 1930년대 한국교회의 자유주의 논쟁은 박형룡을 비롯한 정통주의자[71]들과 김재준을 비롯한 '자유주의자'들의 대결이었으며, 여기서 정통주의자들의 승리로 종결된 것으로 보인다. 왜냐하면 그로 인해 김재준과 송창근 모두 평양으로부터 물러나 각각 간도와 부산으로 떠났기 때문이다. 그러나 필자는 이 사건이 박형룡을 비롯한 정통주의자들[72]과 김재준을 비롯한 '자유주의자'들 모두의 패배로 종결되었다고 본다. 왜냐하면 이 사건은 성숙한 학문적 대화가 결여됨으로써 득보다 실이 컸기 때문이다. 필자는 1930년대 자유주의 논쟁 사건을 다음과 같이 평가할 수 있다고 본다.

첫째, 이 사건은 비학문적 논쟁인 측면이 강하다. 김재준이 실질적 의미에서 자유주의신학을 따른 것이 아니었기 때문이다. 그가 자신의 1935년 논문 "그리스도 부활에 대한 연구"에서 "그리스도의 부활이 역사적으로 보아 움직일 수 없는 사실이다"라고 주장하는 등 박형룡의 논조와 방불할 만큼 자유주의의 냄새를 찾아볼 수 없었다는 것은 그와 같은 사실을 반증한다. 이를 통해 당시 정통주의자들의 19세기 독일의 리츨이나 슐라이어머허 등으로부터 시작된 신학 사조인 자유주의신학에 대한 이해가 깊지 못했음을 알 수 있다.[73] 더욱이 김춘배가 제기한 여권 문제 또한 자유주의 논쟁이라고 볼 수 없다. 1920-

1930년대 한국교회의 여권에 대한 진보적 견해는 한국교회의 교단을
아울러 언급되었기 때문이다.[74]

둘째, 그러나 이 사건이 정통주의자들과 자유주의자들의 대결 구
도로 발전함으로써 한국교회의 율법주의화 및 속화 문제는 침잠될 수
밖에 없었다. 당시 보수 신앙의 중심인물이었던 길선주는 물론 자유
주의신학의 핵심 인물로 여겨졌던 김재준 그리고 당시 최고 지성인으
로 알려진 소설가 이광수조차 문제를 제기했을 만큼, 1930년대 한국
교회는 율법주의화 및 속화 문제가 심각하게 대두되었다. 김재준의
신학이 사실 정통에 가까웠음에도 불구하고 바르트주의에 찬동하는
것처럼 보인 것은 그가 생명과 감격이 없어지고 교리주의화 및 율법
주의화 된 한국교회를 비판하려고 했기 때문이었다.[75] 그렇지만 이
사건이 '정통주의냐' 혹은 '자유주의냐'라고 하는 신학적 제로섬 게임
(Zero-Sum Game)으로 이해됨으로써 한국교회의 율법주의화 및 속
화 문제[76]는 침잠되고 말았다.

셋째, 이 사건을 통해 실질적인 헤게모니를 장악한 이들은 정통주
의자들이 아닌 교권주의자들이었다. 앞서 언급한 것처럼 1935년을
고비로 총회의 주도권은 정통주의를 표방하는 교권주의자들에게 넘
어가고 말았다. 해방 후 박형룡은 계속된 자유주의 논쟁에서 신사 참
배 문제를 '자유주의자'들과 연결하려고 했지만, 정통주의자들 가운
데 다수가 신사 참배에 참여하였고 이들 가운데 몇몇은 일제에 적극
적으로 협력하였다. 필자는 이처럼 일제의 방침에 적극적으로 협력한
자들을 교권주의자들이라고 본다. 해방 직후 박형룡이 한국교회의 자
숙안을 내놓았을 때 신사 참배 가결에 앞장섰던 홍택기 등이 거부함
으로써 결국 유야무야(有耶無耶)된 사실을 통해 교권주의자들이 얼
마나 뿌리 깊게 자리매김했는지 알 수 있다.[77] 이를 통해 이 대결을

빌미로 헤게모니를 장악한 이들은 박형룡을 비롯한 신학적 정통주의
자들이 아닌 신학적 정통주의의 우산 아래 있었던 교권주의자들이었
음을 알 수 있다.[78]

　넷째, 교권주의자들에 의해 장악된 한국교회는 1930년대 말 일제
의 신사 참배 강요에 대응할 준비를 할 수 없었다. 설령 교권주의자들
에 의해 장악되지 않았다 해도 일제의 강압에 직면한 한국교회가 얼
마나 대응을 할 수 있었을까 싶지만, 이 논쟁으로 교회가 분열됨으로
써 어떠한 대응책도 마련할 수 없었다는 사실에 대해서는 비판을 제
기할 수 있다.

　결국 1930년대 한국교회의 자유주의 논쟁은 김재준이 간도로 밀
려난 것과 송창근이 부산으로 밀려난 것으로 종결된 것이 아니라, 머
지않아 박형룡의 일본 망명으로 이어짐으로써 종결되었다고 본다. 일
제의 신사 참배 강요와 교권주의자들의 득세 속에서 김재준뿐 아니라
박형룡 또한 신사 참배 압박을 피해 일본으로 떠날 수밖에 없었다. 그
리고 한국교회의 헤게모니를 장악한 교권주의자들이 해방 후 한국교
회 재건에 걸림돌이 되었음 또한 부인할 수 없다.

# 6 장
# 간도에서의 활동

1930년대 자유주의 논쟁 이후 한국 장로교회의 거대 지역이었던 서북 지역은 홍택기를 중심으로 한 교권주의자들에 의해 장악되었고, 급속히 일제에 순응하는 길을 택하였다. 서북 지역 장로교회의 일제의 정책에 대한 순응에 힘입어 한국장로교회는 1937년 10월 12일자 「기독교보」에 '기독교의 사회봉사'라는 사설을 게재하여 "총후만전(銃後萬全)을 도모하여 황운(皇運)을 부익(扶翼)하라"[1]고 주장하기에 이르렀다.

1938년 2월 선천에서 개최된 평북노회는 일제의 정책에 순응함으로 신사 참배를 결의하였고, 1938년 9월에 열린 제27회 총회에서 불법적으로 신사 참배를 가결하였다. 표면적으로 본다면 이때의 결의는 일제의 강압에 의해 불법적으로 통과된 것처럼 보였지만 심층적으로 볼 때 이는 일제의 탄압에 대한 소극적인 순응이 아니라, 적극적인 협력을 약속한 전향 성명이었다고 볼 수 있다.[2] 이 성명의 후반부에 "국민정신총동원에 참가하여 비상시국하에서 총후(銃後) 황국신민으로

서 적성(赤誠)을 다 하기로 기(期)함"이라고 하였다는 것은 이와 같은
사실을 잘 말해준다.3

그 이전인 1936년 8월 김재준은 평양 숭인상업학교를 사임하고
간도로 떠났다.4 그가 간도로 떠난 결정적인 이유도 신사 참배 강요에
있었다. 김재준은 다음과 같이 회상하였다.

> 숭상 제3년은 풍운(風雲)의 날들이었다. 일본 군국주의가 삶 전체를 돌
> 격해 왔다. 공사립을 막론하고 학원은 완전히 관청 통제 아래 들어갔다.
> 군사 훈련이 모든 스포츠에 대체 되었다. 퇴역 장교가 강제로 각 학교에
> 배속되었다⋯. 기독교 학교가 무너졌다. 학교는 관청에 직접 지배되는
> 기관이었다. 교장과 교사의 임명이 모두 허가제였고 교과목 배정도 관
> 이 정한 대로였다. 그러므로 "교장 인솔하에 교직원 학생 모두 신사에
> 참배하라" 하는 관청 지시에 거역하고서도 학교를 해 갈 수 있는 학원은
> 하나도 없었다.5

결국 1936년 4월 신사 참배와 민족 교육 문제로 김재준은 숭인상
업학교를 사임하였다. 교장인 김항복으로부터 학생들에게 민족의식
을 불어넣지 말아 줄 것, 신사 참배 때 행동을 같이할 것을 요청받은
것이다.6 김재준은 사표를 제출한 후 칩거하면서 평양 신학 도서실에
서『성자열전』(Story of the Saints) 오십 여권을 한 번에 두세 권씩 빌
려다 읽으며『순교자열전』을 썼다. 당시 김재준은 자신을 포함한 여
섯 식구의 가장이었기 때문에 생계가 막막할 수밖에 없었다.7

이렇듯 어려운 상황에 처한 김재준에게 손을 내밀어 준 인물은 그
와 웨스턴신학교 동문이었던 선교사 마우리(E. M. Mowry)였다. 그는
신사 참배 거부로 인해 숭실전문의 폐교가 임박함에 따라 교수진의

주축을 이루었던 미국인 선교사들 대부분이 떠났음에도 불구하고 혼자 남아 학교를 지키고 있었다. 김재준은 그의 추천으로 간도 용정에 있는 은진중학교의 교목 겸 성경 교사로 부임하였다.[8]

간도에서 지낸 3년 동안 김재준은 은진중학교에서 근무하면서 청년 교육에 힘썼고, 동만노회에서 목사 안수를 받았을 뿐 아니라,[9] 정기 간행물인 「십자군」을 발간하는 등 폭넓은 활동을 하였다. 이처럼 김재준이 간도에서의 활동한 3년은 그의 생애에서 긴 시간이 아니었지만, 마치 그의 삶을 압축해 놓은 듯한 소중한 기간이었다.

## 1. 김재준의 간도에서의 활동

### 1) 변방으로서의 간도

러시아 연해주와 더불어 한민족의 고대 활동의 무대였던 간도는 조선 말기에 이르러 새로운 삶을 개척하기 위한 영세민들의 '신천지'였다. 그곳은 "조선 후기 정치 기강의 해이에 따른 탐관오리의 횡포와 대재해로 인한 생존의 위협 속에서 목숨을 걸고 몰래 강을 건넌 후 황무지를 개간하여 정착한 개척자들의 땅"이었다.[10] 이와 같은 측면에서 간도는 변방에서조차 밀려난 변방 사람들의 땅, 목숨을 건 마지막 선택자들의 '신천지'였다고 보기에 충분하다. 당시 그들이 부른 〈월강곡〉은 당시 생존을 위해 목숨을 걸고 강을 건너야만 했던 사람들의 심정을 담고 있다.

월편에 나붓기는 갈잎대가지는
애타는 내 가슴을 불러야 보건만

이 몸이 건느면 월강죄란다.

기러기 갈 때마다 일러야 보내며
꿈길에 그대와는 늘 같이 다녀도
이 몸이 건느면 월강죄란다.[11]


명나라 몰락 후 중원을 차지한 청나라는 1658년 간도를 봉금지대(封禁地帶)로 선포하고 중국인과 조선인의 이주를 막았다.[12] 그 지역이 '청태조'가 태어난 곳이라는 이유로 만주족 외에 타민족의 접근을 막는 봉금책(封禁策)을 시행한 것이다. 조선은 청나라의 정책에 따라야 했기 때문에 두만강이나 압록강을 건너 만주에 들어가는 것을 '월강죄'(越江罪)라 하여 사형까지 시키는 막중한 범죄로 다스렸다.[13] 그렇지만 이 지역은 조선의 변경 주민들이 인삼 등을 채취하고 수렵과 벌목에 종사하던 생활무대였기 때문에 이들은 위험을 무릅쓰고 몰래 강을 건넜다. 더욱이 조선 후기 정치 기강 해이로 인한 탐관오리의 착취 그리고 빈발하는 민란 등은 주민들의 도강(渡江)을 더욱 촉진시켰다.[14]

기사년(1869년)에 발생한 대재해는 조선인의 간도 이주를 급격히 촉발시킨 계기가 되었다. 1869-1870년에 함경도와 평안도지방을 휩쓴 유례없는 대흉년으로 인해 빈민들은 어떠한 정치적 상황을 고려할 틈도 없이 생존하기 위해 목숨을 걸고 강을 건넜다.[15] 이러한 상황에 이르자 1880년대에 들어서 조선의 중앙정부에서는 빈민 구휼 방책으로, 청나라 정부에서는 간도 개척 명목으로 조선 변경지역 주민들의 이주를 적극적으로 받아들였다.[16]

이를 계기로 조선인들에 의해 시작된 벼농사는 간도의 농업경제

에서 수위를 차지하는 주요 곡물이 되었다. 결국 간도 땅 대부분이 조
선인들의 피땀 어린 노력으로 개간되었다.[17] 간도 전역 여러 곳에 조
선인 촌락들이 형성됨으로써 간도는 의관문물(衣冠文物)의 풍속이
국내와 흡사한 양상을 띨 만큼 변모되었다.

조선인들의 간도 개척은 두만강 북쪽의 간도 지역을 넘어 압록강
서쪽 남만주지방까지 확대됨에 따라 북간도와 서간도로 분리되어 크
게 확장되었다.[18] 이를 통해 알 수 있듯이 간도 지역은 두만강과 압록
강에 거주하는 변방의 주민들이 생존을 위해 어쩔 수 없이 선택했던
'변방의 변방 지역'이었지만 조선인 개척자들로 인해 '신천지'로 거듭
났다.

## 2) 은진중학교 부임 시 간도의 상황

김재준은 1936년 8월 간도 은진중학교의 교목 겸 교사로 부임하
였다. 당시 간도[19]는 미국 북장로교 선교부가 아닌 캐나다 연합교회
의 선교 구역이었다. 캐나다 연합교회의 선교사들은 미국 선교사들
보다 개방적이고 진보적이었다.[20] 간도는 일제의 영향력으로부터 한
반도보다 비교적 자유로웠다. 그러한 사실은 "용정에서는 신사 참배
가 강요되는 일이 없었다. 일본 영사관에서는 비교적 점잖았다"라고
하는 김재준의 언급을 통해 확인된다.

그러나 공산주의자들의 활동은 한반도에서보다 활발하였기 때문
에 공산주의자들과 기독교인들의 충돌이 빈번하였다. 물론 한반도에
서도 충돌이 있었지만 일본 정부가 공산주의를 탄압하였기 때문에 기
독교인들은 공산주의에 어느 정도 초연할 수 있었다.[21] 그러나 간도
의 공산주의자들은 공산주의에 호의적이지 않은 이들, 특히 기독교인

들에게는 생존의 위협을 느끼도록 할 만큼 위협적인 존재였다.

당시 약소민족의 독립을 약속했던 사회주의 열풍22은 간도 지역의 조선인들에게 이념적 열정을 부여하였다. 특히 주민들 대다수가 기독교적 민주주의를 받아들이고 있었던 용정의 명동 지역은 이와 같은 이념 혼란에 따른 피해가 더욱 극심하였다. 심지어 공산당이 밤마다 복면을 하고 들어와 흉기를 들고 위협함으로 인해 피살자가 발생되었을 만큼 사상의 가열이 불러온 폭력조차 빈번하였다. 결국 공산주의자들에 의해 명동학교가 인민학교로 바뀌게 되고 단순한 부락이 아니라 하나의 '항일애국단체'라고 칭송되었던 명동공동체는 해체되고 말았다.23 문재린24은 다음과 같이 증언하였다.

> 1925년 이후 간도 지역에는 공산당 운동이 매우 강력해져서, 청년치고 공산당에 관여하지 않고는 출세를 못할 정도였다. 기독교 학교인 은진중학교 학생들도 공산주의 서적을 학교 교과서보다 더 열심히 읽는 판이었다.… 명동학교의 경우, 중학교는 1924년의 흉년으로 운영이 곤란해져서 1925년에 캐나다 선교부가 경영하는 용정의 은진중학교에 합병되었다. 그리고는 남녀 소학교만 남아 있었는데, 1929년에 공산주의 청년들이 교회가 학교를 경영하는 것을 반대하고 교장 배척 운동을 일으켰다. 그 바람에 명동소학교는 교회와 인연을 끊고 인민학교가 되었다가 며칠 못 가 1929년 9월 중국의 감독을 받는 현립학교로 강제 편입되고 말았다. 명동교회는 김약연 장로가 목사 안수를 받고 나서 1929년부터 목회를 하고 있었다. 그런데 점점 공산주의자들의 방해가 심해졌다. 이를 견디다 못한 김약연 목사가 사임하고 윤형식 전도사가 부임했으나 결국 교회는 문을 닫고 말았다. 25

김재준은 공산주의자들의 활동이 잠잠해진 후에 은진중학교에 부임하였다. 그에 따르면 당시 은진중학교는 좌익계 학생들이 남김없이 퇴학되거나 자퇴하였을 뿐 아니라 당시 공산주의 좌익계에서 경영하던 동흥중학교는 폐교된 상태였다.26 그러나 김재준이 '깨끗한 빈집'이라고 표현했던 것처럼 당시 용정의 공산주의 세력이 일소(一掃)된 것은 아니었다. 그것은 당시 은진중학교에 재학했던 강원룡, 김영규, 전은진 등이 좌익의 세력이 강하였던 용강동에서 주일학교를 열었을 때 지역 주민들로부터 극심한 탄압을 받았다는 사실에서 알 수 있다.27

김재준이 간도에서 활동한 3년은 공산주의 세력이 일소된 상태가 아닌 지하에 칩거하던 기간이었다. 1945년 일제가 물러가고 소련군이 들어서게 되자 공산주의자들에 의해 문재린이 체포되어 고문과 억류를 당했을 뿐 아니라, 종교의 자유가 완전히 박탈되고 목숨의 위협까지 받는 지경에 이르자 장남 문익환을 마지막으로 문재린의 가족들이 남하할 수밖에 없었다는 것은 그러한 사실을 말한다.28

이처럼 앞날을 예측할 수 없는 간도의 상황이었음에도, 김재준은 비교적 자유로운 삶을 누릴 수 있었다. 더욱이 그가 근무한 은진중학교는 치외법권이 적용된 '영국데기'의 캐나다 선교사 마을에 있었기 때문에 일제의 간섭으로부터 더욱 자유로울 수 있었다. 물론 김재준이 은진중학교에 부임하기 전 평양에서 저술했던 『순교자 열전』을 용정에서 출판하려고 했을 때 출판 금지 처분을 받았을 뿐 아니라 원고마저 압수된 사실에서29 알 수 있듯이 그가 누린 자유는 어느 정도 제한된 것이었다. 그러나 간도에서 활동하는 동안 김재준은 교육자로서 자신의 뜻을 마음껏 펼칠 수 있었다. 은진중학교에 부임한 첫날 김재준은 "교인을 얻으려는 전도 기관으로서의 학교가 아니라 다가오는 역사의 격랑에 대결하여 새 세계 새 인류의 지도자가 될 창조적 소수를 길

러내는 학원으로 조형되어야 한다"는 자신의 포부(抱負)를 다졌다.[30]

## 2. 은진중학교에서 활동

### 1) 교육 지침과 인격

김재준은 은진중학교 부임 후 첫 학생모임에서 마가복음 1장 16-20절을 본문으로 다음과 같이 설교하였다.

'부름'과 '대답'이 있다. 부르지 않았으면 대답할 기회가 없었을 것이다. 불러도 대답하지 않았으면 주어진 기회가 잃어졌을 것이다. 그런데 여기 이 네 어부는 부르자 곧 대답했다. 그리고 직업과 재산까지 버리고 부르신 분을 따랐다. 그대들은 학생이다. 지식을 낚는 어부랄 수도 있겠다. 그런데 여기서 지금 예수님이 지식만이 아니라 사람, 즉 인간을 낚는 어부가 되게 하시려고 그대들을 부르신다. 인간은 전 우주를 주고도 바꿀 수 없는 '주체'다. 나는 그대들이 인간을 낚는 어부가 되게 하려고 여기 왔다. 그리스도가 그대들을 부를 때 그대들도 '곧' 대답해야 한다. 이 부름은 그대들의 운명에 대한 도전이다. 이 도전에 대한 응전은 '예' 아니면 '아니오'이다. '예' 하면 사도가 되고 '아니오' 하면 어부로 남는다. 위대한 미래의 갈림길이다.[31]

김경재는 김재준을 일컬어 "남보다 먼저 나서서 순교를 자청하는 도전적 저항인은 아니었을지 모르지만 '예'와 '아니오'를 분명히 표명해야 할 때는 최소한 '예' 할 것은 '예' 하고, '아니오' 할 것은 '아니오'를 말하는 신앙인이 되기 위해 부단히 노력한 인물이었다"라고 하였다.32 김재준이 '네' 할 때는 '네' 하고, '아니오' 할 때는 '아니오'를 표명하였다는 것은 그가 간도의 은진중학교로 부임하는 계기가 된 숭인상업학교 교목을 사임한 모습에서 이미 발견된다. 이러한 사실은 김재준이 일제의 신사 참배 강요에 대항하는 도전적 저항인은 아니었다 하더라도 최소한 '예' 할 것은 '예'하고, '아니오' 할 것은 '아니오'를 분명히 표명했던 인물임을 의미한다.

이러한 맥락에서 볼 때 김재준이 설교를 통해 학생들에게 전한 '예'와 '아니오'의 갈림길, '사도'가 되고 '어부'로 남는 갈림길에 대한 교훈은 김재준이 학생들에게 주려고 하였던 가르침이었다기보다 먼저 자신 삶의 지침이었다고 본다. 김재준은 학생들에게 매우 인상 깊은 교육자로 각인되었다. "자신의 한 달 수입 70원 중 22원만 생활비로 쓰고 나머지는 모두 고학하는 학생들을 보살피는 데 사용했던 성빈(聖貧)생활의 실천자, 시험감독 시 학생으로 하여 정당한 실력으로 시험에 임할 수 있도록 동기를 부여하는 인격적인 감화자"라는 강원룡의 언급에서 그러한 사실을 알 수 있다.33

교육자로서 김재준의 이와 같은 모습은 일찍이 그가 서울 숭동 예배당에서 열린 김익두의 부흥 집회에 참석하여 경험하게 되었던 회심 체험과 무관하지 않다. 김익두 목사가 인도하는 부흥 집회에 참석하여 가슴이 뜨겁고 성령의 기쁨이 거룩한 정열을 불태우는 회심을 체험한 김재준은 이후 성경 말씀이 꿀송이 같고 기도에 욕심쟁이가 되는 영의 사람이 되었다.34 회심 체험은 삶의 실천으로 연결되었는데, 그것은 그리스도를 따르는 자로서의 무소유의 동경과 청빈의 실천이었다. 김재준이 이처럼 청빈의 삶을 실천할 수 있었던 이유는 기독교를 '영적으로 가장 높은, 제일 좋은 진리 세계'로 여겼기 때문이다.35

김재준의 '성빈생활'의 실천은 1950년대 말 한국신학대학의 학장
으로 재직할 무렵에도 발견된다. 그는 1957년 경제적인 어려움으로
인해 학업을 중단하게 된 제자에게 자신의 급여를 제공함으로써 학업
을 계속하도록 배려하기도 하였다.[36]

### 2) 만주 여행

은진중학교에서 김재준의 직위는 "출세할 여백이 없는 평교사"에
불과하였지만[37] 그로 인해 김재준은 학생들을 인솔하고 만주 일대를
둘러보는 수학여행을 함으로써 길림, 무순, 공주령, 부여, 신경, 하얼
빈, 목단강, 동경성, 용정에 이르는 만주 일대를 둘러볼 수 있었다.
  김재준은 아름다운 한국의 도시 평양이나 부여를 연상케 하는 길
림, 일본에 의해 만들어진 모조품처럼 느껴지는 무순, 역시 일본에 의
해 생겨난 버섯 같은 공주령, 고구려 유민들이 주로 살고 있기에 조상
들의 유물인 '석축성'(石築城) 등이 남아 있는 부여, 현대적으로 개발되
었으나 일본에 의해 세워진 만주국의 수도인 신경, 러시아 인접 지역으
로 서양 내음이 물씬 풍기는 하얼빈까지 두루 둘러볼 수 있었다.[38]
  학생들을 인솔하고 광활한 만주 일대를 둘러보면서 김재준은 좁
은 한반도에 국한되어 사는 조선인들의 현실에 답답함을 느끼고 다음
과 같이 토로하였다.

목단강. 하얼빈에서 목단강까지 넓은 영역을 줄달음쳤다. 봉천에서 신
경 하얼빈까지도 끝없는 평야, 곡식바다다. 이 기름진 벌판을 내놓고 삼
천리 반도 산골로 기어든 우리 조상들이 원망스러웠다.
만경 곡식바다 하늘가에 물결치니
물려주신 선영 기업 훌륭도 하옵건만

어찌다 다 팔아먹고 반도 산골 기어든고

발해 왕국은 큰 나라였다. 온종일 기차로 달리는 데 간 데마다 발해의 통치 센터였던 서울(京)들이 이름을 남기고 있다.[39]

이처럼 김재준이 만주 일대를 둘러본 경험은 그가 미국 유학을 마친 후 귀국길에서의 경험을 떠올리도록 한다. 그는 미국의 동부 해안에 위치한 필라델피아의 웨스턴신학교에서의 신학석사를 취득한 후 귀국을 서두르려고 하였지만 경제적인 어려움으로 인해 태평양을 건너는 배를 탈 수 있는 미국의 서쪽 끝 샌프란시스코로 가는 기차를 탈 수 없었다. 그렇기에 웨스턴신학교에서 함께 공부했던 미국인 친구들의 도움으로 그들이 50불을 주고 구입한 거의 "폐차"에 가까운 중고차를 얻어 타고 샌프란시스코까지 이동할 수밖에 없었다. 그 또한 미국 동부 끝인 필라델피아에서부터 네브라스카, 네바다, 와이오밍 등 사막 지대를 거쳐 솔트레이크 호반을 지나 샌프란시스코에 이르는 방대한 일정이었다.[40]

간도 은진중학교에서의 근무 또한 경제적인 어려움을 해결하기 위한 방책으로 시작된 경험이었고 미국 유학을 마친 후 귀로에서 동부 끝에서부터 서부 끝에 이르기까지의 미 대륙 횡단의 여행을 하게 되었던 경험 또한 그의 경제적인 문제로 인한 것이었다.

참으로 김재준은 중심과 거리가 먼 변방인의 삶을 살았다고 볼 수 있다. 변방인은 지름길을 횡단하는 삶이 아닌 먼 길을 돌아가는 삶을 사는 사람이다. 그가 태평양을 건너는 선박을 타기 위해 샌프란시스코로 가는 길은 대륙을 가로지르는 지름길이 아니었다. 이곳, 저곳을 거쳐 먼 길을 돌아가는 길이었다. 그와 같이 먼 길을 돌아 목적지에 이르는 가운데 그는 광활한 미 대륙을 둘러 볼 수 있었다.

귀국 후에도 마찬가지였다. 그는 한국교회의 중심에 자리 잡지 못하고 간도로 떠나야 했다. 앞서 언급한 것처럼 간도는 일찍이 두만강 유역 변방에 살던 유민들이 생존을 위해 터전을 잡았던 변방에서 더욱 변방이었다. 생존을 위해 간도 은진중학교의 평교사로 부임하였지만 그 속에서 교사로서, 문필가로서 마음껏 자신의 뜻을 펼칠 수 있었을 뿐 아니라 학생들을 인솔한 수학여행을 통해 광활한 만주 일대를 둘러볼 수 있었다. 이처럼 변방인으로서 삶이 김재준으로 하여 매이지 않는 자유인으로서 넓은 정신세계를 지니도록 하는 데 영향을 주었을 것이다.

### 3) 은진중학교의 제자들

김재준이 은진중학교에 부임할 당시 강원룡은 2학년 신분으로 은진중학교의 학생회장과 종교부장직을 겸하고 있었다. 김재준의 지도를 받으며 종교부는 더욱 활발한 활동을 펼쳤다. 김재준은 강원룡을 비롯한 종교부 학생들과 용정 근처의 촌락에 주일학교를 설립하고 교회까지 설립하는 것을 목적으로 하는 주변촌락운동을 펼쳤다.[41] 앞서 언급한 것처럼 강원룡이 주일학교를 세우고 활동한 용강동은 좌익계 중학교였던 동흥중학교가 있던 지역으로, 주민 중에 좌익사상을 가진 이들이 많았다. 강원룡을 비롯한 종교부원들이 예수 믿는 티를 내지 않고, 계몽운동을 앞세워 동네회관을 빌어 야학을 시작했을 때는 젊은 여성과 아이들을 포함하여 많은 이들이 몰려왔지만 주일학교를 열고 야학서 기도를 하고 공부를 시작하자 온갖 종류의 모략과 극심한 박해가 시작되었다. 그러나 계속되는 박해와 고난 속에서도 버텨나가

자 주민들로부터 차츰 인정을 받고 주일학교가 정착할 수 있었다.[42]

용강동에서의 성공적인 선교 활동으로 인해 이들의 활동은 차츰 근처의 합성리, 중흥리 등 다섯 마을로 퍼져나갔다. 이 활동에는 약 60명 가량의 학생들이 동원되었다. 당시 은진중학교의 교장이었던 캐나다 선교사 부르스는 이들의 활동을 매우 자랑스럽게 여겼기 때문에 그들의 이야기를 「크리스챤 센츄리」에 소개하기까지 하였다.[43]

강원룡 외에도 이후 남한 기독교 사회 운동의 대표적 인물 가운데한 사람이 되었던 안병무 또한 독자적으로 더 멀리 조양촌이라는 조선인 마을에서 주일학교를 하고 있었다.[44] 김재준이 은진중학교에서만난 제자들 가운데 널리 알려진 이들은 강원룡, 안병무, 문동환, 신영희 등이다. 이후 신영희는 김재준의 맏사위가 되었고, 안병무와 문동환 등은 한국신학대학 교수로 활동하는 가운데 진보적인 신학 정통을이어받아 사회참여적인 신학운동에 앞장섰다. 정통주의를 넘어 새로운 성경 해석을 시도한 김재준의 진보신학을 이어받은 안병무와 문동환은 그의 진보신학 운동을 넘어 민주화 투쟁, 인권운동, 민중운동 등으로 발전시킴으로 1970-1980년대의 독재 상황 속에서 적극적인 현실 참여에 힘썼다.[45] 김재준은 그의 사상을 이어받아 해방과 한국전쟁 이후 남한 사회의 진보적 사회 운동에 적극적으로 참여한 제자들을 간도 은진중학교에서 만날 수 있었다.


## 3. 「십자군」 간행

1937년 5월, 김재준은 자신의 정기간행물인 「십자군」 간행을 시작하였다.[46] 본래 숭인상업학교를 사임한 후 간도로 오기 전 평양에

서 쓴 『순교자열전』을 책으로 출판하려고 하였으나 일본 영사관 당국
이 승인하지 않자 그 대신 검열을 받지 않아도 되는 정기간행물을 내
기로 결심하였다.⁴⁷ 김재준이 자신의 정기간행물의 이름을 "십자군"
이라고 붙인 이유가 무엇이었을까? 서울에서 활동하는 전영택의 개
인 정기간행물인 「새사람」 1937년 5월호에 수록된 김재준의 글 "영
웅대망론"의 본문을 통해 그 이유를 짐작할 수 있다.

> 혹 말하되 조선 사람은 물질로 너무 빈약하야 바칠 것이 없다고 하리라.
> 그러나 '금과 은은 내게 없으나 내게 있는 것으로 네게 주노니 나사렛
> 예수 그리스도의 이름으로 일어나라!'고 부를 수는 있지 않은가? 지금
> 조선 사람으로서 할 수 있는 가장 의미 있는 일이 무엇인가? 십자가의
> 도를 십자가 생애를 통하여 만방에 전파하는 것 이외에 다른 아무것도
> 없음을 나는 확실히 믿는 바이다. 돈으로 전도하면 돈 냄새 나고 권세로
> 전도하면 권세 냄새가 나는 것이다. 그러나 적수(赤手)에 십자가를 들고
> 십자군적 의미하에 분주(奮住)하는 전도자에게서는 십자가 냄새 밖에
> 날 것이 없는 것이다. 조선 사람이 무엇으로 세계에 공헌할까? 무엇으로
> 세계에 군림할까? 과학? 금력? 정권? 문화? 이런 것은 벌써 낙오된 지
> 오래다. 그러나 모든 것을 잃은 때 도로 모든 것을 소유하는 길, 즉 죽어도
> 살고 약한 때에 강하게 되는 길은 오직 이 십자가 진리뿐인 것이다.⁴⁸

김재준이 의미한 '십자군'은 '적수'(赤手)에 '십자가'를 들고 죽음으
로써 살고, 약할 때 강해지는 '십자가의 도리'만을 전하는 전도자였
다.⁴⁹ 그는 정기 간행물 「십자군」을 통해 그가 믿는 복음의 진리를 전
하려고 하였다. 1937년 9월 1권 3호부터 1938년 2권 1호까지 총 네
권에는 "신앙의 삼중성(三重性)"(1937년 9월), "처음 성탄나무(크리스

마스 츄리)"(1937년 12월), "D. L. 무디와 그 일화(逸話)"(1938년 2월)
을 포함하여 총 25편에 달하는 김재준 자신의 글(번역 다섯 편 포함)과
김정준의 글인 "성빈학사(聖貧學舍)의 하로"(1937년 10월) 한 편, 김
약연의 글인 "동만교회 30주년 약사"(1937년 12월) 한 편이 수록되어
있다.[50]

전경연이 김재준을 일컬어 '단장의 신학자'[51] 곧 '문필의 사람'이라
고 표현한 것처럼 장르를 구분하지 않은 김재준의 다양한 글들이 「십
자군」에 수록되어 있는 것이다. 이 가운데 몇 편을 언급해 보겠다. 먼
저 신앙적 교양의 성격을 다룬 글 "신앙의 삼중성"에 실린 내용이다.

신앙이란 것은 사람이 하나님을 향한 전인격 활동이다. 전인격이란 것
을 지(智), 정(情), 의(意) 3중으로 본다면, 우선 신앙의 첫걸음은 신인
(Believe)이란 것이다. 나는 하나님이 계신 것을 믿는다. 나는 예수가
그리스도신줄 믿는다. 나는 사도신경을 믿는다. 등등의 '신앙' 즉 믿음은
말하자면 지적 영역에 속한다. 교리, 교조 문제는 이 지적 영역을 주로
하고 만들어진 것이다. 그러나 이것이 신앙의 전부가 아닌 것은 지식이
인격의 전부가 아님과 같은 것이다. 이것이 신앙의 전부인 것 같이 생각
해서 이단이니 정통이니 하고 말썽을 일으킨다면 그것은 극히 삼가야
할 일이다. 신앙의 둘째 겹은 신임(Trust)이란 것이다. 내가 하나님이
계신 것을 믿는다고 하지만은 그것이 지적 영역에 불과한 때에는 동리집
영감 보듯이 무관심하여 그럴 살뜰한 정의(情誼)를 가질 수 없는 것이
다. 내가 하나님을 믿는다는 것은 내가 하나님께 내 모든 문제를 맡기고
그를 신임(信任)하고 나아가는 정적 활동(情的 活動)이다. 정의의 유
통이다. 믿고 의지하는 인정(人情)이다. 그런데 가만히 보자면 몹시 교
리 교조를 따져가면서 잘 믿노라고 야단치고 자랑하는 사람들 중에서도
그 생활을 보면 하나님을 신인하는지 돈을 신인하는지 모를 형편 옛사람

이 많다. 천당, 지옥 문제에 있어서는 하나님을 의지할 수밖에 없지만 정치문제, 사회문제, 경제문제 등에 있어서는 하나님도 어쩌지 못할 것이다 하는 태도를 공공연하게 혹은 부비불식간에 가지게 된다…. 신앙의 셋째 겹은 신종(Obedience)이다. 그리고 이 신종(信從)은 신앙생활의 최고 절정이요, 그 핵심이고 결실이다. 이는 내 의지를 하나님의 의지에 절대순복 식히는 것이니 이는 신앙의 열매 곧 생활에 그대로 나타나는 것이다.[52]

이와 같은 그의 글에는 논쟁의 성격이 없고 신앙적 교양을 위한 내용을 담고 있다. 그러나 다음 언급에서는 근본주의자들에 대한 비판이 발견된다.

"교리, 교조 문제(지적 영역)가 신앙의 전부가 아닌 것은 지식이 인격의 전부가 아님과 같은 것이다. 이것이 신앙의 전부인 것 같이 생각하야 이단이니 정통이니 하고 말썽을 일으킨다면 그것은 극히 삼가야 할 일이다."

더욱이 김재준의 시각에서 볼 때 지적 영역에서 머무는 신앙은 "유물론"이며 "무신론"으로 이해되었다.[53] 김재준은 "신앙이 특정 교리에 지적으로 동의하는 것을 넘어 가슴으로 받아들이는 것"이라고 생각하였다.[54] 그러나 이러한 김재준의 신앙 이해는 그를 자유주의자라고 비판하는 근거로 작용되었다. "특정 교리에 동의하지 않는다"는 이유로 말이다. 그러나 김재준의 그와 같은 시각은 언급된 "교리, 교조 문제(지적 영역)가 신앙의 전부가 아닌 것은 지식이 인격의 전부가 아님과 같은 것이다"라고 하는 측면에서 이해되어야 한다. 김재준은 기독교 교리에 지적인 동의를 하지 않은 것이 아니라 지적인 동의의 단계를 넘은 신앙 즉 지, 정, 의를 포괄하는 신앙의 삼중성을 말한다.

흥미로운 것은 그의 성탄절 설교인 "박사들은 지금도 예수께 절합니다"에 이른바 자유주의신학을 배척하는 언급이 발견된다는 것이다.

세기에 세기를 이어 세상에서 가장 유명하다는 이들은 언제나 저 동방박사의 발자취를 따라 사한(沙漠)의 족로(族路)를 거쳐 구원의 주님께 선물을 들입니다. 다만 성자들만이 아니라 사상가, 과학자, 정치가, 시인, 교육가, 할 것 없이 그리스도의 앞에 고귀한 선물을 들고 경배하러 모힙니다. 스트라우스(Strauss)나 루난(Renan)이 그린 인간적 그리스도가 아니오, 톨스토이의 그린 추상(抽象)의 그리스도도 아니라, 갈릴리의 그리스도, 길가, 우물가, 바닷가에서 가르치던 그리스도, 겟세마네, 갈바리의 수난의 그리스도 그리고 부활, 승천, 다시 오실 영광의 그리스도, 살아서 활약(活躍)하시는 이 산인격 이신 신인(神人), 그리스도 앞에 경배 들이려 모히는 것입니다.[55]

그의 글 "선지자적 심정"에서는 한국교회에 대한, 특히 한국교회의 목회자들에 대한 위기를 목격하는 안타까운 심정을 담고 있다.

지금 조선교회의 문제가 무엇인가? 행로난(行路難) 문제가 아니라 원대한 소망에 불타는 자, 위대한 환상에 그 마음이 뛰노는 자 있고 없음이 문제이다. 지도자들이 보는 환상이 지역적으로 조선을 넘지 못하며 교파적으로 자교파를 넘지 못하고 교리적으로 '바리새'(분리, 배타)주의를 버서나지 못한다면 어느 밭에서 세계적인 지도자가 자라나며 누구로 말미암아 교회연맹의 운동이 일어나며 어찌하여 성도의 거룩한 교제, 사랑의 연합이 이루어지랴! 그 마음속에 거룩한 환상을 품지 못한 자로서 다만 교조와 언변과 모략을 재료 삼아 자기중심의 직업적 열심에 맡기어 교회사(敎會事)를 농락한다면 그 결과는 필연적으로 분쟁, 배격 등의 악덕을 빚어낼 것이다. 이는 자기직업의 번영을 위해서는 자연 그 경쟁자를 없이 하고 자기가 그 권익을 독점하려는 것이 직업전선의 원칙인 이상 그런 '직업적 열심'자가 두 사람 이상 되는 때에는 반드시 거기에 분열, 항쟁이 있을 것인 까닭이다.[56]

김재준이 간도로 오기 전 경험한 한국교회의 자유주의 문제는 표면적으로는 신학적인 문제로 보였지만 심층적으로는 한국교회의 속화(俗化) 문제로 인해 비롯된 것이었다. 물론 이 글에서 김재준은 박형룡을 비롯한 정통주의자들을 염두에 두었을 것이다. 그러나 심층적으로 보아야 하는 것은 당시 한국교회의 상황이다. 길선주가 "양으로 보아서 그렇게 감소하지 아니하였더라도 질로 보아서는 한심한 일이 많습니다. 교회는 날로 속화(俗化)하고 있습니다. 신앙은 박약하고, 사랑은 너무 식어서 열심과 능력을 잃어버린 형편입니다"[57]라고 분노하였던 상황 말이다.

당시의 한국교회는 목회자와 평신도 지도자들이 교육자로서, 종교 지도자로서 사회적 지위와 명망을 얻음으로서 마치 옛 양반들처럼 지적, 문화적, 사회적 우월감으로 평교인들과 일반 사람들 위에서 군림하였던 상황이었다.[58] 이 글에서 김재준이 언급한 '바리새분파주의'는 이러한 한국교회의 율법주의화 및 속화라는 맥락에서 이해해야 한다. 그는 거룩한 열심을 상실하고 직업인으로서 교회 일을 감당하였다. 그로 인해 경쟁자를 배척하고 권익을 독점하려는 직업인으로 속화됨으로써 원대한 소망, 위대한 환상을 잃는 목회자들에게 안타까운 심정을 금할 수 없었다. 앞서 언급한 것처럼 김재준이 은진중학교 부임 시 "교인을 얻으려는 전도 기관으로서의 학교가 아니라 다가오는 역사의 격랑에 대결하여 새 세계 새 인류의 지도자가 될 창조적 소수를 길러내는 학원으로 조형되어야 한다"고 한 김재준의 다짐은 이와 같은 맥락에서도 이해할 수 있다.

김재준은 「십자군」을 통해 자신의 사상과 주장을 소신껏 펼쳤다. 교역자 없는 시골교회를 위해 설교와 예화를 다양하게 소개하였을 뿐 아니라 국내외 교계 동향을 소개하기 위해 국내 총회 소식과 1937년 10월 에든버러(Edinburgh)에서 열렸던 에큐메니칼 '신앙과 직제회의' 내용과 의미를 자세히 소개하였다.[59] "십자군"이라는 제목에서 알 수 있는 것처럼 십자가의 진리를 전한다는 목적을 가진 글들이었으나 글의 종류에서는 시, 설교, 단상, 번역문 등 참으로 장르에 제한 받지 않은 다양성을 발견하게 된다. 문필의 사람 김재준, 매이지 않는 자유인으로서의 김재준[60]이 이를 통해서도 발견된다.


## 4. 소결

1932년 미국 유학을 마치고 귀국한 김재준은 당시 한국교회의 중심이었던 평양에서 자리 잡지 못하고 1936년 간도로 밀려났다. 그러나 김재준의 간도로 밀려남은 그의 삶에서 상징적 의미를 내포한 것이다.

간도는 조선의 변방 지역에 거주하던 백성들이 경제적 빈곤을 타계하기 위한 자구책으로 이동하여 정착하였던 황무지였다. 그런 측면에서 간도는 변방에서도 더욱 변방에 속하는 지역이었다. 그러나 정착민들의 적극적인 개척으로 인하여 '신천지'로 변모되었다.

김재준의 간도 활동 또한 그러한 측면에서 이해할 수 있다. 사실 김재준이 은진중학교의 교목 및 교사직을 수락하여 간도에 들어서게 된 것은 신사 참배를 거부함으로써 평양숭인상업학교를 그만둔 후의 자구책으로 인한 것이었지만, 마치 간도가 변방인들의 신천지가 되었던 것처럼 김재준 또한 간도를 교육자로서, 문필가로서 마음껏 자신의 사상을 표출하며 활동하는 자신의 신천지로 만들 수 있었다. 이덕주의 표현을 차용하자면 김재준의 용정 생활 3년은 평양신학교 중심의 배타적 보수주의 신학에 의해 추방당한 신학적 유배 기간이었지만 반면 자신의 '자유'신학을 마음껏 펼친 기간이었다.[61]

김재준은 그곳에서 자유로운 활동을 할 수 있었다. 1937년 5월에는 독자적인 잡지 「십자군」을 창간하였고, 은진중학교 근무 2년째에는 학생들을 이끌고 만주 일대를 수학여행을 감으로써 광활한 만주 일대를 살펴보는 기회를 가졌다. 더욱이 그곳에서 해방 이후 한국 기독교 사회 운동의 중추적인 역할을 감당한 제자들을 만난 것 또한 김재준의 간도 활동 가운데 매우 중요한 의의를 지닌 것이었다.

김재준이 간도에서 활동한 기간은 3년에 불과하였다. 그러나 간도에서의 활동은 다음 네 가지 측면에서 볼 때 김재준의 삶에 중요한 의미를 지녔다고 본다.

첫째, 변방 지역으로서의 간도는 일생에 걸쳐 순례자이며 떠돌이의 삶을 살았던 김재준의 삶을 상징한다고 본다.

둘째, 간도 지역이 변방 유민들의 신천지가 되었던 것처럼 간도 지역은 김재준이 더욱 자유로운 환경 속에서 좁은 한반도를 넘어 광활한 만주를 체험하는 가운데, 자유인으로서 자신의 사상을 형성하는데 도움이 되는 계기로 작용되었다.

셋째, 간도에서의 활동은 일찍이 그가 일본 유학 시절에 품은 '교육자'로서의 자아를 실현하는 계기로 작용하였다. 해방 이후 한국 기독교 사회 운동의 중추적 역할을 감당한 인물들을 김재준은 은진중학교의 교목 겸 교사로서 근무하는 가운데 만날 수 있었다.

넷째, 간도에서 활동하는 동안 김재준은 자신의 정기간행물인 「십자군」을 간행함으로써 소신껏 자신의 사상을 펼쳤다. 제목에서 짐작할 수 있는 것처럼 그는 자신의 정기간행물을 통해 자신이 믿는 복음의 진리를 전하려고 하였다. 그의 글은 시, 단상, 설교, 번역 등 참으로 다양하였다. 자유인으로서의 김재준을 이를 통해서도 발견할 수 있다. 이는 특히 그와 평생에 걸쳐 대립적 경쟁자 관계를 형성했던 박형룡이 설교를 제외하고는 대부분 변증의 글을 썼다는 사실과 비교해 볼 때 더욱 그 특징이 비교된다.

이를 통해서 비록 김재준이 간도에서 머문 기간은 비록 3년에 불과했으나 그의 삶을 함축하고 있다고 할 수 있을 만큼 상징적인 의미를 지니고 있음을 알 수 있다. 매이지 않는 자유인으로서의 김재준의 모습을 그곳에서의 행보를 통해 발견할 수 있기 때문이다.

# 7 장
# 김재준의 공산주의 이해
## ─ 한경직, 박형룡과의 비교를 중심으로*

김재준이 그의 자서전인 『범용기』에 "6·25의 공산군 남침 이후 남한 국민으로서 반공의식 없는 사람은 거의 없었다"[1]라고 언급한 것처럼 한국전쟁 이후 남한 교회는 대부분 반공주의를 표방하였을 뿐 아니라 반공주의의 재생산 기제로서 작용하기도 하였다. 이처럼 반공주의를 표방한 교회의 지도자 중에 김재준은 물론이고 그와 함께 한국 장로교 교단의 대표자인 한경직, 박형룡도 포함되어 있었다.[2] 그렇지만 이들의 공산주의 이해는 서로 차이를 보인다. 그 가운데 공산주의 이해에서 가장 독특한 관점을 가진 인물은 김재준이다. 왜냐하면 김재준은 표면적으로는 반공주의를 표방하는 듯 보이지만 심층적으로는 탈 이데올로기적 관점으로 공산주의를 이해하였기 때문이다.[3]

공산주의에 대한 김재준의 이러한 관점은 그와 마찬가지로 한국 전쟁을 경험했던 한경직, 박형룡과는 차이가 있다. 왜냐하면 한경직의 경우 한국전쟁 직후였던 1950년대에는 물론 1960년대 이후에도 강경한 입장을 견지하였으며, 박형룡은 한경직만큼 강경하지는 않았지만 그 또한 꾸준히 반공주의적 태도를 견지하였기 때문이다.[4] 김재준이 공산주의에 대하여 완화된 입장을 보이고 있던 1960년대 이후에도 한경직은 꾸준히 강경한 반공주의적 입장을 견지하였다.[5]

동일하게 한국전쟁을 경험했음에도 불구하고 한경직, 박형룡 그리고 김재준이 공산주의에 대하여 동일한 시각을 가지고 있지 않았다는 사실은 참으로 흥미롭다. 그러한 차이는 위에 언급한 것처럼 한경직과 박형룡에 비해 특히 김재준에게 두드러진 차이점이 보인다. 왜냐하면 강도(强度)에 있어서는 차이가 있다 해도 한경직과 박형룡은 꾸준히 강경한 반공주의적 태도를 견지하였지만, 김재준은 탈 이데올로기적 태도를 견지하였기 때문이다. 따라서 김재준의 '공산주의 이해'를 살펴보려고 할 때 한경직과 박형룡의 경우를 확인하는 것은 김재준의 '공산주의에 대한 이해'를 살펴보는 데 적지 않은 도움이 된다. 때문에, 필자는 김재준과 한경직, 박형룡의 공산주의 이해를 비교하여, 이들의 공산주의의 이해에 관한 독특한 관점과 차이점을 찾으려고 한다.

## 1. 한경직, 박형룡의 공산주의 이해

### 1) 한경직의 공산주의 이해

한경직은 1963년 5월 「새가정」에 실린 자신의 글 "그리스도인과 반공"에서 다음과 같이 말하였다.

묵시록을 보면 거기 큰 붉은 용이 있어서 그의 사자들과 같이 천사장 미가엘과 그의 사자들로 더불어 하늘에서 싸우다가 땅에 쫓겨 내려오고 또한 계속해서 땅 위에서 성도들과 싸운다는 이야기가 있습니다. 여기 붉은 용은 사탄을 의미합니다. 이 사탄은 시대를 따라서 여러 가지 탈을 쓰고 하나님 나라를 대적합니다. 이 20세기에는 공산주의의 탈을 쓰고 나타난 것은 틀림없습니다.6

한경직이 공산주의를 요한계시록에 나오는 '붉은 용' 즉 '사탄'으로 이해함으로써 신앙적 의미를 부여하였다는 것을 통해 그가 강경한 반공주의적 입장을 견지하였던 인물임을 짐작하기에 충분하다. 한경직이 강경한 반공주의자가 될 수밖에 없었던 이유는 참으로 다양했지만 필자는 무엇보다도 한경직 자신이 겪었던 공산주의자들과의 충돌에서 기인(基因)하였다고 본다. 한경직은 이렇게 말한다.

그런데 조금 있으니 무슨 말이 들리는고 하니 미군이 안 들어오고 소련군이 들어온다고 해요. 또 얼마 후에는 소련사람들이 압록강으로 들어온다고 그래요. 소련이 여러 나라가 아니요? 아마 중앙아시아의 소수민족들을 모두 다 내보냈나 봐요. 그리고 그때 '다와이'란 소련 말을 배웠는데, 시계를 보기만 하면 그저 빼앗았어요. 그러다가는 그 녀석들이 어떻게 한국 사람으로 공산당을 만들어가지고 내려왔단 말이야. 그래가지고서는 신의주에서 공산당을 조직했거든. 그때 난 교회는 안 보고 치안 관계의 일을 보았는데, 사실 치안 관계는 잘 됐어요. 소실된 것도 없고, 잘되어 갔는데 공산당이 조직이 되고 하니 '이거 안 되겠다. 우리도 민주당 조직하자' 하는 주장이 나왔어요. 그런데 어떤 청년들이 '이거 민주당 하는 것보다 사회민주당이라고 합시다. 웬고하니 대기업이나 이런 건 국가가 직접 관리하는 것이 좋을 거요.' 그런단 말이야. 그렇게 해서 사회민주당이 됐지요. 그러다가 공산당은 소련군의 빽이 있으니까 갑자기 민주당 지도자를 체포한단 말이야. 그래서 고아원도 못 가고요. 가방도

못 들고 오고요….7

　한경직의 언급을 통해 그가 해방 직후 서북 지역에서 정치 참여에
적극적인 모습을 보였고 그를 통해 공산주의자들과 충돌이 있었음을
알 수 있다. "대기업이나 이런 건 국가가 직접 관리하는 것이 좋을 거
요"라고 한 대목에서는 사회주의 이념에 대하여 열려 있던 한경직의
모습이 발견된다. 하지만 이러한 모습은 오래 지속할 수 없었다. 왜냐
하면 공산주의자들과의 거듭된 충돌 속에서 한경직은 사회주의를 표
방하고 있는 공산주의자들에 대하여 반발할 수밖에 없었기 때문이다.
　한경직이 적극적으로 참여한 사회민주당은 지부당을 결성하는 과
정에서 공산주의자들과 충돌을 거듭하였다. 특히 1945년 11월 16일
에 있었던 용암포 지부 결성대회 때는 공산당원들로 보이는 용암포의
경금속공장 노동자들이 대회장을 습격하고 간부들을 폭행하여 장로
한 사람이 타살되고, 교회 건물과 당 간부 주택이 크게 파손되는 피해
를 입었다. 결정적으로 기독교사회민주당은 신의주 학생사건8을 계
기로 약화되었고, 윤하영과 한경직 등 최고 지도자들이 신변의 위험
으로 인해 월남을 선택하였다.9 한경직이 적극적인 정치참여의 모습
을 보였던 이유는 그가 "정치는 종교에 간섭할 수 없지만 종교는 정치
에 적극적인 영향력을 미칠 수 있다"고 인식했기 때문이다.10 이러한
한경직의 인식은 그가 북한 지역에서 목회 활동을 했던 1947년의 설
교 "기독교와 공산주의"에서 확인된다.

　기독교와 공산주의와의 관계를 말씀드리기 전에 먼저 마음에 분명히 기
억할 것은 본래 종교, 특히 기독교는 사회의 제도를 초월한다는 것입니
다…. 기독교는 근본적으로 사회제도를 초월한다는 사실을 잊어서는 안
됩니다. 기독교는 봉건제도 아래에도 있었고, 자본주의 제도 아래에도

있었고, 또 어떤 다른 제도에도 있을 것입니다. 그렇다고 그 제도와 반드
시 결합하는 일은 없습니다. 그 결함과 단점을 비판하여 투쟁해 온 것입
니다. 요컨대 기독교는 완전한 천국이 임하기에 이 불완전한 사회제도
아래에 있으면서 이를 초월하여 힘이 닿는 대로 사회를 기독교화하기에
최대의 노력을 하는 것입니다.[11]

해방 무렵, '보린원'에서 고아들을 돌보던 한경직은 당시 평안북도
의 일본인 도지사의 요청으로 이유필 등 지역의 기독교인들과 함께
'신의주 자치회'를 구성하여 치안 유지 활동을 하였다. 그는 이러한 활
동이 장차 미 군정이 들어올 것을 염두에 둔 것이었다고 말하였다.[12]
이러한 한경직의 언급은 그 자신이 당시 친미적인 인물이었음을 암시
하는 것으로 보기에 충분하다. 사실 한경직뿐 아니라 당시 신의주에
서 활동했던 윤하영 등도 미국에서 유학했던 친미적 인물이었을 뿐
아니라, 서북 지역의 기독교인들 가운데 친미 지식인, 자본가 계층이
적지 않았다는 것을 생각해 볼 때 서북 지역 기독교인들 대부분이 친
미 반공의 입장이었으며, 일제가 물러간 후 미 군정이 들어설 것을 기
대하였음을 짐작할 수 있다.

그렇지만 한경직이 기대한 것처럼 미군이 아닌 소련군이 입국한
후 한경직을 비롯한 기독교인들과 소련군의 후원을 입은 공산주의자
들의 충돌은 예측될 수밖에 없었다. 소련은 종교에 대해 이념적으로
적대적이어서 한국 기독교 공동체에 대하여 강한 적대감을 가지고 있
기 때문이었다. 소련이 한국 기독교 공동체에 대한 적대감을 가지고
있었던 요인 가운데는 그들의 경쟁자인 미국이 19세기 말 이래로 남
한에 기독교를 활성화했다는 데에도 부분적인 원인이 있었다.[13] 친미
기독교인들에 대하여 그들은 강한 적대감을 띠고 있을 수밖에 없었

다. 더욱이 한반도에 들어선 소련군이 폭력적인 행동을 보이고 소련의 도움으로 신의주에 공산당이 조직되자 그에 대항하기 위한 자구책으로써 한경직을 포함한 친미 기독교인들은 '기독교사회민주당'을 결성하여 정치 활동을 하였다.

한경직은 어려서부터 마포삼열(S. A. Moffett) 선교사에 의해 세워져 자작교회에서 운영한 진광(眞光)소학교를 다니며 신학문을 접하였고,[14] 평양 숭실대학에서 선교사들로 구성된 미국인 교수들에게 지도를 받는 동안 깊은 인상을 받았다. 그뿐 아니라, 이들의 배려로 미국 프린스턴신학교에서 공부할 수 있었다.[15] 더욱이 미국 유학 중 폐병에 걸려서 사경을 헤매고 있을 때, 미국인들의 도움으로 건강을 회복할 수 있었던 사실로 미루어 볼 때 그는 친미적인 자세를 견지할 수밖에 없었다.[16]

사회민주당을 창당한 지 얼마 지나지 않아 사회민주당 인사들에 대한 검거가 시작되자 한경직은 급히 남한으로 피할 수밖에 없었다.[17] 왜냐하면 이러한 정치 활동이 한경직의 입장에서는 일제의 패망 후 치안 공백에 대한 자구책, 소련군과 공산주의자들의 폭력적 행동에 대항하기 위한 자구책에 불과한 것이었지만, 소련 군정과 이들을 해방군으로 보았던 공산주의자들이 볼 때는 자신들의 체제에 위협을 가하는 친미반공 기독교인들의 정치활동으로 보였기 때문이다. 당시 한경직이 활동한 서북 지역에 기반을 둔 기독교인들이 계층적으로 중농, 부농, 지주, 자본가층이 많았고, 친미반공주의를 표명하는 김일성을 중심으로 추진되던 사회주의 정권 건립을 반대했다는 것은 이와 같은 사실을 잘 말해준다.[18]

미국에 대한 강한 적개심으로 "하느님을 믿어도 조선의 하느님을 믿어야 한다"고 하며 미국 선교사와 친미 반공 기독교인들을 향해 칼

날을 겨누고, 대지주 자본가 계층, 친미 반공 기독교인 그리고 미국을
같은 의미로 생각했던 김일성의 시각[19]에서 볼 때 친미 기독교인이었
던 한경직은 그가 칼날을 겨눌 대상일 수밖에 없었다. 김일성을 비롯
한 공산주의자들의 시각으로 볼 때 미국은 "기독교 선교사들을 파견
하여 수십 년 동안 조선인들에게 '종교적 쥐약'을 먹이고, '무저항주의'
를 불어넣어 '식민지노예'로 만들려고 한 제국주의 국가"로 인식되었
다. 반면 한경직에게 미국은 "기독교적 건국론의 모델로서의 기독교,
신문명, 애국의 역할"에 있어서 상징적인 국가로 인식되었다.[20]

결국 공산주의자들로부터의 위협을 피해 남한지역으로 탈출한 한
경직은, 이후 월남 기독교인들을 중심으로 베다니교회(영락교회의 전
신)을 설립하여 월남 기독교인들의 구심점이 되었을 뿐 아니라, 1955
년에는 장로회 총회장에 선출됨으로 명실공히 남한 기독교의 지도부
로 자리매김을 하게 되었다.[21] 결국 한경직은 "공산주의는 절대 수용
불가하며 공산주의들과는 어떠한 타협도 반대한다"는 전투적인 반공
주의자로서 확고히 자리매김하였다.[22] 이러한 사실들을 통해 한국전
쟁 이후 계속하여 견지된 한경직의 강경한 반공주의적 입장[23]을 이해
할 수 있다.

앞서 언급한 한경직의 '붉은 용으로서의 공산주의 이해'는 무신론
에 기반을 둔 '맑스주의'(Marxism)라고 하는 이념적 측면에서도 기인
한 것이었지만, 친미 반공 기독교인으로서, 해방 직후 북한과 한국전
쟁 이후 남한에서의 자신의 개인적 경험으로부터 기인한 바도 적지
않다. 그러므로 한경직의 공산주의 이해를 한마디로 표현한다면 '체
험 이데올로기적 공산주의 이해'라고 볼 수 있다. 이러한 한경직의 공
산주의 이해는 한국전쟁 이후 남한 교회의 반공주의 재생산에 많은
영향을 끼쳤다.

## 2) 박형룡의 공산주의 이해

박형룡이 공산주의에 대하여 비판적인 입장을 견지한 것은 사실이지만, 공산주의에 대한 박형룡의 입장은 한경직처럼 명확하지 않다. 왜냐하면 그는 정치적 견해에 대한 표명 자체에 소극적이었기 때문이다.[24] 해방 직후인 1945년 8월 김재준이 "기독교의 건국이념"과 같은 글을 쓰면서 국가의 재건에 대한 견해를 표명하였고,[25] 1945년 9월 한경직이 최초의 기독교정당인 '기독교사회민주당'을 결성하여 적극적으로 정치에 참여한 것[26]과는 달리 박형룡은 1928년 「신학지남」에 게재(揭載)했던 공산주의에 관한 논문들[27]을 통한 이론적 비판 이후 1950년대와 60년대 말 이전까지만 해도 사회문제에 대하여 이렇다 할 논문을 발표한 일이 없었다. 다만 그는 복음의 수호와 전파 그리고 기독교적인 가치관을 고취하는 것이 사회 변화에 도움된다고 보았을 뿐이었다.[28] 하지만 한국전쟁 직후의 설교인 "하나님의 검" 본문에서 공산주의에 대한 박형룡의 견해가 보인다.

바벨론 왕 느부갓네살의 공격 아래 예루살렘이 함락되고 유대국이 멸망될 위기가 가까운 때에 여호와 하나님은 선지가 에스겔에게 말씀하셨습니다. 검이 그 땅에 임하게 되니 파숫군은 나팔을 불어 백성에게 경고하라고 하였습니다. 고대 이스라엘은 하나님의 택한 백성으로서 자주 하나님의 율법을 어기고 우상을 숭배하며 각종 범죄에 타락하여 하나님이 보내신 검으로서의 외국의 침략을 받아 비참한 재난을 당하였습니다···. 해우 동방 한반도에 자리 잡은 우리 민족은 남의 나라에 침략함 없이 조용히 살며 예의 동방으로 자긍하여 왔습니다. 그러나 만유주재 하나님을 믿지 않고 우상숭배에 골똘하며 전체적, 개인적으로 각종 범죄를 범하였습니다. 밖에서 오는 검의 침략을 받아 재난을 당하는 때도 왕왕 있

었습니다. 20세기 초엽에는 일본의 침략을 크게 당하여 나라를 잃어버
렸습니다…. 그때의 검은 이 땅에서 서서히 물러나고 마침내 8.15의 해
방광복이 오니 그때의 일은 연년세세의 기념으로 남아있습니다…. 그러
나 다른 검인 북한 공산당들이 6.25의 재난을 퍼붓고 물러갔으나 다시
돌아오려는 위협을 보이고 있습니다…. 검을 보내고 안 보내는 결정권
은 하나님께 있으니 이 백성이 회개하고 하나님께 돌아와 그의 진노를
풀고 은총을 받는 것이 보국안민의 근본방침입니다.[29]

설교 "하나님의 검"에서 드러나는 박형룡의 공산주의 이해는 일제
강점기 신사 참배의 죄악으로 인한 하나님의 징벌의 도구로서 공산주
의 이해였음을 알 수 있다. 이러한 맥락에서 박형룡의 공산주의 이해
가 초기부터 정치적인 이데올로기로서의 이해가 아니었다는 것 또한
알 수 있다. 그는 이스라엘 백성들의 우상숭배라는 죄악을 징계하기
위한 하나님의 검으로서의 '바벨론 왕 느부갓네살의 공격', 우리 조상
들의 우상숭배 죄악을 징계하기 위한 하나님의 검으로서의 '일본 제국
주의의 식민통치', 일제 강점기 신사 참배의 죄악을 징계하기 위한 하
나님의 검으로서의 '북한 공산주의자들의 침략'을 동일하게 보았다.
박형룡의 공산주의 이해는 당시 적지 않은 한국교회의 지도자들이 가
진 이해였다.

그렇지만 1959년 제3차 장로교의 교단 분열을 앞두었을 무렵, 박
형룡은 공산주의에 대한 한국교회 지도자들의 보편적인 이해를 넘어
이른바 '냉전 이데올로기적 이해'를 표명하였다. 신학적 견해에 대한
논쟁에서 이른바 '용공'(容共)성을 운위한 것이다.[30] 박형룡이 '용공'성
을 운위한 결정적인 계기는 1958년 9월에 열린 제43회 총회 개최 직
전에 발생한 '3천만 환 사건'[31]이었다. 이 사건은 박형룡과 그를 둘러싼

이들에게 자신들의 입지에 위기감을 느낄 수밖에 없는 사건으로 받아들여졌다. 당시 에큐메니컬운동을 찬성하는 이들에게 이 사건은 박형룡과 그를 지지하는 NAE(복음주의협회) 측을 위축시킬 좋은 기회였다.[32] 그렇기에 박형룡은 그를 반대하는 에큐메니컬 측 인사들이 교분을 맺고 있는 WCC(세계교회협의회)에 용공 혐의를 덧씌움으로 공격의 포문을 열었다. 박형룡은 "붉은 세력들의 침투"에서 이렇게 쓰고 있다.

> WCC회의들에 공산국 교회 인물들은 자유세계에서 공산주의를 선전하기 위한 도구로서 WCC를 이용하며 WCC는 공산주의와 침합하는 경향을 보이고 있다. WCC의 공산국 회원들 중에는 공산정부의 공로상을 받는 자와 공산 정치자금의 월급을 받으면서 스파이를 일삼는 자도 있다 한다.[33]

물론 WCC에는 폴란드, 체코와 같이 당시 공산국가의 교회들도 회원으로 가입하였고 개신교회뿐 아니라 러시아정교회 같은 개신교 이외의 교회들도 가입하였기 때문에 한국 장로교회 내부에는 WCC에 대한 긍정적 반응과 부정적 반응이 공존하였다.[34] 이러한 요인들로 인해 박형룡을 중심으로 하는 NAE 측은 WCC의 신학과 이념적 속성에 대해 우려했다. 1928년 예루살렘에서 열린 '국제선교협의회'(IMC)가 열렸을 때, 장로교와 감리교에서 여섯 명의 대표자들을 보내어 정식 회원국이 된 한국교회는 에큐메니컬 운동에 대하여 긍정적인 시각을 가지고 있었지만 1956년 제41회 총회 때부터는 이견이 생겼다.
미국 북장로교회와 남장로교회, 호주 장로교회의 세 선교회 소속 선교사들과 협력해온 한국인 목사들은 WCC를 찬성했지만, 선교사들과의 관계가 석연치 않았던 NAE계열은 이에 반대한 것이다.[35] 해

방 이후 들어온 2세대 선교사들을 자유주의적으로 보았던 박형룡이
었기에 WCC에 대하여 비판적인 눈으로 본 것은 당연하다. 박형룡의
시각에서 볼 때 그의 스승들이나 평양신학교에서 교수하던 선교사들
은 보수적이고 정통적인 신앙을 전수하려고 한 이들이었지만, WCC
에큐메니컬을 지지하는 2세대 선교사들은 자유주의신학과 그 진영을
후원하는 자유주의적 인물들이었다.36

본래 박형룡은 WCC에 대하여 정치적 견해가 포함되어 있지 않은
온건한 반대 입장을 견지하였다. 그는 에큐메니컬 운동을 하는 사람
들이 교리적으로는 '예수 그리스도, 하나님과 구주'라는 대명제를 내
걸지만, 이에 대한 해석을 각 교회에 맡기고 있기 때문에 '예수 그리스
도, 하나님과 구주'의 성경적인 의미를 퇴색시킬 수 있다고 보았다. 그
뿐 아니라 박형룡은 이들이 겉으로는 교파 간의 친선을 도모한다고
하지만, 사실은 교파를 통합하여 궁극적으로 세계 단일 교회를 형성
하려고 한다고 보았다. 만일 단일 교회가 이루어지면 자유주의적 교
리가 주도적인 위치에 올 것이라고 생각한 것이다.37

이처럼 1958년 이전만 해도 박형룡의 WCC에 대한 비판은 신학
적 논쟁에 머무른 온건한 비판이었다. 하지만 결국 '3천만 환 사건'을
계기로 박형룡을 중심으로 하는 NAE측과 미국 북장로교회, 남장로교
회, 호주 장로교회의 선교사들과 협력하던 WCC측의 주도권 싸움의
결과, 박형룡이 WCC에 대한 용공의 의미까지 덧붙임으로써 신학 논
쟁을 넘어 이데올로기적인 논쟁이 대두되었다.38

서북지방 출신의 기독교인으로서 박형룡 또한 대부분의 서북지방
기독교인들처럼 일제 강점기 때 가졌던 민족주의적인 애국심이 해방
이후에는 친미 반공으로 그 대상이 바뀌었다. 서북지방 출신 기독교
인들이 일제 강점기에는 일본을 주적(主敵)으로 하는 애국심을 가졌

고 해방 이후에는 자연스럽게 친미 반공의 길을 걸었다는 것이다.[39]
이처럼 한국전쟁 이후 대부분 기독교인과 마찬가지로 반공주의 노선
에 선 박형룡으로부터 공산주의와 이의 종주국인 러시아를 '붉은 용'
이라고 표현한 것이 발견되는 것은 어색하지 않다.[40] 그러나 1959년
제3차 장로교회의 교단 분열을 계기로 신학과 교리 비판에서 이론적
비판을 넘어 이념적 색깔론이 덧입혀지게 됨으로써 결국 남한 기독교
인들의 보수적 신앙과 반공주의라는 정치 이데올로기가 결합되는 결
과를 가져왔으며,[41] 이를 계기로 박형룡은 공산주의에 대해 초기의
한국교회 지도자들과 같은 보편적인 이해를 넘어 결국 냉전의 이데올
로기로서 이해하게 되었다.

　박형룡은 그의 생애 황혼기에 '미국주의' 특히 남부 백인들의 '미국
주의'에 깊이 함몰되는 모습을 보여주었는데[42] 이러한 모습은 그의 공
산주의 이해에서 더욱 두드러졌다. 실례로 박형룡은 미국의 유명한
인권운동가 마틴 루터 킹(M. L. King. Jr) 목사를 "많은 공산주의자와
결탁하여 공산주의 운동을 원조하는 데 많은 시간을 보낸 인물"로,[43]
미국의 반전(反戰) 가수였던 조안 바에즈(J. C. Baez)를 "유명한 공산
주의자 민속 가수"로 소개하였다.[44] 박형룡의 이러한 언급은 극우 보
수기독교문서(Christian News, 1968년 4월 15일)을 인용한 것으로서,
미국의 남부 백인우월주의자들의 시각을 고스란히 따른 것이었다.[45]

　박형룡이 이러한 행보를 보인 것은 그가 1959년 WCC 에큐메니
칼 측과 결별한 후 당시 ICCC(국제기독교협회)를 창설하고 주도했던
미국의 칼 맥킨타이어(C. McIntyre)와 교류를 갖게 된 이후인 것으로
보인다. 맥킨타이어는 1929년 웨스트민스터 신학교가 프린스턴신학
교에서 갈라져 나온 후, 1937년에 웨스트민스터 신학교와 훼이스 신
학교로 또다시 분열되었을 때 이를 주도한 인물이었다. 웨스트민스터

신학교와 비교해 볼 때, 맥킨타이어가 주도했던 훼이스신학교는 성경
해석에서 문자적인 해석을 중요하게 생각하였다. 술과 담배에 대한
문제에서 더욱 엄격하였을 뿐 아니라, 윤리에서도 반공적 성격이 강
하였다. 박형룡은 프린스턴신학교에서 공부하였지만,46 그 이전에 마
포삼열(S. A. Moffett)을 비롯한 선교사들에 의해 형성된 신학적 성향
이 강하게 남아 있었기에 칼 맥킨타이어와 신학에 일치점이 많았다.47

칼 맥킨타이어는 1970년 내한하여 박정희 대통령을 만나 주한미
군 철수 문제에 대하여 대화를 나누는 등 정치적 행보를 보였다.48 그
는 1959년 11월 '한국을 위한 크리스마스 기금'으로 10만 불을 모아
보내줌으로써 장로교 합동 측의 남산신학교 건립에 결정적인 도움을
주었다.49 칼 맥킨타이어와의 교류를 통해 박형룡은 차츰 더욱 더 근
본주의적으로 변모되었고,50 공산주의에 대한 두려움을 더욱 크게 가
지게 되었을 뿐 아니라, 결국 "집단행동을 하는 사람들은 공산주의자
와 다를 바가 없다"고 하는 당대의 박정희 정권이 창조한 매카시즘
(McCarthyism)을 그대로 답습하게 되었다.51

결과적으로 1959년 제3차 장로교회의 교단 분열을 앞두었을 무
렵, 박형룡은 공산주의에 대하여 한국교회 지도자들의 보편적인 이해
를 넘어 이른바 '냉전 이데올로기적 이해'를 가지게 되었다. 왜냐하면
그는 본래 공산주의를 우상숭배에 대한 하나님 징계의 수단으로 이해
하였지만, 이후에는 WCC 에큐메니칼 측과 주도권을 놓고 대립하는
가운데 용공 혐의를 덧붙이는 모습을 보였기 때문이다. 이러한 박형
룡의 공산주의 이해는 한경직의 체험적 이해와는 차이가 있다. 비록
박형룡과 한경직이 동일하게 공산주의에 대하여 '붉은 용'이라고 표현
하며 철저한 반공주의적 입장을 표명했다고 해도 말이다. 박형룡의
공산주의 이해 또한 한국전쟁 이후 남한 교회의 반공주의 재생산에

많은 영향을 미쳤음은 물론이다.


## 2. 김재준의 공산주의 이해

김재준의 다음과 같은 언급은 그가 자신을 반공주의자로서 표방하고 있음에도 불구하고 심층적으로는 탈 이데올로기적 시각으로 공산주의를 이해하고 있음을 말해준다.

한반도 분단이란 전 민족의 '한'(恨)이니만큼, '통일'은 우리 민족 전체의 '한풀이'였다. 이북에서의 남침이나, 이남에서의 '북진 통일'이나 5,000년 우리 민족의 '당연태'(當然態)를 되찾으려는 애국 정열의 폭발이었다. 그러나 초강대국인 미국과 소련이 남과 북의 '종주국'으로 한반도를 절반씩 나누어 남은 미국, 북은 소련의 '위성국'으로 만들었다는 사실 때문에, '통일'의 실현은 지금까지도 숙제로 남는다.[52]

한국전쟁 이후 남한 교회가 이른바 반공주의의 재생산 기제가 되었다는 사실에서 본다면, 한국전쟁을 전쟁의 당사국이었던 남한 혹은 북한의 시각이 아닌, 제3국의 시각으로 보는듯한 김재준의 시각은 그가 한국전쟁 이후 반공주의적 시각을 견지할 수밖에 없었던 남한 기독교인 가운데 한 사람이었음을 상기할 때, 참으로 독특하다. 한국전쟁에 대한 김재준의 이처럼 독특한 시각은 필자가 서두에 언급한 것처럼 '탈 이데올로기적' 시각이라고 할 수 있다. 그러나 한국전쟁 직후인 1950년대 김재준의 글인 "공산주의론"에는 한국전쟁 이후 남한교회의 보편적 정서로 자리를 잡게 된 반공주의적 시각이 발견되기도 한다.

공포와 숙청과 전연 자유가 거부된 그들 밑에서 자유인으로 어찌어찌 살기를 바라는 것은 망상이다. 우리가 만일 인간이라는 의식이 있다면 무엇을 운위하기 전에 벌써 질식해 버리지 않을 수 없는 고장이 그들의 솔하(率下)인 까닭이다.53

공산주의에 대한 김재준의 이와 같은 표현은 마치 반공주의에 대하여 강경한 입장을 견지하였던 한경직과 별다른 차이가 없는 것처럼 보인다. 왜냐하면 이 글에서 발견되는 강경한 반공주의적 표현은 김재준이 해방 직후인 1945년 8월 어느 날 작성하여 '선린형제단'54 앞에서 "기독교의 건국이념"이라는 제목으로 강연했던 "한 크리스천이 본 건국이념"이라는 글에서는 발견할 수 없는 공산주의에 대한 강경한 배타적 표현이기 때문이다.55 "한 크리스천이 본 건국이념"56과 "공산주의론"이라고 하는 두 글을 보면 모두 김재준이 쓴 글이라고 보기 힘들만큼 논조가 다르다. 그러나 한국전쟁 직후 김재준의 글에서 발견되는 강경한 반공주의적 논조를 이해하려면 김재준 또한 한국전쟁 이후 전쟁으로 인한 상처를 간직한 인물이었다는 것을 먼저 이해해야 한다.

한국전쟁 직후 서울에 남았던 김재준이 공산주의자들에 의해 겪어야 했던 많은 어려움 가운데 무엇보다도 지울 수 없는 상처로 남은 것은 자신의 후견인이자 친구였던 송창근의 납북 사건이었다.57 공산주의자들에 의한 개인적 체험은 김재준으로 하여 공산주의에 대하여 강경한 태도를 견지할 수밖에 없도록 하는 경험이 되었을 것이다. 그렇기에 한국전쟁 직후 김재준의 강경한 반공주의적 태도를 이해하기 위해서는 이와 같은 개인적 체험의 특수성을 이해해야 한다.

그러나 1960년대 김재준의 글을 보면 그가 1950년대의 강경한 반공주의적 입장으로부터 완화된 모습이 보인다. 김재준은 자신의 글

에서 공산주의 또한 자유주의처럼 상대적인 이데올로기로서 장점과
함께 단점을 가지고 있음을 언급하였다.[58] 김재준은 하나의 이념으로
서 공산주의가 아닌 공산주의에 내포된 교조주의적 속성을 비판하였다.

> 사람들은 일종의 의심을 품기도 한다. 공산주의도 그렇게 나쁜 것이 아
> 님에도 불구하고 운명적으로 대립된 우리의 감정적 긴장 때문에 그 결함
> 이 과대히 선전되고 있는 것이 아닌가 하는 것이다. 그러므로 우리는 그
> 본질적인 것을 파악해야 한다…. 맑스주의는 자신들이 역사철학, 역사
> 과학까지도 독차지하고 있다고 믿는다. 그러나 그것은 하나의 '묵시적
> 환상'에 불과하다. 개인경제의 특권을 온전히 박탈하면 이기적 소유욕
> 없는 인간성으로 변혁된다고 생각하는 것은 낭만적 환각이다. 그들은
> 인간의 죄악성이 얼마나 근본적인 것을 알지 못한다…. 인간은 인간성
> 자체를 변혁시키지 못한다. 그들은 집권자를 변경시킬 수 있으나 집권
> 자의 본성을 변경시키지는 못한다. 그들은 공산주의 안에 머무를 뿐이
> 요, 그것을 초월하는 입장을 용납하지 않는다. 그러므로 진정한 자기비
> 판이 있을 수 없다.[59]

이와 같은 맥락에서 본다면 공산주의뿐 아니라 자유주의, 민주주
의 등 모든 이데올로기가 비판에서 벗어날 수 없게 된다. 왜냐하면 하
나의 이념이 절대적인 이데올로기로 작용할 때 그것은 억압의 기제로
서 작용되는 교조주의적 속성을 내포할 수밖에 없기 때문이다. 이데
올로기에 대한 김재준의 비판은 라인홀드 니부어(R. Niebuhr)의 영
향을 받은 것이었다. 그것은 현대 사회를 "공산주의 대 자유주의의 대
결이라기보다는 하나님 대 범죄적 인간의 대결"로 보는 것이었다.[60]
이는 한국전쟁 이후 남한 사회에서 보편화된 '자유주의 대 공산주의의

대결'이라고 하는 '이항대립적' 시각과 달랐다. 김재준은 "그리스도인
은 세상에 현존하는 이데올로기에 대해서 자기 일치를 할 수 없으며,
따라서 이 세상에 현존하는 이데올로기는 그리스도교 사상에 의해서
비판되어야 한다"는 입장을 견지하였다.[61]

앞서 언급한 것처럼 한국전쟁 이후 남한의 기독교인들은 대부분
반공적 노선을 따랐다. 김재준 또한 그의 자서전인 『범용기』에서
"6.25 공산군 남침 이후 남한 국민으로서 반공의식 없는 사람은 거의
없었다"라고 언급하며 자신 또한 반공의식을 가지고 있음을 표명하였
다.[62] 그러나 김재준은 어떤 이데올로기를 절대화하여 다른 이데올로
기를 타자화함에 있어 모든 인간이 '하나님을 반역한 범죄자'이기 때
문에 공산주의뿐 아니라 공산주의를 포함한 모든 이데올로기가 교조
주의적 속성을 내포함으로 억압의 기제로 작용할 수 있다는 것을 간
과하지 말아야 한다고 보았다.[63]

그는 '하나님을 반역한 범죄자'인 인간이 이데올로기의 주체가 될
때, 진정한 자기비판을 용납하지 않는 교조주의에 빠진다고 보았다.
김재준이 볼 때 교조주의에 함몰된 이데올로기는 결국 그것이 하나님
의 위치를 대신하는 '우상'이었다. 김재준이 박정희의 집권 이후 그에
게 저항한 이유를 "박정희 대통령이 자기 자신을 신격화하여 하나님
을 무시하고 오만한 자리에 앉았기 때문"이라고 언급한 것은 이와 같
은 맥락에서 이해할 수 있다.[64]

박은 원래가 정보 장교 출신이니만큼 그가 만든 국가도 '정보 국가'로 태
어나지 않을 수 없겠다. 민심은 그를 떠난 지 오래다. 국민, 특히 학생,
교수, 기독교 지도자의 일부는 '박'에게 책임을 묻는다. 독재자는 책임을
지지 않는다. '무신 유물론자니 하나님께 책임질 맘뽄새도 안 생긴다. 자
기가 '신'의 자리를 점령했기 때문이다.[65]

그렇지만 이러한 김재준의 시각은 한국전쟁 이후 남한의 기독교에서 보편적으로 받아들여지지 않았다. 왜냐하면 필자가 서두에 언급한 것처럼 한국전쟁 이후 남한의 기독교는 반공주의를 더욱 강화하고 재생산하는 기제로 작용하기 때문이다. 1928년에 박형룡이 「신학지남」에 개재했던 공산주의에 관한 논문들을 통해 알 수 있는 것처럼 한국 기독교의 공산주의 비판은 일제 강점기에도 활발하였다. 그러나 그러한 비판은 이론적이고 학문적인 비판에 불과하였다. 물론 물리적 충돌을 포함한 사회주의자들과 기독교인들 간의 대립이 여러 차례 발생한 것은 사실이지만[66] 그러한 충돌들이 기독교인들에게 공산주의에 대한 공포가 보편화 될 만큼 영향력을 끼치지는 않았다. 일제 강점기에는 일본 정부가 공산주의를 탄압하는 정책을 폈기 때문에 기독교인들이 공산주의에 대하여 어느 정도 초연한 태도를 가질 수 있었다.[67] 그러나 해방 후 사상의 난립 속에서 기독교인의 공산주의에 대한 위협과 적대감이 고조되었다. 당시 공산주의자들의 박해를 피해 남한지역으로 내려왔던 강원룡은 다음과 같이 증언하였다.

나를 무엇보다 놀라게 한 것은 종로 화신백화점 곁에 당당하게 나부끼는 커다란 붉은 깃발과 온 거리에 붙어 있는 대자보들이었다. 전부 공산당이 만들어 붙인 대자보들이었으니, 공산주의가 싫어 서울로 내려온 나로서는 충격을 받지 않을 수 없었다. 내가 도착했을 때 서울에서는 이미 조선공산당이 재건되어 세력을 확장하고 있었고, 인민공화국이 수립되어 조각이 구성되는 등 좌익 세력이 맹위를 떨치고 있었다. 게다가 노동자·농민 조직을 비롯하여·청년·학생·예술인·여성 조직, 심지어 의사·약사·간호원 조직에 이르기까지 조직이란 조직은 거의 전부가 좌익이었으니, '이제 남쪽도 공산당 세상이 되어가는구나' 하고 내심 크게 놀라지 않을 수 없었다.[68]

강원룡의 증언에서 볼 수 있는 것처럼 해방 후 공산주의는 기독교인들에게 하나의 이념으로서의 비판을 넘어 신앙적 측면에서의 비판으로까지 인식되었다. 남한 기독교인들의 공산주의에 대한 반감은 신앙적으로 승화되었기 때문에, 한국전쟁 이후 공산주의에 대한 공포는 남한 기독교인들의 보편적인 정서로 자리매김하였다. 그러므로 '혁명공약' 첫머리에서 "반공을 국시의 제일로 한다"[69]고 한 박정희가 남한 기독교인들에게 '교회의 수호자'로 인식되기에 충분하였다는 것은 짐작하기 어렵지 않다. 그러나 박정희 스스로 반공주의자 표명과는 달리 김재준은 그에 대하여 부정적인 시각을 견지하였다.

박정희 소령이 군부 내 공산당원 명단을 갖고 있었다는 사실 자체가 그의 공산당원으로서의 열심분자였음을 말해준다. 왜냐하면 종선 조직이 볼셰비키 조직 이론의 특징인데 그 조직책은 요직이기 때문이다…. 박정희는 생리적으로나 경력으로나 친일로 일관하였고, 여수·순천 좌익 반란 사건의 누명을 벗기 위해서도 반공은 기를 쓰고 해야 할 처지에 있었다. 그리고 친미는 그의 진심이랄 수가 없겠지만, 일단 정권의 맛을 들인 한, 미국 돈 없이 경제나 정치나 외교를 논할 수 없을 것이니 자연 친미의 급경사를 달릴 것이다…. 반공을 국시로 한다 했지만, 6.25의 공산군 남침 이후 남한 국민으로서 반공의식 없는 사람은 거의 없었다. 진짜 공산 그룹은 해방 후에 곧 월북했고, 6·25 때에 대거 월북했기 때문이다. '박'은 반공에 '국시'(이승만 때에도 마찬가지였지만)라는 닻을 달아 부동의 무게를 덧붙였다. 그리고 자기 정권에 반대하는 자는 '반공법'으로 처단했다. '반정권'자는 공산 분자이고, 이북 간첩이고 국가 반역자라는 자기류의 공식을 만들어 중형에 처했다. '반공'은 박정희의 '만능 호신부'이다.[70]

이와 같은 언급을 통해 김재준 또한 한국전쟁 이후 반공주의를 견지하고 있었음을 다시 확인할 수 있다. 그렇지만 그의 반공주의적 태도는 당시 남한 기독교인들과는 차이가 있었다. 특히 필자가 서두에 언급한 것처럼 한경직, 박형룡과 비교해 볼 때 그 차이가 더욱 드러난다. 공산주의에 대한 태도에서 한경직은 "공산주의는 절대 수용 불가 입장"인 동시에 "어떠한 타협도 반대"하였고, 박형룡 또한 반공 노선에 있었지만 한경직만큼 강경한 반공 주장을 피력한 것은 아니었다. 그러나 김재준은 공산주의조차도 신의 종으로 인식하여 통일 정부가 수립되고 종교적, 사회적 자유가 보장된다면 공산주의 정부라도 적극 수용할 의지가 있음을 밝혔다.[71] 김재준의 이야기를 들어보자.

나는 공산주의에 대하여 기독교인으로서 과도의 불쾌감을 가지게 된 것을 유감으로 느끼는 바이다. 이는 공산주의가 철학적 근거를 유물론, 무신론에 둔 것도 그 원인의 하나지만, 그것은 소위 신자로서도 실제 생활 태도에 있어서는 유물론이요 무신론인 자가 다수이며 불신자의 거의 전부가 또한 그러하니 하필 공산주의자에게만 초심(焦心)히 굴 리가 없는 것이다…. 기독교는 신앙과 예배와 전도와 사색, 집회와 출판의 자유만 허여(許與)되면 어느 시대 어떤 기구 내에서도 빛과 소금과 누룩의 역할을 하는 것이다. 이기주의를 근거로 하고 자본을 만능의 무기로 하여 인격을 기계화, 노예화하며 불의의 책모(策謀)와 약탈과 전쟁으로 시장을 독점하여서 각자의 탐욕을 채우려는, 말하자면 기독교 윤리와는 전연 배치(背馳)되는 기구 내에서도 기독교회는 독자의 번영의 길을 찾아왔거니와, 하물며 착취당하는 대중의 생활 향상과 인간적 존귀를 위하여 정치 기구의 가장 과학적인 개혁을 행하려는 그들의 노력이 전연 비기독교적일 리가 없다고 생각한다. 이와 같은 운동은 다 하나님께서 이 비참한 인간의 해방을 위하여 종횡무의(縱橫無疑) 섭리의 손을 쓰시는 것이 결코 우연한 일이 아니다. 그러므로 공산주의자들도 사회 정의 수립을 위한 하나님의 종임을 자각하고, 모름지기 하나님 앞에 겸손하며 하나님께서 특별 은총의 기관으로 수립하신 교회를 중히 여겨 받들어 나가면 자본주의 시대보다도 더욱 친밀하게 교회와 제휴할 수 있으며 교회로부터 받는 조력도 더욱 클 것이요 하나님의 축복이 풍성할 것이다.[72]

김재준은 자본주의보다 오히려 공산주의가 더욱 기독교와 근본정신에 있어서 의미가 통하는 것으로 보았다. 왜냐하면 공산주의자가 아닌 기독교 신자라 할지라도 실제 생활 태도에서는 유물론이요 무신론인 자가 다수이며 불신자의 거의 전부가 또한 무신론자일 수밖에 없기에 비단 공산주의가 철학적 근거를 유물론, 무신론에 근거를 두었다고 하더라도 단지 공산주의만 반기독교적 사상으로 볼 수 없었다. 김재준은 자본주의와 공산주의는 그 사상적 기반에서는 동일하게 무신론에 근거되어 있지만, 자본주의가 "이기주의를 근거로 하고 자본을 만능의 무기로 하여 인격을 기계화, 노예화하며 불의의 책모와 약탈과 전쟁으로 시장을 독점하여서 각자의 탐욕을 채우려는" 특성을 지니고 있는 반면, 공산주의는 "착취당하는 대중의 생활 향상과 인간적 존귀를 위하여 정치 기구의 가장 과학적인 개혁을 행하려는" 목적을 지닌 이념으로서 근본정신에 있어서 기독교와 더욱 상통할 수 있다고 보았다.

김재준은 "모든 이데올로기는 상대적인 것으로써 각기 장점들과 단점들을 가지고 있다"고 보았다. 이와 같은 맥락에서 볼 때 김재준은 한국전쟁의 특수한 경험 속에서 표면적으로는 반공주의를 표명하였지만, 심층적으로 본다면 하나의 특정 이데올로기를 지지하지 않는 '탈 이데올로기적 인물'이었다고 볼 수 있다. 통일에 대하여 "김재준이 공산진영과 자유진영의 두 편을 종합하면서 초극하는 제3의 통일을 지향했다"73는 사실 또한 김재준의 탈 이데올로기적인 공산주의 이해를 말해준다.

김재준이 속했던 한국기독교장로회 교회들이 한국전쟁 이후 남한 기독교의 반공주의 재생산의 기제에서 상대적으로 능동적인 모습을 보이지 않았다는 사실 또한 김재준의 공산주의 이해로부터 기인된 바가 적지 않음을 알 수 있다.74 이 또한 김재준의 공산주의 이해와 박형룡, 한경직의 공산주의 이해로부터 발견되는 차이점이라 본다.


### 3. 소결

한국전쟁을 계기로 대부분의 남한 기독교인들은 반공주의 노선에 서게 되었다. 이러한 맥락에서 볼 때 한경직, 박형룡은 물론이고 김재준 또한 한국전쟁 이후 반공주의를 표명함에는 마찬가지였다. 그러나 이들에게 반공은 그 성격에서 차이를 보인다. 그러한 차이는 먼저 공산주의에 대한 각자의 이해 그리고 공산주의에 대한 개인적인 체험에 의해 형성되었다. 한경직과 박형룡은 공산주의에 대해 강경한 태도를 견지하였다. 두 사람 모두 공산주의에 대하여 '붉은 용'과 같은 신앙적 의미를 부여하였지만, 한경직과 박형룡의 공산주의 이해에는 차이가 발견된다.

한경직은 서북 지역에서 목회를 하는 동안 최초의 기독교 정당인 기독교사회민주당을 결성하여 정치 활동을 하던 가운데 공산주의자들의 압박에 의해 남한으로 피할 수밖에 없었다. 이후 서북 지역 출신 기독교인들로 주축을 이룬 베다니교회의 담임목사로 활동하였다. 이

러한 공산주의에 대한 한경직 개인의 체험과 배경은 그가 전투적 반
공주의자로서 자리매김하도록 하는데 적지 않은 영향을 끼쳤다.

박형룡 또한 공산주의에 대하여 강경한 입장을 보인 듯하지만 한
경직과는 차이가 있다. 그는 한경직이 경험한 것과 같은 공산주의자
들과의 개인적 충돌을 경험하지 않았다. 한경직과 마찬가지로 박형룡
또한 서북 지역 출신 교회 지도자였지만 한경직과는 달리 해방 이후
남한에서 활동하였기 때문에 공산주의자들과의 충돌을 경험하지 않
았다. 물론 박형룡 또한 일찍이 1928년 그가 「신학지남」에 발표한 논
문을 통해 공산주의에 대하여 비판적인 입장을 표명하였지만 그것은
학문적인 비판에 불과할 뿐, 한경직만큼 강경한 반공주의 표명은 아니
었다. 다만 박형룡은 북한 공산주의자들에 의해 발생한 한국전쟁을 일
제강점기 신사 참배의 죄악에 대한 하나님의 징계로 해석하며 당시 한
국교회 지도자들 다수와 같은 보편적인 이해를 가졌을 뿐이다.

1959년 제3차 장로교회 분열을 앞두었을 때, 박형룡의 공산주의
이해는 WCC에 대하여 신학적 논쟁을 넘어 용공의 혐의를 덧씌워서
신앙에 색깔론이 대두할 만큼 변모되었다. 이후 박형룡은 그가 줄곧
비판해 온 신신학과 공산주의를 하나의 범주로 이해하였고, 미국의
반공주의자이며 극우 기독교 지도자였던 칼 맥킨타이어와 교류하면
서 공산주의에 대한 이해에서 더욱 극단적인 모습을 보였다. 결국 박
형룡은 공산주의에 대하여 냉전 이데올로기적인 이해를 하게 되었다.

김재준에게 나타나는 공산주의 이해는 가장 독특한 것이다. 해방
직후 김재준의 공산주의에 대한 관점은 비교적 수용적이었지만 한국
전쟁 직후 공산주의에 대한 표현은 한경직에게서 발견되는 것처럼 매
우 강경한 모습을 띠었다. 그러나 그것은 당시 그의 후견인이면서 친
구였던 송창근을 납북한 공산주의자들로 인한 개인적인 상처가 있었

음을 염두에 두어야 한다.

박정희에 대한 시각에서 볼 수 있었던 것처럼, 김재준 또한 전후(戰後) 대부분의 남한 국민처럼 반공주의자 가운데 한 사람이었음을 표명한 것은 사실이다. 그러나 공산주의에 "붉은 용"과 같은 표현을 하는 등의 신앙적 의미를 부여하지 않았다. 그 이유는 김재준이 한경직 그리고 박형룡과는 달리 이데올로기를 상대적으로 보는 시각을 견지하였기 때문이다. 김재준은 라인홀드 니부어(R. Niebuhr)의 시각을 차용하여 현대 사회를 "공산주의와 자유주의의 대결"이 아닌 "하나님과 범죄한 인간의 대결"로 보았다.

그뿐 아니라 김재준은 "공산주의자가 아닌 기독교 신자라 할지라도 실제 생활 태도에서는 유물론이요 무신론인 자가 다수이며 불신자의 거의 전부가 또한 무신론자일 수밖에 없기 때문"에 비단 공산주의가 철학적 근거를 유물론, 무신론에 근거를 두었다 하더라도 단지 공산주의만을 반기독교적 사상으로 볼 수는 없었다.

더욱이 자본주의와 공산주의가 그 사상적 기반에서 동일하게 무신론에 근거한 것이지만, 자본주의가 이기주의를 근거로 하고 자본을 만능의 무기로 하여 인격을 기계화, 노예화하며 불의의 책모와 약탈과 전쟁으로 시장을 독점하여서 각자의 탐욕을 채우려는 특성을 지니고 있는 반면 공산주의는 착취당하는 대중의 생활 향상과 인간적 존귀를 위하여 정치 기구의 가장 과학적인 개혁하려는 목적을 지닌 이념으로서 근본정신에서 기독교와 더욱 상통할 수 있다고 김재준은 보았다.

김재준이 공산주의에 대하여 궁극적으로 비판하려고 한 것은 일반 기독교인들의 시각에서 공통으로 나타나는 공산주의의 유물론과 무신론적인 철학적 근거가 아닌 공산주의 이데올로기에 내포되어 있는 교조주의적 특성이었다. 그러나 교조주의적 특성은 비단 공산주만이 아닌 모든 이데올로기에 내포된 것이었다. 그렇기에 공산주의에 대한 김재준의 이해는 탈 이데올로기적인 이해일 수밖에 없다.

김재준과 한경직 그리고 박형룡은 동일하게 한국전쟁을 경험하였고 그를 통해 반공주의자임을 표명할 수밖에 없었다. 그렇지만 공산주의가 이들 모두에게 동일하게 이해된 것은 아니다. 이처럼 세 사람의 공산주의에 대한 이해에 차이가 있을 수밖에 없었던 이유는 참으로 다양했지만 그 가운데 가장 중요한 것은 일제로부터 해방 후 공산주의자들과의 충돌 체험의 차이였다고 볼 수 있다.

# 8 장

# 1960년대 이후 현실 참여

김경재의 표현을 차용한다면 김재준은 남보다 먼저 나서서 순교를 자청하는 도전적 저항인은 아니었고, 다만 '예'와 '아니오'를 분명하게 말해야 할 때 최소한 '예' 할 것은 '예' 하고, '아니오' 할 것은 '아니오' 하려고 노력한 신앙인이다.[1] 그러한 사실은 일제 강점기 신사 참배 강요에 대한 김재준의 대응에서 알 수 있다. 물론 그가 신사 참배에 대하여 반대 입장을 표명하였지만 순교를 자청할 만큼 용기를 내기는 어려웠다.

김재준은 평양 숭인상업학교 교사로 근무하던 중 교장 김항복으로부터 신사 참배에 동참해 줄 것을 요청받은 즉시 가장으로서의 책임조차 생각하지 않고 사표를 제출하였다.[2] 그리고 평양신학교 도서실에 있는 『성자열전』(*Story of the Saints*) 50권을 한 번에 두세 권씩 빌려다 읽으면서 『순교자 열전』을 써내려감으로써[3] 몸으로 순교로 대항할 만큼 용감하지 못한 자신을 자책하며 울분을 삼켰다.[4]

이러한 성품 때문이었는지 모르지만 김재준은 일제 강점기에는

물론이요, 해방 이후와 한국전쟁 직후인 1950년대까지만 해도 현실
정치에 대하여 직접 대항하지 않았다. 다만 글과 강연을 통하여 자신
의 입장을 간간이 드러내었을 뿐이다. 지식인의 현실 참여에 대하여
김재준은 다음과 같이 말하였다.

지성인은 행동력이 없다고 멸시한다. 그러나 말과 글로 발표하는 그것
이 그대로 지성인의 '행동'이라는 것을 이해해야 한다. 그러나 그의 말과
글은 그의 생명의 볼모다. 그가 진리에의 증언자라면 그는 진리와 운명
을 같이 할 것이다. "진리는 단두대에 오른다. 그러나 미래는 그의 것이
다." 이런 장담을 웃어 버릴 만큼 강한 권력은 아직 없는 것으로 믿는다.[5]

그러나 박정희 정권의 등장은 김재준이 말과 글을 통한 간접적인
현실 참여라는 한계를 넘어 직접적인 행동으로 참여하는 계기가 되었
다. 그는 누군가를 분노로 대하지 않았지만 박정희에 대해서만은 격
렬히 분노하고 있었다.[6] "민정이양을 하겠다는 약속"을 어기고 제5대
대통령 선거에 출마하여 윤보선과 대결한 박정희에 대하여 동아일보
는 "박정희의 여수·순천 반란 사건 때 전력"을 폭로[7]하였다. 이에 대
해 박정희는 대통령 당선 후 '언론규제법'을 구상하고 "일부 몰지각한
언론인, 학생들이 알지도 못하고 망동한다"는 담화를 발표하였다. 그
때 김재준은 "누가 몰지각자냐" 하는 짧은 단장(短章)을 어느 신문에
발표하였는데 그것이 박정희에 대한 김재준의 선전포고가 되었다.[8]
  김재준은 1969년 정식 발족된 '삼선개헌 반대 범국민 투쟁 위원회'
의 위원장으로 선출되었다. 정치인이 아니라 목사인 그가 위원장으로
선출된 이유를 정확히 알 수는 없다. 다만 그가 자유 민주주의에 대한
관심이 깊고 그 방면에서 '명망'이 있었지만 정권 획득의 야심을 채우려

는 정치 단체를 소유하지 않았기 때문9이라고 추측해 볼 수 있다. 1971 년 박정희와 김대중이 대통령 후보로 대결하는 국민투표를 앞두고 서울 종로 YMCA 회관에서 결성된 '민주수호국민협의회'에서 김재준은 이병린, 천관우, 함석헌, 지학순과 더불어 대표위원으로 추대되었다.10

이를 통해 볼 수 있는 것처럼 도전적 저항인은 아니었고 다만 '예'와 '아니오'를 분명하게 말해야 할 때 최소한 '예' 할 것은 '예' 하고, '아니오' 할 것은 '아니오' 하기 위해 노력한 신앙인일 뿐이었던 김재준이 박정희 정권과의 대결에서는 말 그대로 도전적 저항인, 행동하는 저항인의 모습을 보여주었다.

이러한 측면에서 김재준을 일컬어 "근본주의와 독재에 맞선 예언자적 양심"이라고 하는 천사무엘의 표현은 타당하다.11 1960년대 이후 박정희 정권에 대항하는 김재준의 현실참여의 삶을 고찰하기 위해 필자는 그가 유학을 통해 경험할 수 있었던 학문적 배경, 한국전쟁 이후 그의 내면에 내포될 수밖에 없었던 이념적 배경 그리고 회심을 통한 자아 발견의 출발로 시작되었던 그의 인간 이해를 전반적으로 고찰한 후 이후 김재준의 국내외에서의 활동을 고찰하려고 한다. 왜냐하면 이러한 전반적인 이해가 1960년대 이후 김재준의 현실 참여 이해에 많은 도움이 되기 때문이다.

## 1. 김재준의 현실 참여의 배경

### 1) 학문적 배경

일본 야오야마(靑山)학원 신학부를 졸업하고 미국 유학을 떠난 김재준은 프린스턴신학교에서 1년간 공부를 한 후 학적을 옮겨 웨스턴신학교에서 약 3년 동안 구약을 전공하여 신학사 학위와 신학 석사 학위를 취득하였다. 아오야먀학원 신학부를 졸업할 때 조직신학 부문에서 "바르트의 초월론"을 주제로 논문을 쓴 김재준[12]은 미국 프린스턴에서는 1년에 걸쳐 당시 근본주의의 총수라고 알려진 메이첸의 강의를 주로 듣고 그의 저서를 대부분 탐독하였다. 아오야마에서 신신학 일변도로 공부했기 때문에 프린스턴에서는 그와 상반된 보수 신학 계열을 주로 선택한 것이다.[13]

아오야마학원 신학부에서 배운 극단의 자유주의신학과 프린스턴 신학교에서 경험한 극단의 정통주의신학으로부터 한계를 느낀 김재준은 그 후 만 2년 동안 두 신학을 양기(揚棄)하면서 둘을 다 살릴 수는 참된 '정통'신학을 수립하기 위해 고민하였다.[14] 아오야마학원 신학부에서 자유주의신학을 경험한 김재준은 프린스턴신학교에서 알짜 보수주의자인 메첸으로부터 근본주의 신학을 접함으로써 근본주의에 대하여 실존적으로 느끼고 배울 수 있었다. 그 가운데 김재준은 자신의 신학 방향을 재측정하는 데 새로운 자극과 전망을 가질 수 있었다. 그것은 "기독교의 가장 근본적인 것을 확실히 보유하면서 자유하는 복음을 천명한다는 것"이었다. 근본적인 것과 시대적인 것, 계시와 문화와의 분간을 혼동하지 않고 언제나 시대에 앞서면서 시대를 포섭하는 그리스도의 마음을 이해하고, 성경을 다시 본다는 것이었다.[15]

김재준은 프린스턴신학교에서 1년간 공부한 후 학적을 웨스턴신학교로 옮겼다. 김양선은 "김재준이 프린스턴의 보수적인 신학적 분위기가 맘에 들지 않았기 때문에 미국에서 가장 자유주의적인 웨스턴 신학교로 적을 옮기게 되었다"고 주장하였다.[16] 그러나 당시 웨스턴 신학교가 프린스턴신학교와 같은 교단 신학교인 데다 신학적으로 그리 차이가 없었다는 사실에서[17] 김양선의 주장은 타당성을 잃는다.

김양선이 웨스턴신학교로 학적을 옮긴 이유 가운데 하나는 그곳에 송창근이 재학하고 있었을 뿐 아니라 경제적으로 프린스턴보다 더 많은 혜택을 제공했기 때문이라고 볼 수 있다.[18]

김재준은 웨스턴신학교에서 약 3년 동안 구약학을 전공하고 조직신학을 부전공하여 학사학위와 석사학위를 겸하여 취득하였다. 당시 웨스턴신학교는 구약이 강하다는 평가를 받았다. 김재준은 졸업 성적표에 B+가 하나 있었을 뿐 각 과목 모두 A를 받을 만큼 우수한 성적을 얻었을 뿐 아니라 히브리어 특별상도 받았을 만큼 학문에 있어서 두각을 나타냈다. 김재준이 웨스턴신학교를 졸업한 1932년 미국의 상황은 갑작스런 경제 공황으로 인해 하루아침에 실업자 이백만 명이 거리에 쏟아지는 형편이었다. 학교들도 파산 지경에 이르러 장학 기금은 통째로 없어졌고, 직장을 얻을 수도 없었기 때문에 그는 더 이상의 공부를 단념하고 귀국하였다.[19]

웨스턴신학교에서 구약을 전공하는 동안 김재준은 고등비평적 해석[20]을 성경 해석 방법으로 받아들인 것으로 보인다. 그러나 그가 고등비평적 해석을 절대적인 성경해석 방법으로 받아들인 것은 아니었다. 그는 고등비평을 전적으로 신뢰한 것이 아니라, 다만 여러 해석 중 하나로 취급하였다.[21] 귀국 후 김재준은 고등비평적 성경해석을 사용하여 "욥기에 나타난 영혼 불멸관", "아모스의 생애와 그 예언" 등 구약 논문을 「신학지남」에 발표하였는데 그로 인해 결국 당시 장로교회에서 자유주의자로 낙인(Stigma)되고 말았다.

김재준이 자유주의자로 낙인된 이유는 당시 장로교회가 예수교장로회의 신조 제1조인 "신, 구약 성경은 하나님의 말씀이니 신앙과 본분에 대하여 정확 무오한 유일의 법칙이니라"에 근거를 둔 성경무오류설을 반대하는 문학적 연구인 고등비평으로서 "초자연적이고 인격

적인 하나님을 불신하고 성경을 파괴하는 수단"으로 여겼기 때문이었
다. 성경해석에 대한 이러한 입장은 성경을 해석할 때 교리적 이해에
기반을 두려는 데 기인한 것이었다. 유동식에 따르면 이러한 성경의
교리적 이해는 한국교회의 신앙의 유일한 신앙 기준인 "성경의 권위
확립"에는 공헌하였지만, 성경의 산 진리를 잃게 만드는 난점이 있다.
왜냐하면 성경은 문자요 생명 자체가 아니기에 문자 그대로 하나님의
말씀이나 그리스도가 될 수는 없기 때문이다.[22]

　일제에 대한 저항이라는 측면에서 사실 김재준이 적극적인 모습
을 보인 것은 아니었다. 그러나 그가 웨스턴신학교에서 배울 수 있었
던 고등비평적 성경 이해가 소극적이나마 일제에 대하여 저항적 심정
을 갖도록 함에는 많은 영향을 끼쳤을 것이다. 왜냐하면 이러한 성경
이해가 역사 속에 살아가는 이들이 살아계신 하나님의 말씀을 듣게
해주었을 뿐 아니라 성경을 사회-정치적 측면에서 보도록 해 주었기
때문이다.

　1933년에 발표된 그의 논문 "아모스의 생애와 그 예언"에서는 아
모스 선지자의 눈에 비친 당시의 사회상에 대하여 언급하였다. 아모
스 선지자의 눈에 비친 당시 북이스라엘은 군사적으로 강대국이며 경
제적으로는 풍족하였지만, 그 이면에 보이는 것은 가난한 자를 짓밟
고, 의인을 학대하며, 뇌물을 받고 궁핍한 자의 재판을 억울하게 처리
하는 등 온갖 사회적 불의가 가득한 왕국의 모습이었다.[23]

　김재준은 고등비평적 성경 이해 가운데 하나인 '양식비평'으로 이
논문을 썼는데, 양식비평을 통한 성경 이해는 먼저 성경 본문의 구조
를 분석하고 본문의 장르를 설정한 다음 본문의 상황(삶의 자리, Sitz
im Leben)을 설명하고 마지막으로 성경 본문을 기록한 의도와 목적,
기능을 설명하는 방법이다.[24] 이처럼 성경을 사회-정치적 측면에서

보는 연구를 통해 김재준은 성경 본문이 기록된 사회적 상황에 대한 이해를 가질 수 있었다. 이러한 사회적, 역사적 성경 이해는 사실 성경 본문이 기록된 당시의 상황을 이해하는 데 그치는 것이 아니라 지금의 사회-역사적 상황에 대한 의미를 갖도록 함으로써, 오늘날 하나님의 말씀을 듣도록 하는 데 목적이 있다.[25] "아모스의 생애와 그 예언"의 결론부에서 김재준은 다음과 같이 말하였다.

이제 우리는 이 불의로 가득 찬 세대에 있어서 이 의(義)의 예언자의 용기를 부러워함과 동시에 이 예언자의 의를 이루어주신 그리스도의 의미만을 선포하며 그를 위하여 분투하며 또 생명을 버림이 마땅할 것이 아닌가 한다.[26]

김재준은 이 글을 쓴 1930년대 한반도의 현실을 '불의로 가득 찬 세대'라고 표현함으로써 아모스의 예언 활동을 통해 자신이 사는 1930년대를 비춰보려고 하였다.[27]

김재준의 이러한 성경 이해는 김재준 자신이 박정희 정권에 정면으로 대항한 1974년의 설교에서 인용한 다니엘서의 환상 이야기에서도 발견된다. 김재준은 다니엘이 살았던 바빌론 시대를 통해 1974년 당시 분단된 한반도의 현실을 비추어 보려고 하였다. 그는 다음과 같이 주장하며 분단된 한반도의 현실을 고민하였다.

"갈라놓은 것은 권력주의자들이다. 그들도 '통일'을 말한다. 그러나 그들의 내심은 자기 자신의 권력권 확장에 있다. 남과 북을 자기 빛깔 단색으로 칠하려는 "통일"이라 하겠다."[28]

김재준은 박정희를 일컬어 '적그리스도'라고 표현할 정도로 그에
대한 혐오를 숨기지 않았다.29 물론 김재준이 웨스턴신학교에서 고등
비평적 해석을 성경해석 방법의 하나로 수용한 이유가 처음부터 이와
같은 저항을 위한 이론을 모색하려는 데 목적을 둔 것은 아니었다. 그
렇지만 김재준은 이를 통해 성경의 사회적, 역사적 이해에 새로운 시
각을 가질 수 있었다. 이러한 김재준의 성경이해는 그의 생애 전반기
에는 정통 보수로 무장된 한국교회를 향하여 성경비평학이라는 쟁점
으로 부각했고, 그의 생애 후반기에는 군부 독재의 현실 속에서 인권
수호라는 쟁점으로 부각했다.30

### 2) 김재준의 인간 이해와 저항

필자는 김재준이 "나는 자유인이다. 내가 나를 '자유인'이라고 규
정짓는 것은 기독교적인 의미에서 하는 말이다"31라고 하는 것은 그
의 개인적 자아에 대한 표명을 넘어 인간 전체에 대한 이해를 표현한
것이라고 본다. 일찍이 김익두 목사가 인도하는 부흥집회에 참석했을
때의 회심 체험은 자신을 자유인으로서의 통전적 이해, 즉 "그리스도
안에서의 자유인"이라고 하는 자유인으로서의 인간 이해의 출발이 되
었다.

나는 서울 승동교회에서 열린 김익두 목사님 부흥회에서 그리스도인으
로 결단했다. 그 순간 나는 그리스도 안에서 자유를 경험했다. 지금까지
의 유교적인 윤리와 규례에서 해방했다. "분토 같이 버렸노라" 한 "바울"
의 말이 영락없는 "내" 말로 된다.32

그러나 김재준이 말하는 자유인으로서의 인간 이해는 "자유적 존재임과 동시에 의존적 존재로서의 이해"이다. 스스로 자유로울 수 있는 자존적 존재가 아닌 창조주 안에서 비로소 자유로울 수 있는 의존적 존재인 것이다. 김재준은 1948년에 쓴 『인간성 이해와 복음』에서 다음과 같이 말하였다.

우선 인간은 자존자가 아니고 의존자라는 것, 창조주가 아니고 피조물이라는 것을 솔직하게 인정해야 합니다. 여기서 자기 교만은 꺾입니다. 겸손한 인간은 피조물임을 자인하고 창조주와의 정상관계를 모색하게 되는 것입니다. 동시에 인간은 단순한 피조물이 아니라 하나님의 형상으로 지어진 피조물이라는 데 문제가 있습니다. 인간은 창조해 가는 피조물입니다. 폐쇄 완료된 작품이 아니라 미완성의 '오픈 엔드'(open end)를 가진 자유하는 인격입니다. '하나님의 형상'인 인간은 하나님과 통하는 '종교'를 원합니다. 인간의 모든 사위(事爲)는 하나님 관계에서 평가되어야 한다고 결론짓습니다.33

김재준이 일본과 미국에서의 학문 과정을 마친 후 사상적으로 자립한 30, 40대가 되었을 때 그의 인간 이해에 완숙을 이루었음이 발견된다. 이러한 인간 이해는 그의 사상의 기둥이 되었다.34 그뿐 아니라 그의 현실 참여에도 적용되었다. 김재준의 박정희에 대한 분노는 "박정희 자신이 신의 자리를 점령하고 인간의 자유를 억압하는 절대자임을 천명하고 있다는 그의 박정희 이해"에서 기인한 것이었다.

김재준은 "인간은 하나님의 형상으로 지음을 받은 피조물로서 단지 하나님을 의존할 뿐 그 어느 것으로부터도 자유를 속박받을 수 없다"고 생각하였다. 그렇기에 "인간은 사회구조의 산물"이라는 것 또한 받아들일 수 없었다. 만약 인간이 사회구조의 산물이라면 인간은 자유를 잃고 사회구조에 의해 억압받는 존재로 전락하기 때문이다. 김재준의 이야기를 들어보자.

> 모든 혁명은 '새 사람'을 만들어 낸다고 선언합니다. 사실 새 사람을 만든다는 것은 새 실존을 만든다는 것이어서 새 사회를 만든다는 것보다 비교도 안 될 어려움입니다. 혁명이 성공한 후에 우리는 새로운 형태의 사회를 볼 수 있었습니다. 그러나 '새 사람'은 없었습니다. 여전히 old Adam이었습니다. 제 욕심에 썩는 인간 군상이었습니다. 혁명이나 반혁명이나 마찬가지입니다. 새 사람이라는 것은 만들어지는 것이 아닙니다. 이것은 사회 구조의 산물이 아니라 영적으로 다시 난 인간입니다. 이것은 하늘이 하는 일이요 사람이 할 수 있는 일이 아닙니다. '새 사회'도 그러합니다. 하늘나라가 땅에 임하는 때에만 가능한 것입니다. 사회 구조 자체가 하나님의 영광이 머무는 장막이어야 하기 때문입니다. 제3의 차원이 필요합니다. 역사적 혁명은 이것을 가져오지 못합니다. 운명적으로 제2차원밖에 갖고 있지 않기 때문입니다. 성령으로 거듭난 인간, 위로부터 다시 난 인간에게 있어서는 옛사람은 십자가에 못 박혀 죽고, 그리스도의 부활과 함께 새 사람이 그리스도와 함께 탄생하는 것이라 하겠습니다.[35]

인간이 "사회 구조에 의해 좌우될 수 있는 억압적 존재가 아닌 자유의 존재"라는 김재준의 인식을 통해 "혁명에 의해 새 사회는 만들수 있지만 새 사람은 만들어질 수 없다"는 그의 주장을 이해할 수 있다. 인간의 변화, 즉 영적 인간으로 다시 난 인간으로서의 변화는 오로지 "성령으로 거듭남"에 의해 가능한 것이다. 김재준의 회심 체험은 이와 같은 인간 변화를 이해할 수 있는 계기로 작용하였다.36 이러한 측면에서 김재준의 박정희 인식을 이해할 수 있다.

> 3항(박정희의 혁명 공약 가운데)의 한국 사회에서 모든 부패와 구악을 일소한다는 것은 '백 년 하청'을 바라는 것과 같다. '부패'는 인간성 자체 안에 뿌리내린 제2의 천성이다. 그것을 '일소할 때까지' 집권한다는 것 은 거의 '무제한적 장기 집권'을 의미한다. … 어떤 인간에게 정권을 이양 하느냐? '참신'하고 '양심적인' 인사에게라고 했다. 그 '참신'하고 '양심적' 이란 가치 기준은 누가 세우며 어떤 내용인가? 심판자는 누구인가?37

김재준은 "하나님 외에 누구도 인간의 심판자가 될 수 없다"고 주장하였다. 부패를 제2의 천성으로 지니는 타락한 존재인 인간은 '부패', '양심적' 같은 절대적 가치 기준을 정하여 인간을 판단할 수 있는 능력을 상실한 존재이기 때문이다. 김재준은 "인간성 그 자체의 왜곡이 극심하다는 사실을 이론이 아닌 삶의 체험으로 깨달았기 때문이 아니라, 인간성을 근본적으로 개혁하는 데는 인간 이상의 어떤 '영적 혁명'을 일으키는 창조적 힘과 계기가 요청된다"고 보았다. 그는 김재준은 "상대적 존재인 인간이 절대적 가치 기준을 정하여 인간을 판단하는 것은 하나님 앞에서 자기를 미래 지향적으로 창조해 가는 응답적 자유 인격체로서 영적존재인 인간의 자유를 억압하는 것"이라고 주장하였다.38

김재준은 "인간이 하나님의 피조물로서 절대적 존재인 하나님을 의존하는 존재임과 동시에 부패를 제2의 천성으로 지니게 된 타락한 존재이지만 하나님 앞에 응답하는 자유적 인격체"라고 보았다. 인간이 그와 같이 하나님 앞에 자유적 존재가 되기 위해서는 성령에 의해 위로부터 혁명이 이루어질 때 가능하다. 위로부터의 혁명에 의해 인간은 하나님 앞에 응답하는 자유인으로서의 존재인 것이다.

인간은 하나님 앞에 자유로운 존재이지만 동시에 하나님을 의존하는 존재이기 때문에, 어떤 절대적 가치 기준을 정할 때 하나님을 의지한다. 상대적 존재인 인간에 의해 절대적 가치 기준이 정해짐으로서 인간이 판단 받는 것은 하나님 앞에 응답하는 존재자로서 그 자유를 억압받는 것이다. 그것은 영적 존재로서 자유하는 인간에게 응답하는 역할이 하나님이 아닌 신적 지위를 누리려고 하는 인간에게 주어지는 것을 의미하기 때문이다. 김재준의 박정희에 대한 저항은 이와 같은 인간 이해를 통해서도 발견된다.

### 3) 「제3일」 속간 및 해외 활동

#### (1) 「제3일」 속간

김재준은 1974년 3월 12일 오후 3시, 토론토행 비행기로 출국하였다. 본래 두 달 정도 체류한 후 귀국하려고 하였지만 국내의 정치적 상황으로 인해 장기간 북미주에 머물 수밖에 없었다.[39] 당시 캐나다에는 그의 자녀들 대부분이 살고 있었다. 이미 칠순 노인으로서 박정희 정권에 의해 네 번째 자택연금을 당한 그를 염려하여 자녀들이 초청한 것이었다. 그의 제자들은 물론 그와 함께 민주화 운동을 한 이들의 실망은 이만저만한 것이 아니었다.[40] 스승을 떠나보낸 허탈한 마음에 김재준을 전송하고 돌아오는 길 박형규는 서글픈 심경을 담아 당시 널리 알려진 가요를 불렀다.[41]

바닷가 모래밭에 손가락으로 그림을 그립니다. 당신을 그립니다. 코와 입 그리고 눈과 귀 턱 밑에 점하나, 입가의 미소까지 그렸지마는, 아~

마지막 한 가지 못 그린 것은, 지금도 알 수 없는 당신의 마음[42]

1974년 1월 박정희 정권은 대통령 긴급조치 제1호와 제2호를 선포했다. 대통령 긴급조치는 유신헌법을 "부정, 반대, 왜곡 또는 비방"하거나, "헌법 개정이나 폐지를 주장, 발의, 제안 또는 청원"하는 모든 행위를 금하였다. 이는 유신헌법에 대한 어떤 불만을 표출하여도 엄벌에 처한다는 것을 의미하였다.[43] 1970년대를 지나면서 한국기독교교회협의회를 중심으로 많은 기독교인이 독재정권에 저항했지만, 로마서 13장을 근거로 세상 권세에 대한 복종을 주장하며 박정희 정권에 침묵하는 교회가 더 많았다.[44]

대다수 교회의 친정부적 태도의 요인 가운데 하나는 한국전쟁을 경험한 한국교회의 전투적 반공주의였다. 반공주의는 이 시기 보수적 교회 지도자들과 박정희 정권의 연결고리로 작용되었다.[45] 1974년 조찬기도회에서 박정희는 북한의 공산주의자들이 "통일전선 형성의 일환으로 종교계에 침투하려 한다"고 하며 교회 지도자들의 반공사상을 요구하였다.[46] 대다수 교회가 친정부적 태도를 견지하는 가운데 삼엄한 유신체제 속에서도 자유민주주의를 열망하는 교회들의 체제 비판적 발언과 행동이 정부에 의해 철저하게 봉쇄되었지만, 일부 신·구교의 지도자들은 연합하여 1976년 3월 1일 "민주구국선언"을 발표하는 등 정부에 대항하였다.[47]

1974년, 김재준은 한국에서의 활동이 더는 불가능함을 절감하였다. 그해 1월 9일은 그의 네 번째 자택연금이 시작된 날이었다. 담당 형사가 24시간 그의 곁에서 감시하였을 뿐 아니라 치안국, KCIA 정치보위부, 헌병대 등에서 파견 나온 차량이 밤새도록 대기하였다. 출타 시에는 감시 차량이 그를 미행하였다. 결국 김재준은 민주화를 위

한 한국교회의 외로운 싸움을 전 세계 교회와 공동전선으로 확대하기
위해 출국을 결심하였다. 그의 이야기를 들어보자.

기독교회는 속죄 받은 "의인"의 모임이다. 교회는 세계적 공동체다. "에
큐메니컬"이다. 한국교회가 아파하면 전 세계교회가 아파한다. 한국교
회가 외로운 싸움에 나서면 전 세계교회가 같이 싸운다. 그러나 이를 위
해서는 조직과 선전이 필요하다. "의로운 사랑"의 인간관계가 수립되어
야 한다. 그래서 세계 공동전선이 성립되어야 한다. 국내에서 국회에로
전선이 확대돼야 한다. "범용자"는 범용한 그대로 국외에 나간다.[48]

세계의 많은 교회는 그의 기대에 부합해 주었다. 한국의 많은 보수
적 교회 지도자들이 박정희 정권과 유착해서 활동할 때, 진보적 교회
의 민주화 운동은 세계 에큐메니컬운동의 지원을 받았다.[49]
김재준이 북미주에 정착한 후 시작한 중요한 활동 중 하나는 「제3
일」의 속간이었다. 「제3일」은 1970년 9월 창간되었다가 1974년 3월
국내 출판법에 의해 정간되었고, 1974년 10월 캐나다에서 다시 속간
되었다가 1981년 6월에 막을 내린 동인지 형태의 신앙 잡지였다.[50]
김재준은 창간 목적을 다음과 같이 밝혔다.

무서운 침묵 속에서 작은 소리라도 듣고 싶어 하고 외치고 싶어 하는 사
람들, 다시 말해 신에게 정직하기보다도 자기에게 정직할 의무가 있는
소수의 증언자들이 있기 때문에 그들을 위해 진실을 말하는 증언자의
역할을 하기 위함에 있다.[51]

1950-1960년대 한국 정치 사회사에서 올곧은 소리를 발한 장준

하의 「사상계」가 폐간된 후, 민중의 바닥 소리를 전하려는 잡지라고
는 「기독교사상」이 전부였다.[52] 김재준이 「제3일」을 창간하기 3개월
전 함석헌은 「씨알의 소리」라는 월간지를 발간하였다.[53] 김재준은 「
제3일」을 통해 "자유와 정의를 위한 횃불" 혹은 "목탁"이 되려고 하였
다.[54] 김재준은 「제3일」의 방향을 다음과 같이 밝혔다.

> 오늘도 내일도 나는 내 길을 간다! 이것이 예수의 삶이었다. 사람들은
> 자기들이 가는 길대로 가지 않는다고 그를 잡았다. 그래서 첫 날에 그를
> 십자가에 못 박아 죽였다. 다음날에는 무덤 속에 가두고 인봉했다. 그러
> 나 인간들이 자기 악의 한계점에서 '됐다!' 하고 개가를 부를 때 하느님은
> '아니다!' 하고 무덤을 헤친다. 예수에게는 이 제3일이 있었다. 그의 생명
> 은 다시 살아 무덤을 헤치고 영원에 작열한다. 제3일에서 동튼다. 이날
> 이 없이 기독교는 없다. 이날이 없이 새 역사도 없다.[55]

김재준은 유신정권에 의해 인권과 민주주의가 유린을 당하고 있
음에도 불구하고 대부분 침묵을 지킨 '무서운 시대'에 '진실의 증언'을
하려고 하였다. 이러한 김재준의 언급에는 이원론적 세계관으로 역사
의 소명을 외면하고 있던 당시 보수적 기독교에 대하여 역사 참여를
촉구하는 내용이 포함되어 있다.[56]

대부분 침묵을 지킨 '무서운 시대'에 '진실의 증언'을 하며 국내에
서 민주운동의 씨앗을 뿌렸다는 사실[57]만으로도 「제3일」의 창간 의
의는 충분하였다. 그러나 그로 인해 김재준은 1971년 12월 6일을 시
작으로 수차례 자택연금을 당해야 했다. 당시 당국에서 보낸 감시원
은 김재준에게 "김 박사님 쓰는 글, 하시는 말씀이 어느 것 하나, 빠지
는 것 없이 모조리 청와대에 직접 보고된다는 걸 아셔야 합니다"라고

경고하였다.58

결국 네 번째 가택연금 중 캐나다로 떠난 김재준은 1974년 10월 「제3일」 해외 속간 첫 호를 발간하였다. 국내를 떠나 캐나다에 정착함으로 등록이 취소된 「제3일」을 해외에서라도 속간해 달라는 "동인"(同人)들의 부탁 때문이었다.59 1974년 10월에 다시 속간된 「제3일」은 1981년 6월까지 60호를 발행하였는데60 이 또한 국내·외를 막론하여 발송되었다. 제목에서도 알 수 있듯이 그는 "제3일의 논리"에서 무엇보다도 예수의 부활을 강조하였다.

"사람은 나서 살다가 죽는 것이 아니라, 죽음으로 사는 것이다" 했다. 죽음은 삶의 종지부가 아니라, 그 완성점이고 삶이 영원히 타오를 초점이라고 보았다. 그러기에 그는 애당초 자기 죽음의 Point를 똑바로 보며 한 걸음, 한 걸음 나아갔던 것이다. '십자가'는 그의 삶에서 가장 중요한 작품이었다. 그의 삶의 보람이었다. 그 최후 결단이 그의 겟세마네 동산에서의 고민이었다. 죽음의 고통과 공포는 그 속에 그만큼 고귀한 값이 품겨 있다는 것을 암시한다. '죽는 삶'이 아니라, '사는 죽음'이라는 것이 예수의 견해라 하겠다.61

김재준은 죽음을 변태(變態)로, 삶을 정상태(正像態)로 보았다. 인간에게 선포된 죽음은 인간이 창조주로부터 받은 자유를 창조주에 반역하는 범죄행위에 사용한 것에 대한 벌로 선포된 것이지, 본래 창조 질서에 속에 있는 것은 아니라고 보았다.62 "예수는 죽으심과 부활하심으로 이와 같은 변태를 정상태로 회복하셨다." 그러니까 "흙에서 났으니 흙으로 돌아가라"고 한 창세기의 '첫 아담'의 기록에서 "나를 믿는 자는 죽어도 살고 살아서 믿는 자는 영원히 죽지 아니하리라"하는 신약성경의 '둘째 아담'으로 옮겨져 사는 것, 예수의 탄생과 함께 '세기'(Century)도 새로 시작된 것이다.[63]

그러나 예수의 부활에 대한 김재준의 이해는 1970년대 박정희 정권과 암묵적 협력관계를 유지하며, 교세의 확장을 이루는 가운데 사후 부활, 다시 말하면 사후 천당의 보장을 말하는 보수적인 한국교회의 이해, 십자가 없는 부활의 영광 이해를 넘어서는 것이었다.

여기서 "하나님은 산자의 하나님이요 죽은 자의 하나님이 아니다." 한 것은 하나님은 우리가 "죽은 다음에 천당 가게 한다"는 사후처리에나 필요한 분이 아니라, 지금 여기서 살고 있는 인간에게 산 하나님으로 대좌하는 주권적인 분이라는 것이다. … 초대교회, 로마 제국이 기독교 박멸에 미쳐 돌아갈 때에도 신도들은 서로 암호로 연락하며 전 로마 판도의 땅속에 진입했다. 313년 콘스탄틴 시대가 등장했다. 교회는 귀족화했다. 귀족은 천대받지 않는다. 귀족은 고생하지 않는다. 그리스도의 십자가는 상징(Symbol)으로 되고 부활한 그리스도는 성직자들의 권위주의에 전용되었다. 시민 중산층을 배경으로 개혁 기독교가 생겼다. 그러나 신분 사회에서 귀족이 지배하던 것과 같이 자본주의 사회에서 부유한 평민이 지배하는 것뿐, 교회의 구태의연한 것이었다. 돈 있는 사람은 천대받지 않는다. 천대와 고생을 면하려고 악착같이 돈을 벌었으니까 말이다. 고생은 예수가 도매금으로 진 것이지 우리가 되풀이할 필요가 없다. 죄 값은 예수가 졌고, 의(Righteousness)는 우리가 차지하니 이런 "땡"이 어디 있느냐 한다.[64]

앞서 언급한 것처럼 '진실을 증언함'이 금지된 '무서운 시대'에 대다수 한국교회는 사후 복락에 대한 약속, 현세에서의 성공에 대한 약

속을 말하고 권력의 우산 아래로 들어가 기존 질서를 중요하게 여겼
다.[65] 그러나 김재준이 생각하는 예수의 십자가에서 죽으심과 부활은
단순히 사후 영생 복락을 보증을 상징하는 것으로 제한된 것이 아니
었다. 김재준의 이야기를 들어보자.

> 예수께서 십자가에서 죽으심은 무시무시한 죽음, 악마의 세력, 세속, 역
> 사의 불의와 불신앙에 도전하는 결사대로서의 행진으로서의 십자가, 나
> 라와 의를 위하여 몸으로 역사를 심는 하나하나의 밀알이 사회화한 교회
> 의 오늘의 십자가며 그 십자가에서 예수의 부활한 몸, 변화산상에서의
> 몸처럼 바탕에서 변혁된 새 역사가 탄생하는 것이다.[66]

진정 그리스도의 고난에 동참하여 몸으로 그리스도를 따르는 이
들을 현실 속에서는 예외로 치부하지만 이들이야말로 진정 예수의 죽
으심과 부활을 경험하는 이들이다.[67] 김재준의 "예수의 십자가 이해"
는 "영생 복락만을 보장해 주는 상징에서 머무는 것이 아닌 역사 변혁
의 참여로서의 상징이라는 심화된 이해"였다. 이러한 측면에서 김재
준의 가장 성숙한 신학은 「제3일」을 통해 만날 수 있다는 김경재와
채수일의 언급은 타당하다.[68] 왜냐하면 그가 20대에 경험한 회심 체
험이 그를 평범한 생활인의 삶으로부터 무소유 청빈의 삶으로 들어서
도록 하였고, 교육을 통한 새로운 일꾼을 일으키는 교육자로서 자의
식을 갖도록 하였을 뿐 아니라, 정통주의라는 명목으로 화석화된 교
권주의자들에 대항하도록 하였으며, 결국 1960년대 말 서슬 퍼런 박
정희 정권에 대항할 만큼 신학사상의 성숙에 이르게 되었기 때문이다.
　「제3일」에 나타난 김재준 사상의 독특성은 그가 부활신앙을 인권
회복에 적용함을 통해 나타난다. 그는 예수의 부활을 "하나님의 형상

으로 창조된 피조물"인 인권 회복을 위한 준거로도 본 것이다. 그러한
측면에서 김재준은 한국교회가 단지 내세 지향적 신앙을 넘어 역사의
식을 지닐 것을 촉구했다.

> 한국교회는 역사의식이 뚜렷하지 않다. 특히 정치에 있어서 극히 냉담
> 하다. 그리고 개인적인 '영혼구원', 즉 사후천당만이 '인간구원'이라고 강
> 조해왔다. 그러나 교회가 인간구원을 목표로 한다면, 인간이란 '혼'이 '유
> 령'이 아니고 '몸'을 가진 존재인 이상, '사후천당'만으로 만족할 수는 없
> 을 것이다. 특히 젊은 세대에 있어서 그렇다. 우선 인간을 인간답게, 인
> 간을 하느님의 형상으로 존엄시하는 인간운동을 일으키지 않을 수 없을
> 것이다. … 교회는 모든 국민에게 희망을 보여주어야 한다. 크리스천이
> 라면, 그리스도의 수난이 부활의 승리로 나타난 것으로 믿고, '제3일'의
> 선포에 용감하여야 할 것이다. 그중에서도 당장 내세울 표어가 있다면
> 그건 '인간 존엄'이다. '하나님의 형상'으로서의 인간을 학대하는 것은 하
> 나님의 낯에 활을 쏘아대는 '반역'이다. 그러므로 우리는 남북 모두가 인
> 간 존엄을 바탕으로 정치, 경제, 사회, 교육, 문화 등등의 건설로 일로매
> 진해야 한다. 말하자면 '인간 우선주의'로 종합되어야 한다.[69]

80대의 노령이었을 뿐 아니라 건강마저 여의치 않았던 김재준은
1981년 6월 속간 60호를 끝으로 「제3일」 발행을 멈추고 모든 활동으
로부터 2선으로 물러났지만[70] 「제3일」을 폐간하는 일만큼은 매우 망
설였다. 왜냐하면 본국에서의 군부 독재가 해소되지 않은 채, 침묵이
라고 하는 암흑이 민족과 사회와 국가를 덮고 있는 현실에서, 해외에
서조차 침묵으로 일관할 수는 없다는 양심의 불안을 느꼈기 때문이었
다. 그러나 건강과 고령의 문제로 「제3일」 발행을 더는 할 수 없었던

김재준은 「제3일」 발행을 멈추고 자신의 삶을 정리하는 뜻에서 자전
적 기록인 『범용기』 집필에 몰두하였다.[71]

### (2) 해외에서의 활동

조국의 민주화를 위한 김재준의 활동은 미주와 유럽을 아우른 활
동으로서 매우 광범위하고 폭넓은 것이었다. 사상적으로 좌우를 초월
하고, 자신이 목사라는 이유로 기독교인에 비해 비기독교인을 차별하
지도 않았을 뿐 아니라 활동영역에서도 캐나다, 미국, 유럽, 일본 등
국외로 뻗어 나가 국제적 연결망으로 연결되었다. 그의 해외에서의
활동을 모두 언급하는 것은 이 책에서 고찰하려고 하는 범위를 넘기
때문에 필자는 이 단락에서 북미주와 유럽에서의 활동을 요약하여 언
급하려고 한다.

### 북미주에서의 활동

김재준이 캐나다 도착 후 민주화 운동과 관련하여 처음 참여한 활
동은 1974년 4월 11일 뉴욕에서 열린 제8차 '재북미기독학자회의'였
다. 이 모임은 북미주에서 활동하는 백여 명 이상의 현직 교수를 비롯
한 학자들과 목회자들의 모임으로써 북미주 한인 사회와 정부에 영향
을 미칠 수 있는 인사들의 모임이었다.[72] 이 모임에서 자신에게 주어
진 두 번의 경건회 인도를 통해 김재준은 "우상" 그리고 "양구두육"(羊
頭狗肉)이라는 제목의 설교로 박정희와 유신체제를 비판하였다. 그는
심지어 박정희 정권에 순응하는 것을 "우상숭배"라고 표현하며 강하
게 비판하였다.

이를 통해 '한국의 반독재 민주화를 요청하는 성명서'가 채택됨으
로서 이 협의회는 북미주기독학자들의 역사의식과 기독교인 지성인

으로서 비판정신을 일깨우도록 큰 역할을 하였다.73 이 가운데 김재
준의 설교는 고스란히 녹음되어 청와대로 보내졌다. 그의 출국을 도
운 김연준 당시 한양대학교 총장과 김재준의 막내아들 관용이 중앙정
보부에 불려가 김재준의 귀국 종용(慫慂)을 강요받는 등 곤욕을 치렀
다.74 북미주에서 김재준의 활동은 대부분 여러 교회로부터 설교 요
청을 받거나 각종 신앙모임의 강사로 초청됨으로서 이루어졌다. 이처
럼 김재준의 폭넓은 활동이 가능했던 이유는 그가 비정부기구로서 세
계적 조직망을 갖추고 있는 기독교를 한국 민주화 운동을 위해 유용
하게 사용하였기 때문이다.75

　김재준의 북미주에서의 민주화 활동 중 중요한 사건 가운데 하나
는 그가 '민통'이라 약칭하는 '한국민주회복통일촉진국민회의'의 의장
을 맡은 것이었다. 이 단체는 원래 김대중이 미국 워싱턴에 머물 당시
그의 정치거점으로 삼기 위해 조직하였지만, 김대중이 도쿄 프린스
호텔에서 납치된 후 좌절된 단체였다. 그렇지만 '민통'에 관여하고 있
던 안병국과 이근팔 등은 이 단체가 어느 개인 정치가의 정치 운동 지
점이라는 테두리를 벗어나 범민주국민운동의 본거지로 도약하기 위
해 노력하였다. 축사를 하려고 모임에 참석한 김재준은 자신의 의지
와는 상관없이 의장으로 추대되었다. 김재준은 캐나다에 거주하였기
때문에 '민통'에 적극적으로 관여할 수 없었다.76 그렇지만 보수, 진보,
중도 세력 등 다양한 소리와 정치적 입지 차이를 포용하고 이끌어 가
기 위해서는 김재준의 인격과 지도력이 필요했다.77

　김재준이 '민통'의 의장으로 추대된 것은 1969년 "삼선 개헌 반대
범국민 투쟁 위원회"에서 위원장으로 추대된 것과 비슷한 맥락에서
이해할 수 있다. 왜냐하면 그는 자유 민주주의에 관심이 깊고 그 방면
에서 영향력이 있는, 다시 말해 사회적으로 명망이 있음에도 불구하

고 정치 권력에는 어떠한 욕망도 갖지 않은 인물로 인정받았기 때문
이다.78 '민통'은 그의 포용적인 지도를 받으며 북미주 한국인의 민주
화 운동과 평화통일에 놀라운 활력을 불어넣었을 뿐 아니라 민주세력
들의 결속과 정보 교류 및 성명서 발표를 그때마다 적시에 발표했
다.79

김재준이 '민통'의 의장으로 활동하던 무렵 한국에서 발생한 사건
들 가운데 가장 널리 알려진 것은 1976년 3월 1일에 발생한 '3·1 민
주구국선언' 사건이다. 1976년 3월 1일 명동성당에서 개최된 3·1절
기념미사에서 발표된 이 선언의 내용은 대통령의 긴급조치 철폐, 유
신헌법 철폐, 박정희 정권 퇴진 등의 요구를 담았다. 박정희 정권은
이 사건을 정부 전복을 선동한 사건으로 규정하고 가톨릭의 함세웅,
문정현, 김승훈, 개신교의 함석헌, 문익환, 안병무, 이우정을 비롯하
여 주동자 20명을 긴급조치 제9호 위반 혐의로 입건하였다. 이 사건
은 주동자에 가톨릭과 개신교의 저명인사뿐 아니라 윤보선, 김대중,
정일형 등 국제적으로 잘 알려진 정치인이 포함되었기 때문에 국내·외
적으로 큰 반향을 일으켰다.80

'3·1 민주구국 사건'이 일어났을 때, 김재준을 비롯한 '민통' 임원
들은 '3·1 민주구국 선언문'을 즉시 영역하여 미국과 세계 자유 우방
국가의 지도자들에게 알렸을 뿐 아니라 미국 국무성, 펜타곤, 상하원
지도자들을 방문하고, 프레이저 상원의원을 면담하여 미국상원 국회
의사록에 프레이저의 발제 연설과 영역된 '3·1 민주구국 선언문'이
첨부되도록 하였다. 결국 이 사건은 1976년 3월 17일 미 상원에서 열
린 '프레이저 청문회'에서 논의되었을 뿐 아니라, 「뉴욕타임즈」에서는
사설과 기사로 취급했고, 「워싱턴포스트」와 그 밖의 여러 보도기관에
서 크게 다루게 되었다. 비록 미 국무성에서는 "We are well aware

of the Korea situation"이라는 막연한 대답밖에 하지 않았지만, 그것은 적지 않은 성과였다. 왜냐하면 그것은 박정희 정권에 대한 미국의 여론이 악화되었음을 의미한 것이었기 때문이다.[81]

북미주에서 김재준이 민주화 통일 운동을 벌이는 동안 소속된 세 번째 조직은 1978년 7월 뉴욕에서 결성된 '민주주의국민연합 북미지부'의 상임집행위원장직이었다.[82] 1979년 1월 등소평의 미국 방문을 계기로 '민주주의국민연합 북미지부 본부'는 김재준을 의장으로 한 상임대표의원 이름으로 미국 카터 대통령, 중국의 등소평 국가 주석 그리고 박정희와 김일성에게 보내는 서한을 전달하였다. 이 서한들은 각기 소관 대사, 또는 영사관에 제출하였고, 김일성에게 보내는 서한은 UN "이북대표부"에 제출하였다.[83] 아래에 언급한 서한은 김재준이 덩샤오핑에게 보낸 서한이다.

덩샤오핑 중국 부주석 귀하

귀하의 방미를 환영합니다.
우리는 귀하의 카터 대통령과의 회담에서 한반도 문제가 중요과제 중 하나로 논의되리라는 보도를 듣고 있습니다. 그러므로 차체에 우리는 귀하에게 아래와 같은 사항을 제언합니다.

1. 한반도 주변 4강의 한반도 내에서의 이익보장이 반드시 분단 분점에 의해서만 가능하다는 견해를 다시 검토해 주시기를 바랍니다.
2. 한반도의 주인은 한국민족이요 "4강"이 아니라는 것을 천명합니다.
3. 한국 민족은 결코 국토의 분단 안정을 용납하지 않을 것이며 통일이 달성되기까지는 결코 투쟁을 중단하지 않을 것입니다. 현 상태로서의 안정은 민족의 분노와 불안을 격화 또는 심화하는 결과를 가져올 것입니다.

4. 대안으로 한반도에 통일국가가 건설되고 4강 관계에서 "중립"이 확보 되는 경우에만 4강의 한반도 내에서의 이익이 정상적으로 보장되고 아 세아 정세의 불안이 해소될 것으로 믿습니다.

우리는 귀하의 중국정세에 대한 거대한 공헌을 칭송합니다. 나아가서 한반도의 통일 독립민족 국가건설에도 적극 협력해 주시기를 기대합니다.

1979년 1월 23일

민주주의 국민연합 북미본부

상임 위원장 김재준[84]

물론 이러한 서한들이 당시 한반도의 현실에 큰 영향을 끼칠 수는 없었다. 그렇지만 미국에서 다방면으로 한반도의 민주화를 위한 활동 을 벌이는 동안 김재준은 반(反) 박정희 활동을 하는 재야(在野)의 명 사로 알려졌다. 1978년 3월 당시 미국 뉴욕에서 망명 생활을 하던 김 형욱 전 중앙정보부장이 김재준을 초대한 것은 그런 사실을 말한다.

김재준에게 김형욱은 "박정권의 운명이 오래 가지 않을 것이니 이 때를 놓치지 말고 국내·외에서 크게 떠들어야 하며, 자기도 최선의 지원을 하겠다"는 등의 이야기를 하면서 자신이 재정적인 지원을 하 겠다고 의사까지 표명하였다. 그러나 김재준은 "N. Y. 민주 운동 동지 들과 상의해 보라"고 하였을 뿐 더 이상의 흥미를 표명하지 않았다.[85]

이러한 일련의 사건들을 본다면 해외에서의 김재준의 활동이 자 신의 신앙에 따른 활동을 넘어 정치 지도자로서의 활동으로 보일 수 도 있다. 물론 김재준의 활동들이 정치 활동이라고 보는 것은 타당하 다. 그가 일찍이 "교회가 왜 정치에 관여하느냐?" 하는 질문에 대해 "정치에 관여하지 않고 하룻들 살 수 있느냐? 정부에서 하는 대로 하는 친여적인 행태는 정치가 아니고 정부의 잘못을 충고하는 것만이 정치 관여냐?"라고 하며 자신의 활동이 정치에 속한 것이었음을 표명한 데에서 알 수 있는 것처럼 말이다.[86] 그러나 이러한 김재준의 정치활동은 이승만 집권 이후 교회의 지도자들이 정치계에 참여하여 활동한 모습과 다른 비권력지향적 정치참여 성격을 내포한 것이었다.

김재준의 이러한 활동은 앞서 언급한 「제3일」의 내용에서 볼 수 있는 것처럼 김재준의 부활 신앙, "하나님의 형상"으로서의 인간 회복을 위한 부활신앙의 적용 맥락에서 이해된다. 1978년 김재준의 다음과 같은 언급은 그의 민주화 운동의 신앙적 측면, 신앙적 동기에 대하여 잘 말해준다.

1978년, 이 해에도 "장공"은 민주화운동을 '본직'으로 여기며 산다. "장공"도 명색이 '목사'인데 왜 정치문제에 그렇게 열을 올리느냐는 충고도 받는다. 그러나 '민주운동'은 정치 이전의 문제이다. 민주주의란 개인자유에서 싹이 터, 사회, 국가에로 자란다. '개인'에게 선택의 자유가 없다면 그는 '인간'일 수가 없다. 하느님이 자기를 배반할 여백을 그에게 주지 않았다면 그 '인간'은 하느님의 '로보트'일 뿐이다…. 독재자는 자기를 우상화한다. 그리고 국민을 우상숭배자로 만든다. 이 마당에서 '크리스챤'이 외치지 않으면 거리의 돌들이 절규할 것이다. 적어도 인간구원을 설교하는 목사, 크리스챤 그리고 엘리트, 또는 절대다수의 '인간'이 의식화한 민중이라면 잠잠할 수 없다. 민주운동의 대령은 목사의 '이단'도 '여가'도 아니다. 그것은 거룩한 '본직'이다. '인간'을 사랑하지 않는 목사만이 방관, 냉소, 굴종 또는 도피의 연막 속에 자신을 묻는 것이다.[87]

## 유럽에서의 활동

김재준의 유럽 활동은 1979년 3월 11일 손규태가 목회하는 서독 프랑크푸르트 한인교회 창립 10주년 기념행사 모임 참석으로 시작되었다. 그날 아침 10시 프랑크푸르트 한인교회에서 설교를 마친 김재준은 곧이어 그 지방 한국인교회 연합으로 열린 시국 강연회에서 기조연설을 하였다.[88] 당시 그의 강연 요지는 다음과 같다.

지금 자본주의 진영과 공산주의 진영이 대결하고 있다. 기독교는 저쪽 진영에서 몰려나고 이쪽 진영에서 이용당하고 하여서 주체성이 흔들리고 있는 것 같다. 그러나 그것은 현존 기독교의 '타락상'이고 그 '정상태'는 아니다. 기독교는 자본주의의 앞잡이 '마몬'의 사동(使童)일 수도 없고 공산주의에의 '반동'으로 박멸의 대상일 수도 없다. 기독교는 어느 한편에 절대 충성을 서약할 성질의 것이 아니다. 기독교는 도덕적인 '선'과 '악'의 대립선까지도 넘는다. '평화통일'이 어떻게 가능한가. '단일민족'이기 때문에 가능하다고 했다. 단일민족이기 때문에 사상과 이념과 체제를 초월할 수 있다는 '장담'은 믿기 어렵다. 이념이 다르면 이념의 사람들끼리만 뭉친다. 사상이 다르면 부자간에도 원수가 된다. 그것은 단순한 민족주의나 국가주의 '당' 조직만으로 가능한 것이 아니다. 그런 '기구'는 기계시설의 일부에 불과하다. 거기에는 민족애, 국가애, 인간애 다시 말해서 '사랑'으로 대하는 '인간주의'가 앞서야 한다. 이런 각도에서 '통일'을 위한 기독교의 사명이 크다. 기독교적 '출구' 없는 '통일'은 남과 북을 막론하고 독재의 악순환에서 벗어날 수 없을 것이다. 기독교는 통일 한국의 '혼'이다.[89]

김재준은 기독교가 이념과 체제를 초월한다고 보았다. 이데올로기에 함몰되어 자본주의 진영에서 이용당하고 공산주의 진영으로부터 몰려남으로써 그 주체성이 흔들리는 것은 기독교의 타락상일 뿐 정상태가 아니라고 보았다. 언급된 김재준의 연설에는 이른바 '민족주의'에 호소하는 통일의 가능성에 대한 부정적 시각이 보인다. 김재준은 "단일민족이기 때문에 사상과 이념과 체제를 초월할 수 있다는 장담"을 매우 부정적으로 보았다. 왜냐하면 이념은 민족주의보다 파급력(波及力)이 강하기 때문이다. 한국전쟁을 일컬어 "민족상잔(民族相殘)의 비극"이라고 하는 것을 통해 볼 때, 김재준의 시각은 타당하다. 왜냐하면 한국전쟁은 남한과 북한이 동일 민족이었음에도, 이념의 차이가 불러온 전쟁이었기 때문이다.

김재준은 통일에 대한 기독교 역할의 중요성을 강조하였다. 김재준은 "하나님의 온전하심" 다시 말해 "하나님의 온전하신 사랑"에 그에 대한 준거(authority cited)를 두었다. 하나님의 온전하신 사랑은 그리스도의 속죄의 사랑으로 표현되었고 그리스도의 속죄의 사랑은 이웃 사랑으로 표현된다. 김재준은 다음과 같이 말한다.

남한 동포나 북한 동포나 인간이요, 귀축(鬼畜)이 아닌 것은 사실인데 서로 총부리를 겨누고 닭싸움처럼 눈을 붉힌다면 언제 어떻게 하나가 될 수 있겠는가? 이념이나 체제나 사상 이전에 서로의 인간 발견, 인간 존엄, 인간권 인간 자유(개인 자유)를 인정하고 사랑으로 피차 존경해야 할 것이다.[90]

남북한의 분단은 이데올로기의 산물이었다. 그리고 한국전쟁은 민족주의로 인해 발생한 폭발이기도 하였다. 김재준의 시각에서 한국전쟁은 "이북에서의 남침이 됐든 북한이 선전하는 것처럼 이남에서의 북진 통일이 됐든 간에 5천 년 우리 민족의 '당연태'를 되찾으려는 애국 정열의 폭발"이었다.[91] 김재준이 "민족주의가 이념을 초월할 수 없다고 본" 이유가 여기에 있다. 하나님의 온전하심, 하나님의 온전하신 사랑에 준거를 둔 기독교는 분단된 남북한의 통일에 특별한 사명을 가진 통일 한국의 '혼'이 될 수 있다. "이데올로기를 극복하고 이루어야 할 통일의 열쇠는 민족주의가 아닌 하나님의 온전하신 사랑으로 표현되는 인간 이해와 사랑"이라고 김재준은 보았다는 말이다. 그렇기에 기독교의 통일 운동은 이데올로기에 함몰됨으로써의 '타락'이 아닌 이데올로기를 초월하는 '정상태'의 모습으로, 그러한 측면에서 북한을 이해함으로써 개진(改進)되어야 함을 김재준은 강조한 것이다.

김재준은 유럽에서의 행보에서도 서독을 방문하던 중 북한 측 인사를 만났을 만큼 자유로운 모습을 보였다. 사실 그가 북한 대사관을 방문하여 특별한 성과를 거둔 것은 아니었다. 다만 선우학원[92]의 권유로 제네바의 북한 대사관에서 북한 측 사람을 만날 수 있었는데 그것은 선우학원이 고향을 그리워하는 김재준의 염원을 염두에 두었기 때문이었다.[93] 그렇지만 김재준이 북한 측 인사를 직접 만나는 것은 자못 당황스러운 일이었다. 왜냐하면 여전히 남북 관계가 적대적인 상황에서 해외 민주 네트워크의 대표자라는 상징을 띠는 김재준이 만약 북한에 다녀올 경우,[94] 해외에서 그와 관련된 인사들의 민주화 운동은 물론이요, 그들의 귀국 또한 큰 어려움에 처하기 때문이었다.[95]

제네바의 북한 대사관 앞에서 북한 측 인사를 만난 김재준은 본래 간단히 인사만 하고 돌아갈 계획이었으나 선우학원과 대사관 직원의 강권(强勸)으로 대사관에서 북한의 홍보 영상을 관람한 후 민족문제, 통일 문제에 대하여 대화를 나누었다. 그들의 대화는 김재준이 질문하고 북한 측 인사가 대답을 하는 형식으로 진행되었다.

문: 나는 기독교신자올시다. 북한에서는 종교 말살 정책을 지금도 강행
    합니까? "종교아편설"은 다시 생각할 여지가 없는 것일까요?

답: 종교 박멸정책이라기보다는 종교가 시대에 적응을 하지 못해서 자
    멸한 것이지요. 종교가 아편이라는 것은 적어도 기성종교로서는 부
    정할 수 없는 실태일 것입니다. 인간이 자기 힘으로 할 수 있는 것을
    하지 않으면서 하늘만 쳐다보는 생활 태도는 게으른 자의 안식처라
    하겠습니다. 그리고 이 세상에서는 고생해도 죽어서 천당엘 가면 영
    생 복락을 누린다는 소위 믿음이라는 것도 비혁명적인 무기형입니
    다. 이런 도피 근성은 고쳐야 하겠지요.

문: 북한에는 기독교 신자가 하나도 없다는데 사실입니까?

답: 숨은 신자가 있을지 몰라도 내놓고 말하는 사람은 없지요.

문: 전에 그렇게 많던 교회당이 다 어디로 갔습니까?

답: 기독교에 대한 오해가 있는 것 같습니다. 말하자면 예수는 가난하고
    눌린 자를 해방하는 운동에 몸 바친 분이고 지금은 전 세계에 7억의
    신자가 있는데 그들의 신앙과 신념을 간단하게 '아편'으로만 다룰
    수가 없지 않습니까? 우리는 참 기독교인을 존경합니다. 강량욱 목
    사님은 기독교 연맹 책임자로서 국가의 부주석 아닙니까?

문: 이제부터 북한의 종교자유를 기대해도 좋을까요?

답: 헌법에 종교와 신앙의 자유가 허용되어 있습니다.

문: "민주주의 인민공화국"인데 개인 자유 없이 '민주'가 성립될까요?

답: 개인 자유가 남용되지 않는 것뿐이지요. 우리 제도는 피라미드 같아
    서 그 선 자리는 '인민'입니다. 말단 조직은 '반'으로 되어 4, 5인이
    모여 자유롭게 자기 의사를 발표하고 합의된 것을 그 위의 '조직'에
    보고합니다. 거기서 그것을 토의하고 자기의 의견을 첨부하여 그 윗
    조직에 올려보냅니다. 그것이 '당' 최고위원회를 통하여 '주석님'께
    상정됩니다. 주석님을 그것을 실행에 옮깁니다. 그러니까 '독재'가

아니라 건전한 민주공화국이지요.

문: 김일성 주석님은 '민족의 태양', '위대한 수령', '어버이' 등등으로 호
칭하여 개인숭배를 제이 천성화(天性化)하는 것은 독재를 영구화
하기 위한 인간 신화를 기술적으로 추진하는 것이 아닐까요?

답: 인민이 진심으로 우러러보고 존경하고 신뢰하니까 그렇게 된 것이
지요. 사실 주석님이 위대한 혁명가요, 현명한 영도자십니다….

문: 6·25의 무력 남침은 동족상잔의 과오였다고 생각하지 않습니까?

답: 이승만이 북진 통일을 외치고 백두산에 태극기를 세운다고 공언하
면서 미국의 침략 전쟁에 앞잡이 노릇을 했기 때문이지요. 우리는
6·25를 민족 해방으로 봅니다.

문: 통일을 위해서는 북한과의 교류를 자연스럽게 해야 할 터인데 북한
에서 너무 폐쇄정책을 쓰는 것이 아닐까요?

답: 우리는 언제나 환영합니다. 문제 삼는 것은 오히려 남조선 당국이
아닐까요?

문: 통일은 어느 한 편에서 다른 한편에까지 자기 빛깔로 칠해 버리려는
전략에서 이루어질 것은 아닐 것 같은데 북한 당국에서는 '남조선
해방', '평화통일' 등등을 주장하여 6·25의 재판이란 인상을 남한
국민에게 퍼트리고 있습니다. 통일 회담 자체가 민주적인 절차로 진
행되어야 할 것입니다. 그런데 종래의 방식대로 본다면 북한에서 일
방적으로 제안하고 남한은 이에 가부를 대답해야 한다는 방식으로
일관되었습니다. 일종의 '항복 권고' 같아서 남한 국민은 개운찮게
생각하고 있습니다.

답: 그러기에 '민족대회'를 열어 전 민족 단위로 상담하자는 것이 아닙니
까?96

김재준은 "그는 김일성의 '주체사상'이라는 팸플릿을 준다. 나와

문답할 때에는 그걸 뒤져보면서 대답하는 것으로 보아 하나의 신성한 교본으로 쓰는 모양이었다"[97]라고 하며 북한 측 인사의 행동을 비판적으로 보았다. 그러나 혈연(血緣)의 측면에서 친근함을 느꼈다. 김재준은 당시 프랑크푸르트 한인교회 손규태 목사의 아내로서 독일에 거주하던 그의 제자 김윤옥에게 다음과 같이 털어놓았다.

> 나 말이야, 북한 대사관에 다녀왔어. 북한 사람들 말이야, 참 친절하고 좋은 사람들이더라.… 대사를 만난 건 아니고 북한에서 나온 고위층 사람이라는데 참 점잖고 민족의 운명에 대해 진지하게 대화를 나눌 수 있더라.… 나더러 고향에 가고 싶으면 언제든 오라고 하는 거야. "연세도 드셨는데 한번 고향에 가 보셔야지요" 하고 말이야. 참 따뜻하게 말하는 거야.… 우리 민족이 서로 적대해서 엄청난 무기를 가지고 싸워보았자 누구 좋은 일 하겠어? 나는 그래서 말이야, 늙은이답게 인간이 만든 휴전선이고 반공법이고 다 무시하고 훨훨 자유롭게 고향에 가보고 싶어. 그리고 김일성을 만날 수 있으면 만나서 말이야, 우리 민족의 통일을 위해서 대화도 해보고 싶단 말이다.[98]

이처럼 친근함을 느낀 이유는 앞서 언급한 것처럼 '사랑'으로 대하는 '인간주의'로 북한 측 인사를 대했기 때문이었다. 이데올로기의 울타리가 아닌 인간주의로 북한 측 인사를 대하는 김재준을 인간이 만들어 놓은 이념의 장벽은 구속할 수 없었다.

김재준의 북한 대사관 방문은 여러 사람은 곤혹스럽게 만드는 것이었다. 그러나 그의 북한 대사관 방문은 이후 문익환이 1989년 평양을 방문하여 김일성 주석을 만난 것과 1991년 남한의 여성대표단 20여 명이 분단 후 처음으로 휴전선을 넘어 육로로 평양을 방문함으로써 민간교류로 첫 물꼬를 트는 성과를 거두는데 선구적 역할을 하였다. 김윤옥의 고백처럼 민족화해의 물꼬를 트기 원했던 김재준의 염원이 그의 제자들에게 이어진 것이다.[99]

김재준의 유럽 활동은 대부분 손규태의 초청으로 이루어졌다. 이를 통해 김재준은 손규태를 비롯한 서독에서 목회 활동을 하는 제자들을 방문하여 격려하였을 뿐 아니라 간호사와 탄광 노무자 등 교포들을 위로하기도 하였다.[100] 김재준은 언제나 해외 민주 네트워크의 대표자라는 상징으로 자유로울 수 없었다. 앞서 김재준이 "민주 운동의 대령은 목사의 이단도 여가도 아니다. 그것은 거룩한 본직이다. 인간을 사랑하지 않는 목사만이 방관, 냉소, 굴종 또는 도피의 연막 속에 자신을 묻는 것이다"라고 말한 것처럼, 그는 '민주 운동'을 목사로서 자신의 '거룩한 본직'으로 인식하였다. 필자는 이 또한 틀에 매이지 않는 자유인 김재준의 모습이라고 본다.

김재준이 유럽에서 활동한 1979년부터 이후 몇 년 동안의 한국은 매우 혼란하였다. 1961년 군사 쿠데타 집권으로 장기 집권한 박정희의 권력 누수 현상이 전국으로 발생하였고, 1979년 10월 26일 자신의 심복(心腹)이었던 김재규에 의해 박정희가 목숨을 잃었다. 부마항쟁과 박정희의 죽음에 대하여 김재준은 다음과 같은 소회(所懷)를 밝혔다.

1979년 1월 17일 (수), 부산서 반정 항쟁이 일어나 파출소, 신문사 등이 전소됐단다. 부상자 9백 명, 죽은 자 5명이란다. 아직 정확한 통계는 알 수 없지만, 악정에 대한 민중의 분노가 분출한 화산 분화구라는데 중대한 역사적 의미가 있다 하겠다.… 부산서 터진 데모는 마른 풀밭에 불붙듯 전국에 퍼져 서울에 밀려 오르고 있다 한다. '민주'의 격랑이다. 좌익 폭동이 아님은 물론이다.… 경호책임자인 KCIA 부장 김재규는 2백만의 목숨을 살리기 위해서는 악당 괴수 두세 사람 처치해 버리는 것이 '정의'라고 생각했다. 그래서 그 세 두목을 쏴버렸다. 박정희는 머리에 세 군데나 명중되어 참사했고 다른 둘도 즉사했다는 것이다.… 1979년 10월 26일에 KCIA 부장이고 박정희와 고향을 같이한 김재규 씨는 박정희를 총살했다. 우연일지 모르지만, 안중근 의사가 하얼빈역에서 이등박문(伊藤博文)을 총살한 것이 1909년 10월 26일이어서 같은 날짜다. 횟수로 말한다면 환갑 년이다. 안중근 의사가 이등을 죽였지만, 다음 해에 한국은 일본에 합병됐다. 그러나 안중근 의사는 한국민족의 역사와 함께 영원히 살 것이다. 김재규가 박정희를 총살했지만 군부 독재는 당분간 계속되고 있다. 그러나 김재규는 한국 민주역사에 영원한 등대로 빛날 것이다.101

1979년 4월 17일 윤보선, 함석헌, 김대중 3인의 연서로 김재준의 귀국을 간청하는 서한이 왔다.102 그해 10월 26일 박정희가 죽은 후 12·12 사태를 거쳐 전두환이 국가 통치권을 장악하고 대통령이 되었다.103 김재준은 박정희의 죽음 후에도 전두환으로 반복되는 군사정부에 대하여 "개인 자유 말살, 유물주의적 인간관계 인간 학대, 노골적인 폭력주의, 폐쇄사회 조성과 우민정책, 가상으로 한 국민 무더기 살육전 연출 그리고 종교의 어용화와 참된 종교인에 대한 탄압 등이 북한의 유물주의 독재정치와 동일한 것"으로 보았다. 그뿐 아니라 "더욱이 이남의 군벌은 일본 군국주의의 사생아라는 점에서 더욱 불리하다"라고 혹독한 평가를 내렸다.104 김재준은 전두환의 군인 정치가 결국 망할 것이라고 보았다. 교만이 그의 눈을 가리기 때문이다.

유다 왕국 시대의 "에돔"은 사해 저편 험한 바위 절벽에 둘러싸인 자연요새(Citadel)의 나라다. 그래서 그 당시 강대국들도 함부로 손대지 못했고 손대봤자 오히려 손해라고 계산했었다. 그러는 동안에 "에돔"은 개 구리 배때기처럼 제 김에 부풀었다. "누가 능히 나를 바닥에 던지랴?" … "네가 독수리같이 높은데 집 짓고, 별들 사이에 네 둥지를 튼다 해도 거기서 내가 너를 잡아내리라. 이것이 여호와의 말씀이다." 뭣 때문인 가? 결국 교만 때문이다. 인간 교만, 나라 교만 등등이 지혜의 눈을 덮어 씌웠기 때문이다. … 나는 우리나라 형편을 비춰본다. 소위 집권자들의 '교만'은 형편없다. '북'에서는 '민족의 태양'이라고 말끝마다 치켜 울린 다. 그 놀음에 으쓱해서 더 그러기를 바라는 모양이다. '남'에서는 민의 야 어떻든, 반란으로 독재자가 되어 '법' 위에 앉은 법 없는 '폭군'으로 자기를 '전능자'의 위치에 세운다. 말하자면 "독수리같이 높은데 집 짓 고, 별들 사이에 둥지 튼" 교만자들이다. 그러나 "거기서 내가 너를 잡아 내리라"하고 야훼는 말씀하신다.105

김재준이 이러한 시각을 견지한 이유는 "모든 소유권이 창조주 하 나님께 있다고 하는 신앙" 때문이었다. 창조주께서 부여하신 '관리' 권 한인 '권력'을 부여받기 위해서는 바른 절차를 밟아, 바르게 받아, 바 르게 써야 하는데 악한 자가 집권하여 횡포를 부린다고 본 것이다. '악 한'에게 '여의주'(권력)를 준다는 것은 돼지에게 진주를 주는 것과 같 아서 여의주가 돼지의 발에 짓밟히고 결국 진주 주인에게까지 위해를 가할 수 있는 것이었다. 김재준은 이와 같은 상황을 "강 건너 불" 보듯 구경만 할 수는 없었다.106 그가 여든이 넘은 나이에 귀국을 결심한 까닭에는 이러한 신앙적 의미가 있었다.107 여전히 민주화가 요원한 고국의 현실에서 캐나다에서의 자신은 "너무 편한 팔자라서 하느님께 죄송"하였다는 심경을 고백하였다.108

결국 1980년대에 들어서서 김재준은 귀국 준비를 하였고, 1983

년 9월 귀국하였다.[109] "귀국하여 무얼 하려는가?" 하는 질문에 대하여 김재준은 "나는 북미주에 오기 전부터 하던 일을 계속하겠다"고 막연한 대답을 하였다. 그것은 국민의 민주화와 교회의 사회화를 의미한 것이었다.[110]

## 2. 귀국 이후

김재준이 귀국한 1983년 9월, 국내 정치 상황은 여전히 민주화하고는 거리가 멀었다. 김재준은 시국의 중대 문제가 생길 때마다, 함석헌 등과 함께 '재야 원로 간담회'에 참여하여 나라를 걱정하였고, 1987년 박종철 고문사 사건이 폭로되었을 때는 '고 박종철 군 국민추도회 발기인'으로 참여하였다. 그가 소천한 해인 1987년 1월 벽두에는 함석헌과 함께 "새해 머리에 국민에게 드리는 글"을 유언처럼 남겼다.[111] 그러나 김재준의 귀국 후 행보는 1960년대 말 국내에서와 1974년 캐나다로 출국 이후 북미주를 중심으로 한 해외에서의 활동 같은 적극적인 현실 참여보다는 자신의 삶을 정리하는 것이었다. 그는 "벌려 놓은 것을 거둬들여 곳간 구석에 쌓아 두는" 작업을 하려고 한 것이다.[112]

그렇지만 정부는 여전히 김재준을 요주의 인물로 분류하였다. 그가 귀국할 때 그를 처음 맞이한 사람이 법무부에서 나온 법무관이었고,[113] 그해 11월 2일에는 성북 경찰서에서 담당 형사가 파견되어 그를 감시하기 시작하였다.[114] 이를 통해 당국으로부터 여전히 김재준은 민주화 운동의 상징으로 인식되었음을 알 수 있다. 그러나 귀국 이후 그의 행보는 정부 당국의 시각과는 달리 목회적 성격을 가진 것이었다.

물론 김재준이 1983년 10월 25일 "범용기 1, 2권 합본 국내판 출
판기념회"에서 자신의 해외 민주 운동의 내력과 현황을 보고하고 국
내에서 장기전 계획의 대략을 이야기한 것은 사실이지만[115] 이와 같
은 행보들 또한 그의 목회 활동에 포함된 것이었다고 본다. 사실 김재
준은 지병인 당뇨병과 간 경화로 거동이 불편한 상태였음에도 불구하
고 건강이 허락하는 한 설교나 강연을 부탁받으면 사양하지 않고 원
고를 준비하여 응하는 등 목회 활동에 최선을 다했다.[116]
　약 10년간의 캐나다 망명 생활을 접고 귀국한 김재준은 한국 고대
사 관련 자료 연구 및 역사 유적지를 답사하며 '역사와 신앙의 뿌리'를
탐구하는 일에 소일하였다.[117] 특히 자신의 뿌리인 김해 김씨의 가계
를 알아보는데 깊은 관심을 가졌다.[118] 생의 끝자락에 다다랐을 뿐 아
니라 오랜 지병을 앓고 있던 그가 어려움 없이 할 수 있는 일은 독서와
글쓰기 그리고 명상하는 일과 기도하는 일이었다.[119] 자신의 삶을 마
무리하듯 김재준은 지인들에 관한 회상기를 쓰기도 하였는데[120] 그
가운데 다음과 같이 짧고 재치 있는 한시(漢詩)가 발견된다.

"萬里長空 片雲浮遊 晩雨一過 秋陽可憐"
만리 장공에 조각구름 떠다니더니 늦은 비 한바탕 오고 나서 가을볕이
애처롭구나.[121]

언급된 한시에는 네 사람의 호가 들어가 있다. 김재준 자신의 호인
장공(長空), 채필근의 호인 편운(片雲), 송창근의 호인 만우(晩雨) 그
리고 한경직의 호인 추양(秋陽)이 들어가 있는 것이다. 김재준은 자신
의 호인 장공을 제외한 세 사람의 호에 대하여 다음과 같이 풀이하였다.

채필근 목사는 말 그대로 편운, 조각구름처럼 이리저리 옮겨 다니다 생

을 마쳤지, 숭실이 낳은 3대 천재 중 하나라 할 만큼 머리가 비상하고
실력도 있었는데 세태에 너무 편승했다는 느낌을 지울 수가 없어. 송창
근 목사는 말 그대로 만우, 늦은 비처럼 한번 획 하고 지나갔지. 짧고 굵
게 살다간 일생이었어. 전쟁 때 납북되어 50대에 그의 인생이 끝난 것이
안타깝지만 한국 신학계와 교계에 그가 남긴 영향력은 늦은 비 결실처럼
풍성하였소. 한경직 목사는 추양, 가을볕처럼 남을 따뜻하게 위로하는
목회자로 일관했어. 지병인 결핵을 앓았기 때문이기도 하지만 외양으로
가련하다는 느낌을 지울 수 없었어. 가을볕이 강렬하지는 않지만 그림
자를 길게 늘여뜨려 오랫동안 남아 있었는데, 한경직 목사가 몸은 약해
도 우리 가운데 제일 오래 살 거야. 그러다 보면 못 볼 것도 많이 보고,
못 들을 말도 자주 들어야 할 게야.122

김재준은 장난삼아 이 한시를 적었다고 하였지만 그의 짧고 재치
있는 한시에는 채필근, 송창근, 한경직123의 삶의 기록이 풍자적이면
서 사실적으로 언급되어 있다.

김재준의 생에 끝자락에 발견되는 사상은 '우주적 사랑 공동체'이
다. 김경재는 "김재준의 생애 끝자락의 강연과 설교 가운데 '전 우주적
사랑의 공동체'라는 어휘가 등장하는 것을 볼 때 그 주제가 그의 신앙
과 신학의 결승점이라는 것을 알 수 있다"라고 주장한다.124 그러나
김재준은 그가 말하는 '우주적 사랑의 공동체'에 대하여 자세한 풀이
를 하지 않았다. 왜냐하면 그는 풀이가 없어도 말 자체가 상식적으로
풀이를 내포하고 있다고 생각했기 때문이다.125 그렇기에 그가 말하
는 '우주적 사랑의 공동체'에 대한 의미를 정확하게 이해하는 것은 어
렵다.

그러나 김재준의 언급 가운데는 그리스도의 사랑! 위로부터 오는

성령의 생명이 신자의 심장 속에서 치솟는 생명 샘, 공의가 바다에 물 덮이듯 하는 사랑이 강조되어있다. 그것은 요한1서 4:7-8에 언급되어 있는 "하나님은 사랑이시다"에 근거된 사랑이며, 고린도전서 13장에서 "사랑이 없으면 몸을 주어 불사른다고 해도, 믿음도 구제도 아무것도 아니라"고 단언하면서까지 바울이 강조했던 사랑을 의미한다. 김재준은 교회가 그리스도의 완전이라는 목표지점을 향해 달려가는 사랑의 공동체[126]라고 보았다. 이를 통해 김재준이 말하는 우주적 사랑은 공동체적 사랑이며 교회는 그러한 공동체적 사랑을 이루어가는 적극적인 공동체임을 알 수 있다.

김경재는 '전 우주적 사랑의 공동체'로 표현되는 김재준의 '하나님 나라' 이해를 전통적인 보수적 기독교 사상가들의 복음 이해 또는 하나님 나라 이해와는 큰 차이가 있다고 말한다. 즉 전 우주 만물과 모든 사람이 궁극적으로 구원받는다는 신념, 개인과 사회를 분리할 수 없는 구원 이해, 타종교와 한국 전통문화가 모두 하나님의 경륜과 손안에서 일어났다고 하는 이른바 대승적 기독교 이해라는 것이다. 그리고 이와 같은 김재준의 대승적 기독교 이해가 칼 바르트(K. Barth), 폴 틸리히(P. Tillich), 라인홀드 니부어(R. Niebuhr) 형제, 본회퍼(D. Bonhoeffer), 과정 신학자 존 캅(J. B. Cobb) 그리고 예수회 신부 테야르 드 샤르댕(T. Chardin)의 기독교 입장과 큰 틀에서 같은 견해를 한다고 하며 김재준의 '전 우주적 사랑 공동체' 개념을 이해하려고 한다.

그러나 이와 같은 이해는 오히려 풀이가 없어도 말 자체가 상식적으로 풀이를 내포하고 있다고 하는 김재준의 이해를 오히려 어렵게 만든다. 그뿐 아니라 자신의 스승을 세계적인 학자들과 동일한 선상에서 이해하려고 하는 제자의 작위적인 태도라는 생각 또한 든다. 김경재의 김재준 이해는 오히려 김재준을 곡해하도록 할 수 있다. 필자

는 김재준의 '우주적 사랑 공동체' 사상이 규정할 수 없는 미완성이라
고 본다. 다만 교회 공동체는 여전히 진행형인 그리스도의 완전이라
는 목표지점을 향해 끝까지 달릴 뿐인 것이다. 삶의 끝자락에서조차
매일 수 없는 자유인으로서의 김재준을 이를 통해서도 발견할 수 있다.


## 3. 소결

일찍이 김재준이 승동교회에서 열린 김익두 목사의 부흥 집회에
참석하여 회심을 체험하였을 때, 그는 자신을 "자유로운 영의 사람"으
로 인식하였다. 이러한 회심 체험은 이후 김재준의 인간 이해의 바탕
을 이루게 되었고 그의 현실 사회 참여의 근간이 되었다. 왜냐하면 그
에게 있어 기독교는 자유의 종교였기 때문이다.[127] 그런 측면에서 김
재준은 위로부터 난 성령의 사람을 자유하는 영의 사람으로 인식하였
다. 김재준은 일본과 미국에서 신학을 공부하는 동안 폭넓은 신학적
순례를 하는 가운데 당시 한국교회에서 금기시하였던 고등비평적 성
경 이해를 접하였다. 이러한 성경 이해는 김재준의 현실 참여 사상 형
성에 영향을 끼쳤다. 왜냐하면 김재준은 성경을 단지 교리의 책이 아
닌 "살아계신 하나님의 말씀"으로 이해하려고 하였기 때문이다. 이처
럼 성경을 이해함으로써 암담해 보이는 현실 속에서 김재준은 살아계
신 하나님의 말씀을 들으려고 하였고, 그를 통해 성경을 사회-정치적
측면에서 볼 수 있었다.

김재준에 대한 다소 아쉬운 견해 중 하나는 그의 현실 참여가
1960년대 이후에 비로소 나타났다는 것이다. 장동민은 1930년대의
김재준이 보수주의자들 이상으로 특별히 사회 참여에 관심을 가지지

않았으며 오히려 그와 그의 동료 송창근은 보수주의자들에 의하여 주
도되고 있었던 농촌사업이나 교육사업 등에 대하여 부정적인 언급을
하였다고 보았다. 그는 1960년대에 들어서 비로소 김재준으로부터 진
보적 사회참여의 모습이 발견된다고 보았다.[128] 그러나 이러한 주장은
김재준이 미국에서 귀국한 후의 행보를 볼 때 설득력이 약해진다. 귀국
후 김재준은 교육을 통한 계몽 활동에 헌신하였기 때문이다.

더욱이 그가 평양숭인학교를 사직한 후 옮기게 된 간도 용정의 은
진중학교는 민족교육의 산실이며 국외 독립운동의 중심지였다. 선교
초기부터 미국장로회와는 달리 일본 제국주의에 대하여 비판적이었
던 캐나다 선교회가 설립한 은진중학교는 1930년대 수많은 민족지도
자를 양성하는 교육기관이었다.[129] 김재준은 간도 은진중학교에 재
직하면서 종교부 활동을 통해 농촌사업 및 교육사업에 열정적으로 참
여하였다. 김재준의 지도를 받으며 종교부 학생들은 용정 근처의 촌
락에 주일학교를 설립하고, 교회까지 설립하는 것을 목적으로 주변
촌락 운동을 벌였는데,[130] 이러한 활동은 문맹 퇴치 등 계몽 활동의
성격을 내포한 것이었다.

김재준은 교육을 통한 인재 양성을 통해 진보적 사회활동에 참여
하였다. 그러한 사실은 은진중학교에 부임했던 첫날 김재준이 "다가
오는 역사의 격랑에 대결하여 새 세계 새 인류의 지도자가 될 창조적
소수를 길러내는 학원으로 조형되어야 한다"고 다짐하였다는 것에서
도 확인된다.[131] 이를 통해, 김재준의 사회 참여가 일찍이 1930년대
부터 나타났음을 알 수 있다.

물론 정치 권력에 대항한 현실 참여 모습은 1960년대 이후 박정희
에 대한 대항에서 발견된다. 사실 박정희 정권에 대한 대항에 김재준
이 처음부터 적극적인 모습을 보인 것은 아니었다. 김재준 스스로가

"말과 글로 발표하는 그것이 그대로 지성인의 '행동'"이라고 언급한 것처럼 그는 신문 논설을 통해 비판하는 현실 참여의 모습을 보여주었다. 그러나 김재준의 글 가운데 "누가 몰지각자냐?" 하는 박정희를 향한 강경한 비판의 글은 말 그대로 절대 권력을 지향하던 박정희에 대한 선전포고가 되었다.

결론적으로 김재준의 정치 권력을 비판하고 대항하는 모습은 박정희가 등장한 1960년대에 시작되었고 그가 영구집권을 꾀하던 1960년대 말 김재준의 저항은 적극성을 띠었다. 정치 권력에 대한 대항적 현실 참여의 사상은 일찍이 그의 회심을 통해 발견되었던 "자유하는 영의 사람"으로서의 인간 이해에 기반한 것이다. 김재준의 회심 체험은 그가 기독교를 자유의 종교로 인식하도록 하였다. 그가 인식한 자유의 종교로서 기독교는 김재준을 더욱 폭넓은 사색과 폭넓은 학문적 순례로 이끌었고 그가 경험할 수 있었던 폭넓은 학문적 순례는 결국 당시 한국교회에서 금기시하였던 고등비평적 성경연구를 포함하여, 다양한 학문적 접근을 하도록 이끌었다.

그와 같이 폭넓은 학문적 순례는 김재준에게 성경이 단지 교리의 집대성이 아닌 암담한 현실 속에서 살아계신 하나님의 음성으로 이해하도록 하였으며 1930년대에는 "다가오는 역사의 격랑에 대결하여 새 세계 새 인류의 지도자가 될 창조적 소수를 길러내는" 인재 양성을 통한 현실 참여로, 1960년대 이후에는 절대 권력을 지향하는 권력자에 대한 능동적인 저항으로 보여준 현실 참여로 귀결되었다. "인간이기에 짐승보다도 더 인정답고 인간답게 살고, 행동해야 한다는 것 그리고 인간이기에 짐승보다도 더 존귀하게, 인간답게, 대접해 주어야 한다"[132]는 그의 한 마디는 절대 권력을 지향하는 인간과 체제에 대하

여 단호히 거부할 수 있는 용기를 가질 수 있었던 그의 인간 이해를
한마디로 요약한 것이라고 본다.

# 9 장
# '자유'의 맥락에서 본
# 김재준의 시(詩) 세계

김재준은 신학 저술뿐 아니라 각종 신문과 잡지에 게재한 수필·
단장(短章) 등 문학 작품을 통해서도 자신의 사상을 잘 드러냈다. 전
경연은 김재준의 문학작품을 통해 드러난 그의 신학사상을 '단편의 신
학'이라고 표현하였다.[1] 김재준은 '내가 영향받은 신학자와 그 저서'
(1967)에서 다음과 같이 고백하였다.

내가 어느 분의 무슨 책에 가장 많은 감화를 받았을까 하고 생각해 봐도
도무지 석연치 않다. 물론 바르트에게, 브루너에게 많은 감화를 받았다
고 할 수 있을 것이다. 그러나 그들의 저서를 읽었다는데 있어서도 일종
의 "주마간산"(走馬看山)격이었고 파고들어 연구한 것이 아니니 뭐라
하기 죄송하다. 니버니 틸리히니 불트만이니 하는 분들의 저서에 있어
서도 마찬가지 "여행담" 정도밖에 못되니 그렇다. 오히려 "인간심정"을
산채로 영사(映寫)한 유명한 작품들에 맘이 끌리고 감격 비슷한 것을

느낀다.2

김재준은 각종 신학사상 저서를 통해 받은 감화보다는 인간 감정을 그대로 표현한 문학 작품을 통해 받은 감화를 더 받았다고 말했다. 그의 초기 논문에는 그의 문학적 감수성이 그대로 드러나 있다. 그러한 사실은 초기 논문인 '욥기에 나타난 영혼불멸관'(1930년)과 '전기적으로 본 예레미야의 내면생활'(1933년)에서 확인된다.

그러나 그의 강렬한 정의감은 이에서 만족을 느끼지 못하였다. 이에 영혼불멸의 위대한 신앙은 "하나님의 의"라는 터전에 뿌리를 박고 "욥의 결백한 양심"에 그 싹을 돋게 하였다. 마치 작은 상수리나무 열매가 위대한 장래의 가능성을 품고 가시덤불 속에서 그 조그마한 싹을 돋친 것 같이.3 다윗王業이 바야흐로 기울어져 가는 저녁, 눈물과 피와 힘으로 짜내인 예레미야의 일생은 너무나 심각하고 多端하였다. 그리하여 탄식 없이 읽을 수 없는 것이 그의 예언시이다.4

김재준의 문학적 감수성은 성장기 환경에서 비롯되었다. 그의 아버지는 어린 김재준을 옆자리에 앉혀 놓고 한시를 자주 읊어주었다고 한다. 김재준은 아버지가 읊어주는 한시들을 들으며 "풍월을 알 것 같고 풍월의 감흥이 제법 느끼어지기도 하는 경험"을 하였음에도 불구하고 자신에게는 한시를 짓는 재주가 없었다고 하였다.5 그러나 김재준의 글에는 우아한 시적 표현이 많이 발견된다. 그의 수상록인 『하늘과 땅의 해우』에 실린 글의 한 단락이 대표적인 예이다.

갑자기 서리가 내린 무덤가에 그런 줄도 모르고 작은 꽃들을 피우려던 민들레가 대지의 젖꼭지를 문 채 고스란히 쓰러진 가련한 모습이 우리

세기말에 태어난 젊은 예언자들의 운명이 아닐까?[6]

사실 어린 시절의 한학 교육을 포함한 김재준의 학문적 여정을 살펴보면 어린 시절의 한문 수학과 아버지의 한시 풍월 경험을 통해 학문 수련 못지않게 문학 수련을 쌓았음을 알 수 있다. 또 20대 초반 서울 중앙 YMCA에서 공부하는 동안 각종 일본 문학 잡지와 문학 작품을 섭렵하였고, 톨스토이의 저작집, 아시시 성 프랜시스 전기, 가가와 도요히코(賀川豊彦)의 전기 등을 읽었다. 일본 아오야마학원(靑山學園) 신학부에서 공부할 때는 일본인 작가들의 순정소설, 이시카와 다쿠보쿠(石川啄木)의 시가 등을 탐독하며 문학적 감수성을 넓혔다.[7] 일찍이 용정의 은진중학교에서 김재준의 제자였던 안병무는 다음과 같이 회상하였다.

말 못하기로 정평이 난 그의 문장은 소년들에게도 인정될 정도가 아니라 감탄의 대상이 되었다. 그중에 "간도점경"(間島點景)이라는 글은 나를 매혹케 했다.[8]

김재준의 단문인 "간도점경"에는 제목이 없는 시 몇 편이 수록되어 있는데[9] 필자는 그 작품들에 유랑하는 떠돌이로서, 매이기를 거부하는 자유인으로서 김재준의 신학사상이 함축되어 있다고 본다. 젊은 시절 쓴 김재준의 짧은 시에 그의 평생에 걸친 신학사상이라고 볼 수 있는 '떠돌이의식과 자유'가 이미 함축되어 있다는 것이다. 10여 년 미주 생활을 끝내고 귀국한 직후 김재준은 다음과 같이 당부하였다.

무엇보다도 목사는 '시인'이어야 한다. '시인'은 결코 자기를 속이지 못한다. 시에는 타산이 없다. 목사는 적어도 시인의 마음을 이해해야 하고 그 마음을 가져야 한다. 문학을 좋아해야 한다. 미술 애호도 목사에 대한 불가피한 요청이다. 목사가 서도 그림이나 동양목화나 서양화나 간에 영영 거들떠볼 의욕도 갖지 않고 쓴 오이 보듯 경멸한다면 그는 그리스도 심정도 이해하지 못할 것이다. 그리스도는 시혼(詩魂)이 가슴에서 넘쳐흐르는 분이었기 때문이다.10 예수는 30대 초기의 젊은이였다. 그에게는 낭만적인 詩心이 있었다. 들의 백합화에서 솔로몬의 왕복보다 더 화려한 아름다움을 보았다. 그보다도 몇 곱절 더한 인간들의 아름다움을 보았다. 그런데 그 인간들이 천대받고 짓눌리고 그 아름다운 작은 참새처럼 두 푼 돈에 팔려 술꾼들의 안주가 되는 비참함을 보았다.11

반면 김재준은 메마른 현실주의, 즉 인간을 물상화하는 현실주의에 대하여는 "현실만이 Real이라는 사고방식은 유물주의, 기계주의, 비인간화 등등 죽음에 이르는 병을 빚어낸다"라고 하며 탄식하였다.12 김재준이 볼 때 시심(詩心)이 메마른 현실주의, 다시 말해 낭만이 사라진 현실주의는 일찍이 그가 회심을 경험하기 이전의 빡빡한 유교의 계율주의와 다름없는 것이었다.13 그렇기에 김재준은 '자유하는 영의 사람'으로서 문학적 감수성에 기반한 글쓰기를 더욱 강조할 수밖에 없었다.

김재준을 기억하는 많은 사람은 그가 생애 마지막 날까지 자유를 가로막는 온갖 불의와 부정에 몸으로 저항하는 삶을 살았다고 증언한다.14 필자는 평생에 걸쳐 자유를 부르짖은 김재준이 자신의 사상을 효과적으로 표현할 수 있는 방법은 냉철한 논리적 글쓰기보다는 오히려 따뜻한 감성에 호소하는 문학적 글쓰기에 비롯된 바가 많았다고 본다. 그러므로 그가 남긴 시 작품을 고찰하는 것은 그의 자유 사상을 이해하는 데 큰 도움이 될 것이다.

그가 남긴 시 작품을 모두 고찰하는 것은 너무나도 방대한 일이기에 필자는 이 글에서 그의 시들 가운데 그가 간도에서 지은 시 몇 편, 1960년대 이후 현실 참여 속에서 나타난 찬송 시 한 편 그리고 삶의 황혼기에 지은 시 한 편을 고찰하려고 한다.[15]

## 1. 김재준의 시 고찰

### 1) 간도에서의 시

김재준의 시는 그가 간도 은진중학교 교사로 부임할 무렵 쓴 '간도 점경'에서 처음 발견된다.[16] 일찍이 청년 김재준에게 간도는 미지의 땅이면서도 동경의 땅이었다. 왜냐하면 그곳은 한반도의 독립을 위해 애국지사들이 발을 들여놓는 곳이었을 뿐 아니라 북간도의 민족교육 기관인 명동학교 등이 있는 배움의 터전이기도 하였기 때문이다.[17] 임신한 아내를 고향에 둔 채 쓸쓸함과 설렘이 교차하는 심정으로 간도의 용정(龍井)으로 가는 기차에 오른 그의 눈에 맨 처음 띤 것은 총을 휴대하고 있지만 피곤에 찌들어 기백을 상실한 병정들의 모습이었다. 심지어 그들 중에는 침을 흘리며 곤한 잠을 자는 청년조차 있었다. 김재준은 그들을 보며 연민의 감정을 느꼈다.

어허 저 병정 어인일고
총잡고 입 벌리고 침 흘려 옷 적시네.
두어라 왕도락토(王道樂土)니 맘 놓은들 어떠리.[18]

청년 시절 명동학교가 있는 배움의 터전으로서 동경의 땅이었던 간도로 처음 발걸음을 내딛는 김재준에게 총을 든 병정의 모습은 지극히 낯선 것이었다. 그가 본 병정들이 일본 청년들이었는지 혹은 중국 청년들이었는지는 언급되어 있지 않다. 그러나 김재준은 국적을 불문하고 청년들이 총을 들고 근무하는 것을 타인의 명령에 의해 수동적으로 할 수밖에 없는 피곤한 노동으로 보았다. 상명하복의 엄격한 체계 속에서 강한 통제를 받으며 살아가는 그들이었기에 김재준은 총을 든 채 잠에 빠져있는 짧은 시간을 잠시나마 속박에서 벗어나 그야말로 "왕도락토"의 세계를 경험할 수 있는 소중한 시간으로 보았다.

이처럼 용정으로 향하는 열차에서부터 낯선 경험을 한 김재준이 용정역에 도착했을 때 발견한 것은 황혼이 짙은 무렵 낯선 땅에 도착한 자신의 쓸쓸한 모습이었다. 사실 당시의 만주는 그다지 이국적인 곳이 아니었다. 한반도와 마찬가지로 일본 세력 일색인 곳이었을 뿐 아니라, 한국인이 몰려 사는 고장이니만큼 문화 또한 한국과 크게 다르지 않았다.[19] 그렇지만 자신을 맞이하는 중국인 마부의 황마차는 그에게 참으로 이국적으로 느껴졌다.[20] 용정역에 내림으로써 간도에 첫발을 내디딘 김재준은 다음과 같이 자신의 심경(心境)을 표현하였다.

황마차 지렁지렁 말굽소리 시산하이
캄캄한 밤거리를 마음 없이 달리노라.
동무여, 유랑 일생이니 어디 간들 못 살리.[21]

비록 낯선 땅에 첫발을 들어선 쓸쓸한 심경을 담아낸 시이지만 이처럼 짧은 시에는 김재준의 사상의 두 축을 형성하고 있다고 볼 수 있는 "떠돌이 의식과 자유"가 함축되어 있다고 본다. 사실 그의 삶은 떠돌이 삶이었다. 고향에서 스무 살이 되었을 때 서울로, 20대 중반에 일본, 미국으로, 30대 중반에 간도로, 30대 후반에 간도에서 다시 서울로, 일흔이 훌쩍 넘어 캐나다로, 여든이 넘어 다시 서울로… 평생에 걸쳐 정착할 수 없었던 그의 삶에서 볼 수 있듯이 그의 삶은 평생 떠돌이의 삶으로 점철되었다. 이러한 삶은 김재준의 사상 형성에 중요 영향을 끼쳤다. 김재준은 자신을 길 위의 사람들, 다시 말해 성경에 나타난 길 위의 사람들인 아브라함, 모세, 엘리야, 바울 등과 동일하게 보았다.22 그러나 그에게 있어 떠돌이 삶은 끝없는 유랑의 길이 아닌, 확고한 시발점에서부터의 순례이며 목표 또한 뚜렷한 것이었다. 믿음의 결심과 더불어 성경을 발견하고 그 안에서 말하는 인격자에게 사실로 발견되고 붙잡힌 바 되어 행하는 순례였다.23 이와 같이 뚜렷한 목표를 가지고 있는 순례에는 자유 또한 동반되었다.

사실 김재준은 평양에 자리를 잡지 못하고 생계를 해결하기 위해 간도에 들어왔다. 그렇기에 그가 간도에 처음 발걸음을 들여놓은 심정을 표현한 짧은 시에는 어쩔 수 없이 고향을 떠나 낯선 타향으로 올 수밖에 없었던 나그네의 심정이 담겨 있다. 그러나 이처럼 결코 자발적이라고 볼 수 없는 간도로의 발걸음은 오히려 김재준이 새로운 자유를 경험하는 기회가 되었다.24

김재준이 간도 은진중학교로 부임한 다음 해인 1937년 그는 신앙 잡지 「십자군」을 간행함으로써 자신의 신학사상을 적극적으로 드러내기 시작하였다. 「십자군」에서 김재준의 시가 발견되는 곳은 첫 간행본인데, 그 속에는 두 편이 수록되어 있다. 두 편의 시에 대한 김재준 자신의 언급이 없기에 필자는 당시 김재준이 처했던 상황에 비추어 두 편 시에 대한 필자의 생각을 말하려고 한다.

## 동심(同心)

동무여!
벌판이 거칠어
발붙일 곳 없다고
너무 서러 말고서
저 하늘을 보아라.
구름을 감도는 빛
부드럽지 않으냐?

동무여!
하늘이 거칠어
눈바람 날린다고
눈물겨워 말고서
저 벌판을 보아라.
몰려드는 눈보라
장쾌(壯快) 하지 않으냐?

오!
숲속에 기저귀는
새 노래 속에도
피 섞인 세상이
숨어 있지 않냐?

허물어진 고궁의 기왓장 우에도
파란 달빛이 웃고 있지 않더냐?25

이 시에서 김재준이 말하는 '동무'는 과연 누구일까? 이에 대한 김
재준 자신의 설명은 발견되지 않는다. 다만 이 시의 뉘앙스(nuance)
에서 그와 얼굴을 대하며 신앙과 지식의 교감이 가능한 계층임을 짐
작할 수 있다. 이러한 측면에서 본다면 김재준이 말하는 '동무'가 그가
가르치는 은진중학교 학생들, 간도에서 사상적으로 그와 교감할 수
있는 청년층 사람들이라고 볼 수 있다. 이 시의 제목이 동심(同心)이
라는 사실에서 그러한 추론이 가능하다. 혹은 이 시에서 말하는 동무
가 간도에서 신앙 잡지 「십자군」을 간행하는 등 개척자의 삶을 살고
있는 김재준 자신을 의미한다고도 볼 수 있다. 이 시에서 말하는 '동무'
가 정확히 누구를 지칭한 것인지는 알 수 없지만 이 시에서 김재준이
말하려고 한 것을 생각해 보는 것이 중요하다.

이 시의 1연에서 김재준은 '동무'에게 "좌절 속에서 소망을 바라보
도록 권유"한다. 그가 거주한 간도는 환경이 척박할 뿐 아니라 실질적
으로 다른 나라 땅이었기에 발붙일 수 없는 땅일 수밖에 없었다. 그러
한 측면에서 김재준은 '동무'들이 처한 환경을 '거친 벌판', '거친 하늘'
로 표현했다고 볼 수 있다. 그리고 이 시의 마지막에 언급한 '허물어진
고궁의 기왓장'은 일제에게 나라를 빼앗긴 고국(故國)의 현실을 은유
한 것이라고 볼 수 있다. 그러나 김재준은 이러한 현실에서 좌절이 아
닌 희망을 말한다. "구름을 감도는 부드러운 빛", "허물어진 기왓장 위
에서 웃고 있는 파란 달빛"이 그것을 의미한다고 볼 수 있다.

2연에서 김재준은 "밀려드는 눈보라가 가슴이 벅차도록 통쾌하
다"라고 표현한다. 보편적으로 눈보라는 고난을 의미한다. 그래도 김
재준은 눈보라를 오히려 환희를 느끼게 하는 수단으로 본다. 만약 이
표현이 고난을 극복함으로써 느끼는 환희를 의미한다면 이 시에서 말
하는 '동무'는 피 끓는 청년을 의미한다고 볼 수 있다. 사실 당시 김재준

자신도 30대 청년이었다. 여기서 김재준은 좌절을 느끼도록 하는 상황을 오히려 환희를 경험할 수 있는 상황으로 환치(換置)함으로써 자신을 비롯한 청년이 비전을 잃지 말아야 함을 강조했다고 볼 수 있다.

3연은 이 시의 다른 연들과 다른 구조이다. 다른 연이 "척박한 현실 속에서 위로와 소망"을 언급하는 것과는 달리 이 연에서 김재준은 "숲속에 기저귀는 새 노래 속에도 피 섞인 세상이 숨어 있지 않냐?"고 질문한다. 여기서 김재준은 '거친 벌판', '거친 하늘' 그리고 '허물어진 기왓장' 같은 현실에 눈 감고 "새 노랫소리 들리는 것 같은 평안한 세상"을 누리려는 지식인들을 꾸짖었을 수도 있고 사람들의 목소리가 겉으로는 "숲속에서 기저귀는 새소리"처럼 아름답지만 그 이면에는 '피 섞인 세상'이라고 표현할 만큼 치열한 세상을 말했다고 볼 수도 있다.

필자는 무엇보다도 김재준이 이 시의 마지막 연에 언급한 "허물어진 고궁의 기왓장 위의 웃고 있는 파란 달빛"에서 중요한 의미를 발견해야 한다고 본다. 그것은 "고국의 상황이 마치 폐허 같지만 좌절하지 않을 것은 희망이 있음을 말하는 것"이라고 볼 수 있다. 그가 말하는 "웃고 있는 파란 달빛"이 무엇을 의미하는지 정확히 알 수 없지만, 다소 막연하더라고 잃을 수 없는 희망 혹은 비전으로 본다 해도 어색하지 않을 것이다. 이 시에서 김재준은 좌절 속에서 희망을 갖고 앞으로 나아가는 동심(同心)을 품도록 '동무'들에게 말하고 있다고 본다.

**노래**

달빛이
눈 속에 얼어
가슴 안에 부서지는
겨울 밤

십리 길을
혼자 걸어
적은 무리를
찾습니다.

컴컴한 중국 마을을 지나
훤한 벌판을 건너
여긴가 저긴가
적정하며 갑니다.
노래 소리 들립니다.
"십자가에 달려서
예수 고난 보셨네.
나를 구원하실 이
예수밖에 없네."

눈 속을 헤치며
노래 소리 찾아가는
내 마음 기쁩니다.

사막에 엽홍화(葉紅花)
눈 속의 노래!
이리하야 적은 무리는
노래하며 자랍니다.26

이 시의 서두에서 김재준은 적막(寂寞)한 겨울밤을 묘사함으로써
자신의 내면을 말한다. 앞서 언급한 시에서 김재준이 좌절 가운데서
희망을 말하듯 이 시에서도 그는 희망을 찾아 걸어가는 자신의 모습
을 말한다. 자신에게 희망을 주는 대상은 신앙의 대상인 예수 그리스
도와 그를 섬기는 '적은 무리'이다. 여기서 '적은 무리'의 정확한 의미
를 알 수는 없다. 그가 은진중학교에서 가르치는 학생들을 의미한다
고 볼 수도 있고 혹은 소박해 보이는 한국교회를 의미한다고 볼 수도
있다. 만약! 한국교회로 본다면 해석이 어렵지 않다. 왜냐하면 당시
기독교인은 인구 비율에서 미미하였지만 한국교회의 영향력은 사회
에 지대하였기 때문이다. 당시 김재준은 한국 사회의 주류가 됨으로
써 진취성을 상실한 채 율법화 및 세속화된 한국교회를 보고 적지 않
은 실망을 하였다. 그러나 간도에서 그가 발견한 것은 올바른 교육을
통한 한국교회의 개혁과 그를 통한 한국 사회의 개혁이었다.

김재준은 한국 장로교회의 중심인 평양에 자리를 잡지 못하고 간
도로 밀려왔다. 그러나 그가 간도에서 발견한 것은 희망이었다. 올바
른 교육, 율법주의를 벗어난 신앙을 통한 한국교회와 사회의 개혁이
었다. 김재준이 한국교회에 희망을 가질 수 있었던 이유는 교회가 본
질로 하나님으로부터 부름을 받고 사명 받은 공동체이기 때문이다.
이와 같은 측면에서 이 시를 볼 때 김재준이 말하려고 한 바를 이해할
수 있다. 그는 좌절 가운데서 희망을 발견하였음을 이 시에서 말했다
고 본다. 신앙 그리고 교회 공동체가 김재준이 희망을 말할 수 있는
근거였음은 물론이다. 이러한 희망을 가지고 김재준은 자유의 혼을
불어넣음으로써 지성인을 양성하는 교육에 최선을 다할 수 있었다.
그리고 얼마 지나지 않아 김재준은 광활한 만주 일대를 방문하면서
자유를 체감하는 기회 또한 가질 수 있었다.

은진중학교 근무 2년이 지났을 때 그는 졸업반의 수학여행 인솔자로서 일찍이 발해 왕국이었던 드넓은 만주 일대를 방문할 수 있었다. 그 길은 길림 → 무순 → 공주령 → 부여 → 신경 → 하얼빈 → 목단강 → 동경성 → 용정에 이르는 대장정의 길이었다. 본래 고구려와 발해 왕국의 고토였던 만주 일대를 둘러보면서 김재준은 거대하고 기름진 벌판을 빼앗긴 채 척박하고 좁은 삼천리 반도로 기어든 조상들에 대한 원망이 들었을 뿐 아니라 답답함조차 느꼈다.

> 만경 곡식바다 하늘가에 물결치니
> 물려주신 선영 기업 훌륭도 하옵건만
> 어쩌다 다 팔아먹고 반도 산골 기어든고[27]

김재준이 방문하고 있는 만주 일대는 비록 남의 땅이었지만, 그는 그곳이 본래 조상들이 거했던 고토(古土)일 뿐 아니라 우리 민족이 거하는 땅이라고 생각하였다.

> 눈 속에 일점황색 무덤인가 하였더니
> 굴속에 연기 나니 집인 게 분명하이
> 그래도 내 겨레 저기 있다니 찾아보고 가리라.[28]

당시 만주는 우리 겨레가 사는, 한반도의 문화가 자리 잡은 땅이었다. 김재준은 만주 넓은 땅을 마음껏 다니는 자유를 누리고 있었지만, 만주는 한반도와 마찬가지로 일제의 영향을 받는 곳이었을 뿐 아니라 실제로 중국에 속한 남의 땅이었다. 이러한 현실에서 마음껏 넓은 땅을 자유롭게 다닌다 해도 김재준은 어느 곳에서도 자리 잡을 수 없는 떠돌이일 수밖에 없었다.

더욱이 김재준은 현실에 만족하지 않고 이상을 추구하는 사람이었기 때문에 현실에 뿌리를 내릴 수 없는 순례자이기도 하였다.[29] 은진중학교에 근무하는 약 3년 동안 김재준은 안정된 생활을 영위할 수 있었다. 비록 큰 출세를 할 여력이 없는 평교사 신분이었지만, 자신의 문패가 있는 집을 마련하고 안정된 수입으로 가족을 부양할 수 있었다. 그러나 그러한 삶은 3년 만에 끝나고 말았다. 일찍이 평양 숭인상업학교에 근무할 때 신사 참배 권고를 듣고 즉시 사직하였던 것처럼, 은진중학교에 대한 일제의 영향력이 강화되자 더 이상 은진중학교에 남아 있을 의미를 상실한 것이다. 그 무렵 설립자 김대현을 비롯한 조선신학원 이사회로부터 교수로 오라는 청빙을 받은 김재준은 조선신학원 교수진에 합류하기 위해 서울로 돌아왔다.[30]

일제의 신사 참배 강요에 의해 평양신학교가 폐교된 후 목회자 양성을 위한 이렇다 할 신학교가 없는 상황에서 새로운 신학교 건립에 참여하는 것은 이상을 좇아 사는 김재준에게 충분한 의미가 있었다. 그러나 안정적인 간도에서의 생활과는 다르게 서울에서의 새로운 시작은 가히 모험이라 할 수 있었다. 왜냐하면 풍요로운 은진중학교 교사로서의 생활과는 다르게 그가 서울에서 직면할 현실은 여러 면에서 척박하였기 때문이었다.[31]

김재준은 삶의 위기 때 혹은 무언가 중대한 결정을 내려야만 할 때 의미심장한 꿈을 꾸었다. 일찍이 일본 유학을 앞두고 웅기 항구의 여관방에서 심리적으로 '광야의 시험' 같은 고민에 빠져있을 때 꿈을 꾸었고, 일제강점기가 막바지에 달했을 무렵 꿈을 꾸었다. 심지어 1950년 6.25 전쟁을 앞두었을 때도 마치 전쟁을 암시하는 듯한 꿈을 꾸었고, 전쟁 이후 악성 이질로 사경을 헤맬 때도 꿈을 꾸었다.[32] 은진중학교에서 물러난 후 조선신학원 교수진으로 참여할 무렵에도 김재준은 꿈을 꾸었는데 이를 통해 김재준은 자신의 조선신학원 참여가 "하느님의 암시"라고 생각하였다.[33] 그가 현실이 아닌 이상을 따라 살았던 인물이었음을 다시 확인할 수 있는 대목이다.

간도 은진중학교 교사로서의 삶이 현실에 안주하는 삶이었다면 서울로 돌아가 조선신학교 건립에 참여하는 것은 불안정한 미래에 자신을 기투(企投)하는 것이었다. 김재준이 간도에 처음 들어설 때 "유랑일생이니 어디 간들 못 살리"[34]라고 한 것처럼 그는 간도에서의 짧은 정착 생활을 끝내고 새로운 유랑의 삶을 시작한 것이다.

### 2) 어둔 밤 마음에 잠겨

김재준의 시 가운데 가장 유명한 작품은 찬송가에 수록된 "어둔 밤 마음에 잠겨"일 것이다.

어둔 밤 마음에 잠겨 역사에 어둠 짙었을 때에
계명성 동쪽에 밝아 이 나라 여명이 왔다.
고요한 아침의 나라 빛 속에 새롭다
이 빛 삶 속에 얽혀 이 땅에 생명탑 놓아 간다
옥토에 뿌리는 깊어 하늘로 줄기 가지 솟을 때
가지 잎 억만을 헤어 그 열매 만민이 산다.
고요한 아침의 나라 일꾼을 부른다.
하늘 씨앗이 되어 역사의 생명을 이어가리

맑은 샘 줄기 용솟아 거치른 땅에 흘러 적실 때
기름진 푸른 벌판이 눈앞에 활짝 뜨인다.

고요한 아침의 나라 새 하늘과 새 땅아
길이 꺼지지 않은 인류의 횃불 되어 타거라.35

　　민경배는 이 찬송시의 주제가 "새 시대의 전진적 신상, 즉 한국교
회의 역사적 사명"이라고 말한다.36 한반도를 "고요한 아침의 나
라"(The Land of Morning Calm)라고 처음 일컬은 사람은 미국의 천
문학자 로웰(P. Lowell, 1855-1916)이다.37 구한말 한반도는 환난,
부패, 빈곤 악습이 만연하였음에도 불구하고 그는 장차 한반도에 비
칠 아침의 여명을 바라보았다. 김재준 또한 이 땅이 한국전쟁 이후 사
회적인 급격한 변동과 암울한 군사문화의 시련 속에 있음에도 이 땅
에 비출 아침의 여명을 바라보았다. 이 여명은 이 나라에 전에 없던
빛을 비출 뿐 아니라 수많은 생명의 엉킨 탑을 하늘 높이 치솟게 하는
위대한 역사(役事)을 하는 것이었다. 38
　　이러한 여명 속에서 김재준이 발견한 것은 우리 겨레의 역사적 소
명이었다. 그것은 "우리 겨레가 '하늘 씨앗이 되어 인류의 생명을 이어
갈' 일꾼으로 부르심을 받은 거대한 사명 수행의 역군"이라는 것이다.
"고요한 아침의 나라"에 "하늘 씨앗"이 투입됨으로써 하나님께서 주신
사명이 확인된다. 그러한 사명은 결국 사명이 수행되는 현장에서 "옥
토에 뿌리가 깊이 내린 나무처럼 하늘로 가지가 치솟아 가지 잎 억만
을 해서 필경 만민이 산다"는 것으로 귀결된다. 그것은 "이 땅에 생
명탑 놓아간다"에서 "역사의 생명을 이어가리"로 외연(外延) 됨으로
써 한국교회와 겨레가 하나님께 받은 사명이 세계적으로 확대된다.39
정치, 사회적으로 암울했던 1960년대였음에도 불구하고 하나님께서
주신 한국교회와 겨레의 세계사적 사명을 김재준이 인식하였음을 이
시에서 발견하게 된다.

　문성모는 "이 시에는 김재준의 신학사상이 함축적으로 표현되어 있으므로 그의 신학사상의 정수라고 할 수 있다"라고 극찬하였다.[40] 이 찬송시가 1967년 '개편찬송가'에 처음 수록되었을 때는 '교회의 노래'라는 제목으로 현재의 3절이 아닌 2절까지만 수록되었다. 그러나 두 절만 되어 있는 것이 아쉬움을 느낀 문익환이 이후 초안을 잡은 시 '고마운 사랑아'를 인용하여 김재준이 2년여 동안 고민하면서 3절을 지었다.[41] 문익환은 김재준의 찬송시를 일컬어 "기독교 이천년 역사에 처음 있는 종교적 언어가 말끔히 가신 찬송 가사"라고 표현하였다.[42]

　문익환이 말한 것처럼 이 찬송시에는 종교적 언어가 발견되지 않는다. 이러한 측면에서 볼 때 이 찬송시가 "종교라는 울타리 안에 안주하려는 한국의 기독교를 세상 밖으로 나오게 만들었으며 삶의 종교, 민족 종교로서의 인식 전환에 결정적인 역할을 하였다"는 문성모의 언급[43]은 적절하다. 이 찬송시에는 종교적인 언어가 없기에 비기독교인들로 아무 거리낌 없이 부를 수 있었다.[44] 이처럼 김재준이 쓴 찬송시에 종교적 언어가 발견되지 않는 이유는 이 찬송시가 발표된 당시 김재준의 신학적 특징을 통해 짐작할 수 있다. 이 찬송시가 발표된 다음 해인 1967년 김재준은 다음과 같이 주장하였다.

　기독교란 세속을 떠나서 거룩한 영역을 소요하며, 시간적인 것에서 영원한 것에, 현세적인 것에서 내세적인 것에, 소란한 세파세속을 떠나서 거룩한 영역을 소요(逍遙)하며 시간적인 것에서 영원한 것에, 현세적인 것에서 내세적인 것에, 소란한 세파(世波)에서 고용한 해탈에, 인간적인 것에서 신적인 것에 옮겨가는 운동이 아닌, 거룩한 데서 세속에로, 영원의 시간에서 시간의 세계로 신적인 데서 인간적인 데로 내려오고 돌아가는 방향이다.[45]

김재준이 이러한 주장을 한 1967년은 그가 "종교계와 신학계 안에서 '예'와 '아니오'를 말해야 하는 상황"을 넘어 군부 독재 체제하에 사는 지성인이 처한 현실의 한복판에서 '예'와 '아니오'를 분명하게 말해야 할 상황에 직면한 때였다." 박정희 정권에 대한 그의 대항이 사실화된 것이다. 46 "이 땅에 의를 세우는 것이 우리 신앙의 본질에 속하는 일"이라고 하는 김재준의 주장은 구약성경에 등장하는 예언자들의 신앙에 기인한 것이기도 하였고 예수님의 신앙에 기인한 것이기도 하였다. 김재준은 예언자들과 그리스도 자신에게 공통된 것은, 그들이 임금이든, 권력자든, 어용종교자든, 일반 서민이든 간에 그들에게 '불의'가 있을 때는 가차 없이 규탄한 것이라고 하며, 이와 같은 방법이 종교에서 불의와 투쟁하는 방법이라고 보았다.47

김재준은 기독교 신앙이 "인간이 신이 되려는 방향이 아니라, 신이 인간이 되려는 방향"이라고 보았다.48 신이 인간이 되는 영역, 신자나 불신자가 하나의 인간으로, 세상과 교회가 한 하나님의 영역으로 이해될 때 종교적 언어가 없는 찬송시, 비기독교인들에게도 친숙할 수 있는 찬송시가 가능할 수 있다는 것이었다.

김재준은 한반도가 암흑에 잠긴 고요한 나라였으나 복음의 빛이 비춰서 본래 뿌리가 깊은 옥토로서의 역할을 할 수 있다고 보았다. 이처럼 옥토로 이루어진 한반도에 복음의 씨앗이 깊은 뿌리를 내리고 하늘로 줄기가 치솟기 위해서 필요한 것은 복음의 빛과 더불어 '자유로운 영의 사람'을 양성하는 교육이었다. 김재준이 일본 아오야마학원 신학부에서 공부할 때 기독교 사상과 신앙을 주축으로 한 교육 사업에 대한 꿈을 가지게 되었던 것49도 그러한 맥락에서 이해할 수 있고, 미국에서 돌아온 후 "자유하는 인간이 있을 수 없다고 느꼈던 율법주의적 신학 교육이 아닌 좀 더 복음적인 신학 교육의 필요성"을 느낀

것도 그러한 맥락에서 볼 수 있다.[50]

'자유하는 영의 사람'이 된 한 사람, 한 사람은 "성령이 내주하는" 자유인으로서 '화해의 복음'에 참여하는 사람이 된다. 그리스도께서 자기 몸, 전 존재를 속죄 제물로 못 박아 인간 사회에 평화와 친교의 길을 여셨던 것처럼 그리스도를 본받아 자기 전 존재를 못 박아 그리스도와 함께 세상에 화해와 친교의 십자로를 개척하는 그리스도인으로서 말이다.[51]

김재준은 "교회는 율법화되어 배타적 태도, 독선의 게토의 생활에 머무를 것이 아니라 생동하는 생명이 넘치게 함으로 사회에 거리에 흘러내려 그 하늘의 생명을 확대해야 하는 사명이 있다"[52]고 주장하였다. 교회가 인류 구원을 위한 유일한 하나님의 일꾼이요 도구이기 때문이다.[53] 김재준은 "인류 구원을 위한 하나님의 일꾼이요 도구로서의 사명이 있는 교회가 살아계신 하나님의 그리스도의 생명이 충일함으로써 살아있어야 한다"고 주장하였다.[54]

김재준은 복음의 빛이 비추는 이 땅의 역사는 진보할 것이라고 확신했다. 그러므로 역사의 진보, 역사의 구원을 위해 개인은 "세상이 아무리 소란할지라도 나 개인의 마음은 평안하다"는 타계적 신앙이 아니라 자유를 위해 더욱 독립적이고 비판적일 수 있어야 하며, "빛이 얼마라도 있을 동안에 굳게 서서 참 자유의 자랑을 잃지 말아야" 한다고 주장하였다.[55] 이를 위해 역사를 지향하는 삶을 살아가는 가운데[56] '하나님의 백성'으로서의 성격을 갖추어야 한다고 주장하였다.[57] 이같은 개인들이 교회를 이루어 역사의 진보, 역사의 구원에 동참하게 되기 때문이다.

앞서 언급한 것처럼, 이 시에는 김재준의 신학사상이 함축적으로 표현되어 있기에 그의 신학사상의 정수라고 할 수 있다. 김재준이 "기독교 신앙이란 인간이 신이 되려는 방향이 아니라, 신이 인간이 되려는 방향"이라고 한 이유는 초월신 되신 그리스도께서 성육신하심으로 타락하고 상실된 인간을 회복시키시고 그리스도의 모습으로 갱신하시는 새 창조를 이루셨기 때문이다. 그러므로 교회는 스스로 세상으로부터 격리할 것이 아니라 세상과 더불어 한 하나님의 영역임을 깨닫고 '화해의 복음'에 동참해야 한다. 왜냐하면 그를 통해 교회가 "새 하늘 새 땅을 열어가는, 길이 꺼지지 않은 인류의 횃불"로서 그 역할을 감당할 수 있기 때문이다.

### 3) 백조의 노래

1983년은 김재준이 유신정권에 밀려 해외로 간 지 10년이 되던 해였다. 인생의 황혼기를 맞이하였음을 느낀 그는 단풍이 짙은 캐나다의 한 숲속을 산책하던 중 삼위일체 하나님께 대한 찬가와 함께 자신의 신앙을 읊었다.[58]

이 우주는 하나님의 집 땅 위 땅 아래
새벽 날개 햇빛 타고 천부님 거기 계셔
하늘 위 하늘 아래 모두 모두 아버지 집
하늘 저켠 가더라도 내 고향 마련하네

이 눈이 하늘 보아 이 마음 밝고 맑아
새벽 날개 햇빛 타고 천부님 거기 계셔
푸름이 몸에 배고 주님 영광 비춰이네
하늘 저켠 가더라도 내 고향 마련하네

땅에서 소임 받아 주님 오라 하실 때에
새벽 날개 햇빛 타고 천부님 거기 계셔
주님 나라 섬기다가 주님 품에 안기나니
하늘 저켠 가더라도 내 고향 마련하네[59]

젊은 시절 김재준의 활동 무대는 교회였다. 그는 보수적 정통교회
가 생명을 잃었다고 보았기 때문에 그로부터 한국교회를 해방하기 위
해 분투하였다. 군부독재 치하 그의 무대는 민중과 민족이었다. 그리
고 1983년 인생의 황혼기를 맞이한 김재준의 시야는 민족을 넘어 우
주로 확대되었다.[60]

김재준은 기독교의 사랑이 에로스, 아가페, 필로스를 모두 갖춘 사
랑으로서 싸움과 분열이 아닌 화해와 일치를 이루는 사랑이라고 보았
다. 그렇기에 그는 교회를 일컬어 우주적 생명의 공동체[61] 혹은 사랑
의 공동체라고 표현하였다. 교회에서 시작된 화해와 일치는 결국 전
우주에 이르게 되는 것이었다. 사실 김재준이 말하는 우주란 매우 포
괄적인 개념이다. 그가 말하는 우주란 자연과학적 대상으로서의 우주
만이 아니라 영성의 세계까지 포함한다. 인간의 생전 존재뿐 아니라
사후의 존재와 세계까지도 포함한 전 우주를 의미하는 것이었다.[62]
이와 같은 사랑 이해로 김재준은 삶과 죽음을 초월하는 자유를 누릴
수 있었다. 김재준이 그의 삶 황혼기에 이해하게 된 이러한 범우주적
공동체를 대상으로 한 사랑 이해는 일찍이 그가 회심을 체험하고 기
독교인이 되었을 때를 떠올리도록 해준다.

1920년 목사 김익두가 인도하는 집회에 참여하여 그리스도인이
되겠다고 결심했을 때 그는 '새 빛', '새 세계' 속에서 '새로운 하나님
나라의 백성'이 되는 체험을 하였다. 그러한 체험에 대하여 김재준 자

신은 "교실에서 탈락한 자연인이 교회에서 위로부터 난 영의 사람이
됐다"고 회상하였다.63 김재준의 이러한 고백은 유동식이 표현한 것
처럼 "영성의 세계를 포함한 포괄적인 의미에서의 우주"라고 볼 수 있
다. 왜냐하면 그것은 삶과 죽음이라고 하는 자연법칙에 종속된 한계
를 초월하는 세계를 의미이기 때문이다. 회심을 통해 삶과 죽음을 초
월하는 세계를 경험한 김재준은 일찍이 소학교 교사로 근무하는 동안
목숨의 위협 앞에서조차 삶과 죽음을 초월하는 평안을 경험하였다.64

이러한 맥락에서 볼 때 김재준의 포괄적 의미에서의 우주 이해는
그의 삶의 황혼기에 비로소 나타난 것이 아니라, 젊은 시절 형성되기
시작하여 노년이 되었을 때 완숙에 이른 것임을 알 수 있다. 이처럼
젊은 시절부터 포괄적 의미에서의 우주를 경험한 김재준은 평생 매이
지 않는 지식인, 자유를 추구하는 순례자의 삶을 살 수 있었다. 그것은
떠돌아다니는 삶을 의미한 것이기도 하였다.

그의 나이 27세에 시작한 일본 유학은 어떠한 여건도 갖춰지지 않
은 채 "오직 하나님이 보내시는 대로 간다는 신념"으로 시작한 것이었
다.65 그가 동경 아오야마 학원 신학부 졸업 직후 참여했던 송별회에
서 졸업 후 포부를 피력할 때 "어쩌면 올해 내로 태평양을 건널지 모르
겠다"고 하였던 것 또한 계획된 것도, 진행된 것도 아닌 엉터리 예언이
었음에도 기적처럼 이루어졌다.66

1936년 4월 신사 참배 문제와 민족교육 문제로 평양 숭인상업학
교를 사임하였을 때 김재준은 경제적으로 어떠한 대책도 마련되지 않
은 상황이었다. 그 무렵 김재준은 그가 미국 유학을 마친 후 귀국을
앞두고 있던 어느 날 친교를 맺게 되었던 미국인 친구 '찰스 드 로이'로
부터 매달 20불의 경제적 원조로 인해 가족들을 부양할 수 있었다.
김재준은 같은 체험을 "까마귀가 물어다 주는 빵 부스러기로 연명했

다는 엘리야의 기적"이라고 보았다.[67]

이처럼 "엘리야의 기적"을 체험한 김재준은 일제의 전문학교령에 의해 조선신학원 인가가 취소된 후 신사 참배에 대항함으로써 폐교된 평양신학교를 대신하여 총독부의 인가를 받아 설립된 후(後)평양신학교에서 교수 초빙 공문서와 생활비를 보냈을 때 그것을 거절하였다.[68] 일제 강점기 막바지에 이르렀던 1945년 상반기 신학원 원장이자 구약학 교수이며, 그 밖의 모든 신학원 살림을 꾸려가는 경영자로서 거의 빈사 상태였던 조선신학원을 혼자 끌어안고 힘겨운 싸움을 한 끝에 조선신학원의 폐쇄를 막을 수 있었던 일 또한 김재준이 하나님의 은혜로 받아들였음은 짐작하기 어렵지 않다.[69]

1952년 4월 25일 대구 서문교회에서 열린 제32회 총회에서 결정한 김재준 파문과 한국신학대학 출신의 교역자 인가 취소 결정으로 인해 발생한 한국기독교장로회로의 분립은 김재준에게 가장 큰 위기로 다가왔을 것이다. 그러나 그러한 위기조차 그는 분립을 분열이 아닌 '분지'(分枝), 분지 중에서도 '결과지'(結果枝)라고 하며 하나님의 섭리로 보았다.[70]

김재준의 삶은 유랑의 삶이었다고 보기에 충분하다. 1901년 한반도 최북단인 함경북도 경흥군 창꼴마을에서 태어난 김재준은 서울로, 동경으로, 미국으로, 귀국 후 다시 간도로, 서울로 그리고 캐나다로 밀려다니며 평생 유랑의 삶을 살았다.[71] 유랑의 삶은 구속 없는 자유로운 삶임과 동시에 불확실성으로 점철된 삶이다. 김재준은 평생 불확실성으로 점철된 현실을 극복하는 가운데 하나님 은혜와 섭리를 인식하며 감사하는 삶을 살았다. 이를 통해 김재준은 "하늘 위 하늘 아래 모두 모두 아버지의 집"으로 인식할 수 있었을 것이며, "하늘 저켠 가더라도 내 고향 마련하네"라는 고백을 할 수 있었을 것이다. 평생 순례

자로서 마음껏 자유를 누릴 수 있었던 김재준은 그가 가는 곳마다 '주
님의 나라', '아버지의 집'으로 인식할 수 있었다.

김재준은 하나님으로부터 땅에서 받는 소임을 다하기 위해 두 방
향에서 헌신하였다. 하나는 올바른 지도자 양성을 위한 신학 교육이
었고, 또 하나는 불의한 현실에 대한 저항과 개혁 운동이었다. 그는
한국교회의 율법주의적인 보수 신앙에 맞서 참된 복음에 입각한 신학
교육에 헌신하기 위해 분투하는 삶을 살았다. 그뿐 아니라 그는 예언
서를 연구한 구약학자로서 역사의식에 투철한 교육자이기도 하였기
에 불의한 현실에 직면했을 때는 과감히 예언자의 역할을 감당하였
다.72 평생 이러한 소임을 감당하려고 최선을 다했기에 김재준은 자
신의 소임을 다 하다가 머지않아 주께서 부르실 때 영원한 고향 아버
지 품으로 돌아간다고 고백할 수 있었다.73

## 2. 소결

김재준이 쓴 글 가운데는 보편적인 신학자들과 같은 신학 저술도
많지만, 수필이나 단장 등의 글도 적지 않다. 더욱이 김재준으로부터
는 풍부한 시적 표현으로 가득한 문체들이 다수 발견된다. 이와 같은
문학적 글쓰기를 통해 김재준은 자신의 사상을 더욱 설득력 있게 표
현할 수 있었다.

1930년대에 쓴 "간도 정점"에 언급된 몇 편의 시에서 자신의 삶을
유랑인의 삶으로 표현했던 것처럼 김재준은 평생 유랑하는 삶을 살았
다. 유랑하는 삶은 매이지 않는 자유인의 삶이지만 동시에 아무것도 보
장되지 않는 삶이다. 그렇기에 김재준은 자신의 삶을 하나님의 은혜에

의지하는 삶이라고 고백하였다. 이러한 자유인의 삶에는 한 가지 특권이 있었는데 그것은 빼앗길 것이 없는 성빈(聖貧)한 삶을 살 수 있다는 것이었다.[74] 지켜야 할 기득권이 없기에 뜻을 굽힐 필요가 없고 자신이 확신하는 바를 실천하는 삶을 살 수 있었다는 것이다.

앞서 문성모가 언급한 것처럼, 1960년대 말 그의 찬송시 〈어둔 밤 마음에 밝아〉는 그의 신학사상이 함축적으로 표현되어 있는 시라고 평가할 수 있다. 김재준은 암흑에 가득했던 한반도에 복음의 빛이 비춤으로 암흑이 걷힌 자유의 땅이 되었다고 보았다. 그렇기에 복음의 빛이 비춘 이 땅의 역사는 진보의 역사, 긍정의 역사라고 이해할 수 있었다. 김재준은 역사 진보의 구심점이 교회라고 보았다. 그렇기에 그리스도인은 개인적 차원의 타계적인 신앙이 아니라 교회가 더 이상 세상과 분리된 영역이 아닌 세상과 더불어 하나님의 영역임을 깨닫고 '화해의 복음'에 동참하는 세상 속의 공동체가 되어야 한다고 주장하였다. 그와 같은 확신 속에서 김재준은 종교적 언어가 포함되지 않은, 비기독교인들도 부를 수 있는 찬송시를 쓸 수 있었다.

김재준이 유신정권에 밀려 해외로 간 지 10년이 되던 1983년 어느 날, 단풍이 짙은 캐나다의 한 숲속에서 김재준은 자신의 신앙을 읊은 시 〈백조의 노래〉를 지었다. 이 시를 통해 그의 시야가 교회와 민족을 넘어 우주로 확대되었음을 알 수 있다. 이 시에서 그것은 자연과학적 대상으로서의 우주만이 아니라 영성의 세계를 포함한 것이며, 인간 생전의 존재뿐 아니라 사후의 존재지도 포함한 범우주적 영역을 의미하는 것이었다. 김재준은 이 땅에서의 죽음이 인생의 끝이 아니라 또 하나의 새로운 세계를 열어가는 새벽이며, 죽음 너머의 저세상 역시 하나님 아버지의 집이며 우리들의 고향으로 인식하였다.[75]

김재준의 생애 황혼기에서 발견되는 이러한 인식은 일찍이 그가 회심을 체험한 20대 청년 시절에 이미 발견된다. 1920년 목사 김익두가 인도하는 부흥 집회에 참여하여 그리스도인이 되겠다고 결심했을 때 그는 '새 빛', '새 세계' 속에서 '새로운 하나님 나라의 백성'이 되는 체험을 할 수 있었다. 이를 통해 알 수 있듯이 김재준의 범우주적 영역에 대한 인식은 이미 그가 회심을 체험했던 20대에 시작되어 평생 견지한 것이다.

김재준은 "목사는 시인이 되어야 한다"며 시인의 마음을 간직하라고 당부하였다. 예수님 또한 "시심(詩心)이 넘치는 분"이라고 생각하였다. 자신 또한 시심이 풍부한 인물로서 평생 자신의 사상을 문학적 글쓰기를 통해 표현하려고 하였다. 필자는 그가 남긴 몇 편의 시를 통해 김재준을 자유인으로서 그의 사상을 함축하여 표현할 수 있다고 본다. 그것은 1930년대 간도에서의 몇 편의 시와 1960년대 말 종교적 언어가 배제되었던 한 편의 찬송시 그리고 그의 생애 말년에 자신의 범우주적 공동체에 대한 사랑을 표현했던 한 편의 시에서 공통적으로 발견된다.

# 10장
# 나오는 말

지금까지 김재준에 대한 인식은 참으로 상반되어 왔다. 천사무엘은 김재준을 일컬어 "근본주의와 독재에 맞선 예언자적 양심"이라고 하였고,[1] 박봉랑은 김재준을 일컬어 "시대가 요구하고 하나님이 선택한 예언자"라고 하였다.[2] 전경련은 김재준을 일컬어 "신앙과 신학의 자유를 실천하고 확보한 분"이라고 하였으며,[3] 강신정은 김재준을 일컬어 "그리스도의 발자국만을 따라 사신 분"이라고 하였다.[4] 모두 김재준에 대한 칭송이다. 이들 대부분은 김재준의 제자였거나 적어도 김재준에 대하여 우호적인 입장을 취하고 있는 이들이다. 그러나 보편적인 한국교회에서는 이처럼 김재준에 대한 긍정적인 인식보다는 부정적인 인식이 더 많았다.

김양선은 김재준에 대하여 "전통과 정통을 무시할 뿐 아니라 그것과 대결하여 싸우려는 철저한 자유주의자"였다고 하였다. 최덕성은 김재준에 대하여 "철저한 자유주의자도 아니고, 철저한 바르트주의자도 아니고, 정통주의자는 더욱 아니다"며 김재준을 부정적으로 보았다.5 이들 모두 김재준과 평생에 걸쳐 대립적 경쟁자 관계를 형성했던 박형룡으로부터 영향을 받은 이들이다. 한 마디로 박형룡과 박형룡의 제자이거나 박형룡에게 우호적인 이들에게 김재준 인식은 "자유주의 신학자"이다. 박형룡을 필두로, 하비콘, 박용규, 김길성 등에게서 그러한 언급이 보인다. 그렇지만 김재준에 대한 부정적인 인식은 비단 이들 학자나 목회자들에게만 국한되지 않았다. 그의 이야기를 들어보자.

> 하루는 부산에 사는 어떤 개인 신자에게서 편지가 왔다. 전혀 모를 이름이었다. "저는 하나님께 밤낮없이 간구해왔습니다. '하나님께서 교회를 사랑하신다면 김재준을 하루속히 불러가 주십시오.' 하는 것이 기도의 제목이었습니다. 그러다가 6·25가 터져서 목사님들이 모두 부산 지방에 피해서 생명을 보전했습니다. 그러나 김재준은 서울에 남았습니다. '이제야 하나님이 내 기도를 들어 주시나보다 하고 흐뭇해했습니다. 그런데 또 살아 있다니, 이제는 하나님을 의심하게 됐습니다."… 사실, 남하한 정통주의 목사들은 내게 대해 진짜 유언비어를 퍼뜨리고 있었다고 한다. "김재준이 거리에 나가 공산당 선전원 노릇하는 것을 봤다", "이북에 다녀왔다", "적기를 들고 가두행진 하는 것을 보았다." 별별 말들이 많았다고 한다.6

1950년 한국전쟁 당시 한국 기독교 공동체의 김재준에 대한 인식이 어떠했는지 보여주는 예로 충분하다. 그보다 앞선 1948년, 김재준은 다음과 같이 강경하게 말하였다.

> 내가 그리스도의 처녀 탄생도 기적도 부활도 재림도 믿지 않는다는 것을 선전하는 자가 있는 모양입니다. 그런 이는 나의 저서와 아울러 내가 8년간 강의한 것을 들추어 보시면 알 것입니다. 그리고 학생들이 가지고

있는 교안의 프린트물을 보아도 알 것입니다. 그래도 유보하는 자가 있다면 그것은 '이웃을 해하려고 거짓 증거 하는 범계자(犯誡者)'임을 알아야 할 것입니다.[7]

이와 같은 김재준에 대한 부정적인 인식에서 볼 수 있는 것처럼 그는 보수적인 한국교회의 풍토에서 자유주의자로 오해받아 왔다. 그뿐 아니라 김재준의 진술에서 볼 수 있는 것처럼 '친공(親共) 인사'로 오해받기까지 하였다.

김재준은 1960년대부터 박정희 군부정권에 저항하는 삶을 살았다. 반공주의자이며 남한교회의 수호자로 인식되었던 박정희에게 대항했던 김재준이었기에 결국 전투적인 반공주의적 특성을 내포하고 있는 남한교회들이 김재준에 대하여 공산주의에 우호적 인물로 오해할 여지가 있었다고 본다. 더욱이 김재준은 보수적인 한국교회의 풍토에서 신정통주의 신학의 창시자라고 볼 수 있는 칼 바르트(K. Barth)의 신학을 차용하여 자신의 신학을 설명하려고 하였으며, 미국의 신정통주의 신학자라고 할 수 있는 라인홀드 니부어(R. Niebuhr)와 그의 동생 리처드 니부어(R. Niebuhr)의 신학과 맥을 같이하기도 하였다. 그의 삶 후반기에는 사회적 불의에 항거하는 해방신학, 민중신학 등과 호흡을 같이 하기도 하였다.[8] 오늘날 보수적인 한국교회의 풍토서 김재준에 대한 우호적 인식이 여전히 쉽지 않음을 알 수 있다.

김재준에 대한 이러한 인식은 그의 후예들로부터 기인된 바도 적지 않다. 냉전의 상흔이 지워지지 않은 1989년 평양을 방문하여 한국 사회와 교회에 큰 충격을 주었던 문익환은 김재준의 소천 직후 그의 영전에 바쳤던 시에서 김재준을 "큰 스승이시여"라고 칭송하였다.[9] 정부의 허락 없이 평양을 방문하여 한국 사회와 교계에 큰 충격을 주었던 문익환이 김재준을 일컬어 이렇게 '큰 스승'으로 표현하였으니 한국전쟁을 경험한 대다수 한국 기독교인들의 김재준 인식이 어떠했을지 짐작하기 어렵지 않다.

사실 해방 후 한국교회에서 이른바 진보적 사회 운동을 이끌었던 알려진 인물들 가운데 김재준의 제자들이 적지 않다.[10] 강원룡, 박형규, 문익환 등이 대표적인 이들이다. 문동환 또한 김재준으로부터 많은 영향을 받은 인물이다. 이들을 통해 김재준의 모습을 본다면 그는 진보적 사회운동가이기도 하고 급진적인 통일운동가[11]이기도 하다. 그러나 김재준이 자신을 진보적 사회운동가이며 급진적인 통일운동가로 규정할 것인가. 필자는 그렇지 않다고 본다. 김재준 사회 참여와 통일 운동은 딱히 새로운 사상으로 인한 것이 아닌 성경에 기반한 실천의 영역이었기 때문이다.

그뿐 아니라 앞서 김재준의 '탈 이데올로기 지향'에서 살펴보았던 것처럼 그에게 각각 남북한의 이데올로기는 선과 악의 이항대립이 아닌 하나님 앞에 범죄한 인간들의 산물로서 그것이 절대적 이데올로기로 작용될 때에 개인을 억압할 수 있는 기제로 작용되었다. 그러므로 김재준은 "통일은 이데올로기의 대립으로 인한 한 편에서의 흡수가 아닌 공산 진영과 자유 진영의 두 편을 종합하면서 초극하는 제3의 통일로 지향되어야 한다"라고 보았다.

그의 신학사상 또한 마찬가지이다. 김경재는 김재준의 신학사상에 대하여 다음과 같이 주장하였다.

김재준의 대승적 기독교 이해는, 20세기 세계적 대신학자 칼 바르트, 폴 틸리히, 라인홀드 니버 형제, 본회퍼, 과정신학자 존 캅 그리고 예수회 신부 데이야르 샤르뎅의 기독교 이해 입장에서 큰 틀에서 같이 한다.[12]

과연 그럴까? 이와 같은 김재준의 신학사상 이해가 김재준 자체의
신학사상이 아닌 김경재가 이해하고 규정한 김재준의 신학사상은 아
닐까? 물론 큰 틀에서 견해를 같이 한다는 언급을 함으로써 김재준의
신학사상 해석에 어느 정도 여지를 남기고 있다. 그러나 김재준이 누
군가의 신학사상과 견해를 같이 한다고 보는 것은 타당하지 않다. 왜
냐하면 김재준은 여러 사상가의 저서들을 참조하였을 뿐 특정한 학자
들에게서 영향을 받지 않았기 때문이다. 이와 같은 김경재의 언급 또
한 다른 이들의 김재준 이해를 곡해할 수 있는 개연성이 있다. 필자는
이와 같은 김경재의 김재준 이해는 "자신의 스승을 세계적인 학자들
과 같은 범주에 두려고 하는 제자의 이해"라고 본다.

한국교회의 김재준 이해에는 무엇보다도 그와 평생 대립적 경쟁
자 관계를 유지한 박형룡과 상대적 개념으로서의 이해인 경우가 많
다. 사실 장동민과 이상규의 언급에서 볼 수 있듯이 김재준과 박형룡
의 사상은 평생에 걸친 대립을 통해 형성되었다. 그렇기에 박형룡 없
는 김재준은 생각하기 어렵고 김재준 없는 박형룡 또한 생각하기 어
렵다. 이와 같은 측면에서 본다면 한국교회의 김재준 이해는 자유주
의자로서의 이해이다. 왜냐하면 박형룡은 스스로 일컬어 근본주의자
라고 하였기 때문이다. 박형룡이 말하는 근본주의자가 부정적인 의미
가 아닌 긍정적인 의미인 것은 물론이다. 박형룡은 "근본주의란 별 다
른 것이 아니라 정통주의요 정통파 기독교이다"라고 천명하였다.[13]

이와 같은 맥락에서 볼 때 박형룡의 근본주의자로서 자기 인식은
"근대 자연과학이 갖는 반유신론적인 함의들로부터 기독교를 옹호하
는 사람"[14]으로서 긍정적인 측면을 함유한다. 평생에 걸친 대립 속에
서 김재준과 박형룡은 양극단에 치닫는 신학적 차이를 가져왔다. 그
렇기에 보수적 풍토가 강한 한국교회에서 박형룡은 성경을 지키려고

하는 정통주의자로 김재준은 성경을 파괴하려고 했던 자유주의자로
이해되어왔다.

이와 같은 사실들에 비추어 볼 때 그동안 한국교회에서 김재준이
참으로 다양하게 이해되어왔음을 알 수 있다. 공산주의에 우호적인
자로, (정교분리의 원칙을 어기고) 부당하게 정치에 참여하는 자로,[15]
김양선의 이해에서 볼 수 있었던 것처럼 전통과 정통을 무시할 뿐 아
니라 그것과 대결하여 싸우려는 철저한 자유주의신학자로, 앞서 언급
했던 것처럼 민중신학자로, 해방신학자로 말이다. 전투적인 반공주의
적를 내포하고 있는 보수적인 풍토의 한국교회에서 이와 같은 김재준
이해는 부정적인 이해일 수밖에 없다.

김재준에 대한 다양한 이해는 그에 대하여 우호적인 이들에게서도
발견하게 된다. 앞서 언급했던 것처럼 근본주의와 독재에 맞선 예언자
적 양심으로, 신앙과 신학의 자유를 실천하고 확보한 인물로, 그리스
도의 발자국만을 따라 살아간 인물로, 대승적 기독교인으로 말이다.
심지어 김재준은 민주주의 운동의 대부처럼 여겨지기까지 하였다.[16]

긍정적이든 혹은 부정적이든 지금 김재준에 대한 이해는 참으로
다양하다. 그는 자신을 어떻게 이해했을까? 본서의 서두에 언급한 그
의 고백을 다시 보자.

… 나는 무슨 '주의'에 내 신앙을 주조할 생각은 없으니 무슨 '주의자'라
고 판 박을 수가 없으오. 그러나 나는 생동하는 신앙을 은혜의 선물로 받았
다고 믿으며 또 그것을 위해서 늘 기도하고 있으오. 내가 어느 목표에 도달
했다고 생각할 수는 없지만, 그리스도를 목표로 달음질한다고는 할 수
있을 것 같으오. 기어코 무슨 '주의'냐고 한다면 '살아 계신 그리스도주의'
라고나 할까? 나는 하나님께서 자신의 경륜대로 써 주시기를 기도할 뿐
이며, 또 그렇게 믿고 있으오….[17]

김재준은 자신을 어떠한 범주에도 두지 않았다. 이러한 태도는 초기에서부터 삶의 황혼기까지 동일하였다. 그가 이처럼 생동하는 신앙을 은혜의 선물로 받았다고 믿는, 그리스도를 목표로 달음질하는, '살아 계신 그리스도주의'자로서의 인식은 무엇보다도 그가 김익두 목사가 인도하는 부흥 집회에서 경험한 회심 체험에 기인한 것이었다. 그의 이야기를 다시 들어보자.

나는 "옳다! 나도 믿겠다!" 하고 결단했다. 그 순간 정말 이상했다. 가슴이 뜨겁고 성령의 기쁨이 거룩한 정열을 불태우는 것이었다. 성경 말씀이 꿀송이 같고 기도에 욕심이 생겼다. 교실에서 탈락한 자연인이 교회에서 위로부터 난 영의 사람이 됐다.[18] 삶의 방향이 달라졌다. 그 의미도 달라졌다. 그 전 생활은 '분토'같이 여겨졌다. 나는 '새 사람'이 됐다고 느꼈다.[19] 나 자신으로 보더라도 나의 그리스도 신앙이 나 자신의 결단만으로 된 것이 아님을 안다. 성령의 역사를 나는 부정할 수 없다. 지금까지의 유교적인 윤리와 규례에서 해방했다. "분토같이 버렸노라" 한 "바울"의 말이 영락없는 "내" 말로 된다.[20]

김재준 자신의 진술에 따르면 그의 회심 체험은 빡빡한 유교적 교훈과 계율을 초월한 '자유로운 영'의 사람으로서의 '낭만' 체험이었다.[21] '자유로운 영'의 사람으로서의 '낭만' 체험은 '성령의 역사'에 의한 체험이었다. 그것은 일찍이 바울이 경험했던 회심 체험과 같은 맥락에서 이해된다. 그는 참으로 자신의 회심 체험을 낭만적으로 이해하였다. 삶의 황혼기에 이르렀을 때 김재준은 다음과 같이 진술하였다.

내가 20대 이상과 공상이 뒤섞여, 무지개 타고 하늘에 오르는 동화의 세계가 생각의 태두리에 맴돌고 목가적인 낭만이 자연과 인간 사이에 감미

로울 무렵에 그리스도가 찾아오셨고 아시시 성 프란체스코가 손을 잡아 주었다.22

이처럼 낭만적 경험으로서 회심을 체험한 김재준은 평범한 생활인으로부터 그리스도와 아시시 성 프란체스코를 본받으려고 하는 무소유의 자유인으로 삶을 살겠다고 결단하였다. 김재준에게 성령의 역사에 의한 회심 체험은 이와 같은 변화를 동반한 경험이었다. 그러므로 그의 삶 속에서 발견되는 행보들은 이와 같은 성령체험에 기반하여 이해해야 한다.

이른바 '자유인'으로서의 김재준은 먼저 그가 태어나고 자랐던 태생적 환경 그리고 어린 시절 가정으로부터의 영향에서 기인하였다. 두만강 유역 창골마을에서 나고 자란 김재준은 산과 계곡과 밭과 시내, 그 어디를 가도 '입산금지'니 '오프 리미트'니 하는 간판을 발견할 수 없었던 자연 속에서 마음껏 뛰어노는 가운데 자유로운 정서를 형성할 수 있었다. 더욱이 김재준은 중농의 가정에서 태어나 경제적 어려움 없이 문학적 감수성이 풍부한 아버지와 대가족의 안주인으로서 가족을 잘 돌보는 위신 어린 어머니의 돌봄을 받으며 따뜻한 정서를 형성할 수 있었다.

그렇지만 김재준은 어려서부터 자신이 속했던 사회에 대하여 반발심을 품었는데 그 이유가 "유교의 계층 윤리로 인한 인간관계의 경화증", 그로 인해 느낄 수밖에 없는 아버지와 형으로부터 느끼게 되는 "압력 권위" 때문이었다고 주장하였다.23 이른바 "유교의 계층 윤리로 인한 인간관계의 경화증", "압력 권위"를 일컬어 김재준은 "유교의 빡빡한 교훈과 계율"24이라고 표현하였다. 김재준 회심 체험을 통해 그러한 것들로부터 해방되었다. 그러므로 김재준에게 기독교 신앙은 자유의 신앙이며 낭만의 신앙일 수밖에 없었다.

김재준을 이해하는데 무엇보다 중요한 것은 "기독교인이 되기로 결심한 후 그가 그리스도를 어떻게 인식하였는가?" 하는 것이다. 왜냐하면 그가 만난 그리스도의 모습은 자신이 평생 실천하며 살려고 했던 모습이기 때문이다. 그가 인식한 그리스도는 '새로움'의 그리스도였다. 그를 새로운 세계, 새로운 빛, 새로운 생명으로 초대한 그리스도였다. 그리스도를 만남으로 인해 새로움의 세계로 들어선 김재준은 가장 좋은 세계를 맛보았기에, 무소유의 자유인으로 살겠다고 결심하였다. 왜냐하면 그리스도를 만난 후 그의 반사광으로서 아시시 성 프란체스코를 만나게 되었고 연이어 톨스토이와 가가와 도요히코를 만났기 때문이다. 그리스도를 만나고 그의 반사광으로 아시시 성 프란체스코와 톨스토이, 가가와 도요히코를 만난 김재준은 자신 또한 평생 무소유의 낭만 속에서 청빈을 실천하는 단순한 삶을 살려고 하였다.

필자가 볼 때 김재준은 단순히 실천하는 삶을 살려고 한 그리스도인이었을 뿐이다. 말 그대로 그를 새로움으로 초대하신 그리스도 그리고 그의 반사광으로 인식된 무소유의 자유인 아시시 성 프란체스코와 같은 삶을 실천하면서 살려고 한 소박한 그리스도인이었다. 긍정적이든, 부정적이든 오늘날 그에게 주어진 화려한 수식어들은 그가 의도한 것들과는 거리가 먼 것이었다. 그는 말 그대로 자유를 호흡하며 그리스도를 따르고 그의 반사광처럼 되려고 했던 한 사람의 그리스도인이었다. 한 마디로 '네' 할 때는 '네' 하고, '아니오' 할 때는 '아니오' 하는 단순한 그리스도인으로 살려고 한 것이다.

그렇지만 1930년대 자유주의 논쟁과 간도에서의 생활 그리고 조선신학교 건립 및 한국기독교장로회의 분립 그리고 박정희 정권하에서의 기독교인의 책임 인식 등은 그로 인해 이른바 논쟁적인 신학자,

한국 진보신학의 거두, 권위주의적인 국가 권력에 맞섰던 사상가 등
온갖 수식어들로 그를 감싸도록 하였다. 그러나 그러한 수식어들은
김재준 자신도 원하지 않았던, 다른 이들로부터 주어진 갑옷처럼 여
겨졌을 것이다.

김재준에게 유일하게 발견되는 자기 인식은 교육자로서의 인식이
다. 그는 서울에서의 공부를 마친 후 두만강 오지 마을의 소학교 교사
로 활동하였고, 일본 아오야마학원에서 유학할 무렵 비교적 자유로우
면서도 후진들에게 무언가 '혼'을 넣어주려고 하는 교육자로서 자신의
인식을 더욱 분명히 가졌다. 미국에서의 유학을 마치고 귀국한 후 그
는 자유하는 인간을 만들 수 있는 교육자로서의 자기 인식을 더욱 공
고히 하였다. 교육자로서의 인식 또한 마찬가지로 실천하는 삶을 사
는 기독교인으로서의 자기 인식의 연장선에서 이해해야 한다.

김재준이 추구한 삶은 실천하는 삶, 단순히 그리스도를 따르는 삶
이었다. 오늘날 그에게 주어진 많은 수식어는 사실 그에게 어울리지
않는 갑옷에 불과하다. 그는 단지 자유를 호흡하며 날고 싶었던 '장
공'(長空)이었기 때문이다. 이러한 김재준의 사상에서 발견되는 특징
을 간단하게 정의한다면 '자유', '열림' 그리고 '초청'이라고 본다. 오늘
날 한국교회 일각에서 김재준의 사상을 특정한 권위의 준거로 두려고
하는 모습을 보게 된다. 그러나 김재준의 사상은 어떠한 권위의 준거
로도 작용될 수 없다. 왜냐하면 그의 사상은 매일 수 없는 자유의 사상
이기 때문이다. 자유의 사상은 언제나 열려 있기에 누구나 초청한다.
규정된 명사의 신학, 명사의 사상이 아닌 그리스도 안에서 여전히 열
려 있는 동사의 신학, 동사의 사상으로서 말이다.[25]

이제 필자는 김재준이 한국교회에서 자유주의신학자로 낙인된 중
요한 이유를 두 시기로 분류하여 덧붙임으로써 '자유인' 김재준 논의

를 마무리하려고 한다.

첫째, 김재준이 일본과 미국에서의 유학 생활을 마치고 귀국한 1930년대이다. 1930년대는 박형룡을 중심으로 한 다수의 보수적 교회 지도자들과 김재준을 비롯한 소수의 진보적 교회 지도자들이 첨예하게 대립하였고 결국 박형룡을 중심으로 한 보수적 교회 지도자들이 한국 장로교단의 중심인 평양에서 헤게모니를 장악하였다. 그로 인해 박형룡은 보수신학의 대부로 추앙받기에 이르렀고 김재준을 비롯한 신진 교회 지도자들은 각각 간도와 부산으로 떠날 수밖에 없었다.26 김재준의 신학은 자유주의신학과 거리가 있었지만 자유주의자로 단죄되었다는 사실에서 당시 한국교회의 자유주의신학의 범주가 상당히 넓었으며 정통신학의 범위가 매우 좁았음을 알 수 있다.

둘째, 김재준이 박정희에게 대항한 1960년 이후이다. 한국전쟁 이후 한국교회 지도자 대다수는 해방 후 북한에서 그리고 한국전쟁 동안 공산주의자들로부터 박해를 경험하였기 때문에 반공노선을 견지하는 정부에 협력적인 자세를 보였다. 특히 자신의 혁명 공약 첫머리에서 "반공을 국시의 제일로 한다"고 강조했던 박정희를 '교회의 수호자'로 인식함으로써 절대적으로 그를 지지했다. 그러나 김재준은 공산주의를 악으로 생각한 대부분의 한국교회 지도자와는 달리 "모든 이데올로기는 하나님 앞에 심판을 받아야 한다"며 그것을 상대적으로 생각하였고, "박정희가 자기 자신을 신격화하여 하나님을 무시하고 오만한 자리에 앉아있다"27고 생각함으로써 그에게 대항하였다. 이는 무엇보다도 "하나님의 형상으로 지음 받은 피조물로서 하나님을 의존할 뿐 그 어느 것에서도 자유를 속박받을 수 없다"는 자유로운 존재로서의 인간 이해에 근거한 것이었다.

결론적으로 김재준은 1930년대 계율적 정통주의 신학에 대항하였고 1960년대 이후에는 반공을 빌미로 인권과 자유를 억압하는 권력에 대항하였다. 대다수 한국교회는 1930년대 계율적 정통주의 신학을 견지하였고 한국전쟁 이후에는 반공을 표명하는 박정희 정권을 지지하였다. 이를 통해 김재준에게 부여된 자유주의신학자라는 낙인은 주류 한국교회와 다른 길을 택함으로써 주어진 것임을 알 수 있다. 이와 같은 측면에서 김재준을 하나님만 의존하는 자유로운 존재인 인간을 억압하는 모든 것에 대항하는 삶을 살았던 자유인, 자유의 신학자라고 부를 수 있다. 김재준이 남긴 한 마디는 그에 대한 통전적 이해를 함축하고 있다.

나는 아무 주의자도 아닙니다. 다만 한 개의 겸비한 크리스천으로서 어떻게 하면 그리스도의 심정을 좀 더 이해하고 그의 뜻을 따를까 하는 걱정밖에 다른 아무것도 없습니다.[28]

# 참 고 문 헌

## 1차 자료

### 김재준 저작

김재준. "아모스의 생애와 그 예언"(1933).『장공 김재준 논문 선집』. 오산: 한신대학교
　　　출판부, 2001.
_____. "그리스도의 부활에 대한 연구"(1935).『장공 김재준 논문 선집』. 오산: 한신대
　　　학교출판부, 2001.
_____. "노래."「십자군」1권 1호(1937), 5.
_____. "동심(同心)."「십자군」1권 1호(1937), 5.
_____. "영웅·대망론."「새사람」5집, 1937. 5.
_____. "신앙의 삼중성."「십자군」1권 3호, 1937. 1-2.
_____. "예전자적 심정."「십자군」2권 1호, 1938.
_____. "박사들은 지금도 예수께 절합니다."「십자군」1권 5호. 1938.
_____. "간도점경(間道點景)"(1940).『김재준 전집』1권. 오산: 한신대학교출판부,
　　　1992.
_____. "기독교의 건국이념"(1945).『김재준논문 선집』. 오산: 한신대학교출판부,
　　　2001.
_____. "인간성의 한계와 복음"(1948).『김재준 전집』1권. 오산: 한신대학교 출판사,
　　　1992.
_____. "인간혁명"(1948).『김재준 전집』1권. 오산: 한신대학교 출판사, 1992.
_____. "그리스도와 현실"(1948).『김재준 전집』1권. 오산: 한신대학교출판부,
　　　1992, 331-334.
_____. "대전(大戰) 전후 신학사조의 변천"(1949).『김재준전집』1권. 오산: 한신대
　　　학교출판부, 1992.
_____. "편지에 대신하여"(1949). 김양선.『한국 기독교 해방 10년사』. 서울: 대한예
　　　수교 장로회총회 종교교육부, 1956.
_____. "스탈린의 사보를 듣고"(1952).『현대의 위기와 기독교』. 서울: 삼민사, 1984.
_____. "크리스챤의 인간상"(1953).『현대의 위기와 기독교』. 서울: 삼민사, 1984.
_____. "총회와 그 후"(1953).『김재준전집』2권. 오산: 한신대학교출판부, 1992.
_____. "공산주의론"(1953).『김재준 전집』2권. 오산: 한신대학교출판부, 1992.
_____. "대한 기독교장로회의 역사의 의의"(1956).『김재준전집』4권. 오산: 한신대
　　　학교출판부, 1992.

_____. "만생여록"(1961). 『김재준 전집』 5권. 오산: 한신대학교출판부, 1992.

_____. "4·19의 회고와 전망"(1962). 『김재준 전집』 5권. 오산: 한신대학교출판부, 1992.

_____. "기독교와 정치 -라인홀트 니버의 경우-"(1962). 「사상계」 8권. 서울: 세종문화사, 1988.

_____. "내가 영향 받은 신학자와 그 저서"(1967). 『김재준 전집』 8권. 오산: 한신대학교출판부, 1992.

_____. "나의 독서생활"(1967). 『김재준 전집』 8권. 오산: 한신대학교출판부, 1992.

_____. "불의에 대한 투쟁도 신앙이다"(1967). 「사상계」 제19권. 서울: 세종문화원. 1988.

_____. "새로운 평신도상"(1967). 『김재준 전집』 8권. 오산: 한신대학교출판부, 1992.

_____. "종교와 사회"(1967). 『김재준 전집』 8권. 오산: 한신대학교출판부, 1992.

_____. "생활 건설의 종교"(1968). 『김재준 전집』 8권. 오산: 한신대학교출판부, 1992.

_____. "교회봉사의 뜻"(1969). 『김재준 전집』 8권. 오산: 한신대학교출판부, 1992.

_____. "자유를 위하여"(1969). 『김재준 전집』 8권. 오산: 한신대학교출판부, 1992.

_____. "난세를 걷는 사람들"(1969). 『김재준 전집』 8권. 오산: 한신대학교출판부, 2001.

_____. "제3일"(1970). 『김재준 전집』 9권. 오산: 한신대학교출판부, 1992.

_____. "민주수호 국민협의회"(1971). 『김재준 전집』 14권. 오산: 한신대학교출판부, 1992.

_____. "기독교와 인간 자유"(1973). 『장공 김재준 논문 선집』. 오산: 한신대학교출판부, 2001.

_____. "제3일의 논리"(1974). 『김재준 전집』 11권. 오산: 한신대학교출판부, 1992.

_____. "한국 민주화 운동의 연속선"(1974). 『김재준 전집』 14권(범용기 2). 오산: 한신대학교출판부, 1992.

_____. "북미류기(北美留記) 제1년"(1974). 『김재준 전집』 14권(범용기 2),. 오산: 한신대학교출판부, 1992.

_____. "반공국시와 기독교"(1974). 『김재준 전집』 11권. 오산: 한신대학교출판부, 1992.

_____. "우상과 우상숭배"(1974). 『김재준 전집』 11권. 오산: 한신대학교출판부, 1992.

_____. "양두구육(羊頭狗肉)"(1974). 『김재준 전집』 11권. 오산: 한신대학교출판부, 1992.

_____. "만장문기(輓章文記)"(1978).『김재준 전집』15권(범용기 3). 오산: 한신대 학교출판부, 1992.

_____. "살아계신 주 그리스도만 - 체계화에의 혐오-"(1979).『김재준 전집』12권. 오산: 한신대학교출판부, 1992.

_____. "그리스도와 함께 50년(2)"(1978).『김재준 전집』12권. 오산: 한신대학교출 판부, 1992.

_____. 북미류기 제5년"(1978).『김재준 전집』14권. 오산: 한신대학교출판부, 1992.

_____. "나의 입장"(1979).『김재준 전집』12권. 오산: 한신대학교출판부, 1992.

_____. "북미류기(北美留記) 제6년"(1979).『김재준 전집』14권. 오산: 한신대학교 출판부, 1992.

_____. "목사의 심정1"(1981).『김재준 전집』15권 (범용기 3). 오산: 한신대학교출 판부, 1992.

_____. "군인정치."『김재준 전집』15권(범용기 3). 오산: 한신대학교출판부, 1992.

_____. "옮겨 사는 우리 민족과 기독자"(1981).『김재준 전집』16권 (범용기 4).오산: 한신대학교출판부, 1992.

_____. "상한 갈대"(1981).『김재준 전집』15권. 오산: 한신대학교출판부, 1992.

_____. "예언자의 성격과 사명"(1981).『김재준 전집』12권. 오산: 한신대학교출판부, 1992.

_____. "'제3일' 휴간의 말씀"(1981).『김재준 전집』12권. 오산: 한신대학교출판부, 1992.

_____. "1983년 만추(晩秋)"(1983).『김재준 전집』17권. 오산: 한신대학교출판부, 1992.

_____. "범용기 1, 2권 합본 국내판 출판기념회"(1983).『김재준 전집』17권 오산: 한신대학교출판부, 1992.

_____. "새벽 날개 타고"(1983).『김재준 전집』17권. 오산: 한신대학교출판부, 1992.

_____. "귀국과 그 직후"(1983).『김재준 전집』17권. 오산: 한신대학교출판부, 1992.

_____. "만우 회상기"(1984).『김재준 전집』17권. 오산: 한신대학교출판부, 1992.

_____. "白雲山家는 꿈의 집"(1985).『김재준 전집』18권. 오산: 한신대학교출판부, 1992.

_____. "역사적 종교"(1985).『김재준 전집』18권. 오산: 한신대학교출판부, 1992.

_____. "나의 생애와 신학"(1985).『김재준 전집』18권. 오산: 한신대학교출판부. 1992, 153.

_____. "출애굽"(1986).『김재준 전집』18권. 오산: 한신대학교출판부, 1992.

_____. "옛 조상 찾아" (1987).『김재준 전집』18권. 오산: 한신대학교출판부, 1992.

_____. "우주적 사랑의 공동체"(1987).『김재준 전집』18권. 오산: 한신대학교출판부,

1992.
_____. "이유 없이 슬퍼져"(1987). 『김재준 전집』 18권. 오산: 한신대학교출판부,
    1992.
_____. 『범용기』. 서울: 풀빛, 1983.
_____. 『인간이기에』. 서울: 향린사, 1971.
_____. 『낙수이후』. 서울: 종로서관, 1954.
_____. 『하늘과 땅의 해우』. 서울: 동양출판사, 1962.
_____. 『故土를 걷다』. 서울: 선경도서, 1985.
_____ · 송창근 · 한경직. "성명서." 「신학지남」 통권 제84호(1935).

### 김재준과의 대화가 수록된 문헌
이덕주. 『한국 영성 새로 보기: 자료로 읽는 한국교회 영성사』. 서울: 신앙과 지성사,
    2013.

### 김재준 이외의 저작들
강원룡. 『역사의 언덕에서』 1-5권. 서울: 한길사, 2003.
길선주. "감독의 책임"(1932). 한국고등신학연구원 엮음. 『한국 기독교 지도자 강단설
    교 길선주』. 서울: 홍성사, 2008.
김린서. 『김린서 저작전집』 1권. 서울: 신망애사, 1973.
김양선. 『한국 기독교 해방 10년사』. 서울: 대한예수교장로회총회 종교교육부,. 1956.
김정준. 『만수 김정준 전집 1: 역사와 신앙』. 서울: 한국신학연구소, 1987.
류형기. 『은총의 팔십오년 회상기』. 서울: 한국기독교문화원, 1983.
마포삼열. "조선교회에 기(寄)함." 『선교 70주년 기념 설교집』 中. 김건호 편. 서울:
    대한예수교장로회총회 종교교육부, 1954.
문동환. 『문동환 자서전: 떠돌이 목자의 노래』. 서울: 삼인, 2009.
문익환. 『두 하늘 한 하늘』. 서울: 창작과 비평사, 1989.
_____. "통일은 다 됐어." 한신대학교 43개교기념일 강연 내용(1993. 4. 19). 「세계와
    선교」 139호. 서울, 1993.
박윤선. 『성경과 나의 생애』. 서울: 영음사, 2005.
박형룡. "차세대에 종교가 소멸될까?" 「신학지남」 39 (1928).
_____. "종교박멸은 웨." 「신학지남」. 40 (1928).
_____. "전쟁에 대한 기독교의 태도(1)." 「신학지남」 44 (1929).
_____. "전쟁에 대한 기독교의 태도(2)." 「신학지남」 45 (1929).
_____. "근본주의." 「신학지남」 119 (1958).
_____. 『박형룡박사 전집: 설교』 20권. 서울: 한국 기독교 교육 연구원, 1978.

_____.『박형룡박사 전집: 현대신학비평 下』 9권. 서울: 한국 기독교 교육 연구원, 1978.

_____.『박형룡박사 전집: 설교』 18권. 서울: 한국 기독교 교육 연구원, 1978.

손양원. "한국에 미친 화벌(華閥)의 원인."『산돌 손양원목사절교집』(상). 서울: 경천 애인사, 1962.

송창근. "오늘 조선교회의 사명."「신학지남」. 통권 제72호(1933).

이광수. "금일 조선 야소교회의 결점"(1920).『이광수 전집』 17권. 서울: 삼중당, 1962.

이성봉. "6.25와 나"(1961). 한국고등신학연구원 엮음.『한국 기독교 지도자 강단설교, 이성봉』. 서울: 홍성사, 2008.

한경직. "기독교와 공산주의"(1947).『한경직목사설교전집』 2권. 서울: 한경직목사기 념사업회, 2009.

한경직. "그리스도인과 반공."「새가정」 제10권 3호(1963).

이만열 · 한규무. "원로와의 대담: 한경직 목사를 만남."「한국기독교와 역사」 제1호 (1991).

한승옥,『근현대 작가 작품론』. 서울: 제이엔씨, 2006.

### 신문 및 기타 간행물

「기독신보」. 제977호, 1934.

「기독교보」. 1937년 10월 12일. "기독교인의 국가 봉사"

「동아일보」 호외. "민정당 여순사건 자료를 공개". 1963년 10월 13일 .

「매일경제」. 1970년 11월 12일.

「크리스챤신문」. 1974년 5월 11일.

『한국기독교장로회 제97회 총회 보고서』, 고려인쇄소, 2012.

조선예수교장로회총회.『조선예수교장로회총회 제24회 회록 부록』. 서울: 조선예수교 장로회총회, 1934.

조선예수교장로회 총회.『조선예수교장로회총회 제24회 회록 부록』. 서울: 조선예수교 장로회총회, 1938.

한신대학술원.『북미주 인권 민주화 평화통일 운동자료(Ⅰ)』. 자료 00028.

## 편저

### 김재준에 대한 회상

강신정. "그리스도의 발자국만을 따라 사신 분."『장공이야기』. 오산: 한신대학교출판 부, 2001.

강원하. "늘 새롭게 회상되는 은사 장공 선생님." 『장공이야기』. 오산: 한신대학교출판
부, 2001.

김경재. "도토리 속에서 상수리나무를 보는 교육자." 『장공이야기』. 오산: 한신대학교출
판부, 2001.

김문환. "장공론." 『장공이야기』. 오산: 한신대학교출판부, 2001.

김상근. "인격으로 인격을 배웠다." 『장공이야기』. 오산: 한신대학교출판부, 2001.

김수배. "더더욱 스승을 흠모하는 마음으로." 『장공이야기』. 오산: 한신대학교출판부,
2001.

김윤옥. "민족 화해의 물꼬 트기를 원하시던 목사님." 『장공이야기』. 오산: 한신대학교
출판부, 2001.

나선정. "나지막한 음성으로 키워 주신 스승님." 『장공이야기』. 오산: 한신대학교출판
부, 2001.

문익환. "큰 스승이시여." 『두 하늘 한 하늘』. 서울: 창작과 비평사, 1989.

박봉랑. "시대가 요구하고 하나님이 선택한 예언자." 『장공이야기』. 오산: 한신대학교출
판부, 2001.

박봉양. "'예'와 '아니오'를 분명하게 말씀하신 선생님." 『장공이야기』. 오산: 한신대학교
출판부, 2001.

안병무. "현대를 그대로 호흡하는 사상가." 『장공이야기』. 오산: 한신대학교출판부, 2001.

유재신. "마음의 스승 김재준 선생님." 『장공이야기』. 오산: 한신대학교출판부, 2001.

이상철. "온 세계를 마음에 품고 사신 분." 『장공이야기』. 오산: 한신대학교출판부,
2001.

이춘우. "나는 오늘도 선생님을 모시고 산다." 『장공이야기』. 오산: 한신대학교출판부,
2001.

이해동. "참 자유인으로 살고 가신 큰 스승." 『장공이야기』. 오산: 한신대학교출판부,
2001.

장형일. "나의 분수를 깨우쳐 주신 스승." 『장공이야기』. 오산: 한신대학교출판부,
2001.

전경연. "신앙과 신학의 자유를 실천하고 확보하신 분." 『장공이야기』. 오산: 한신대학
교출판부, 2001.

조위길. "장공 목사님의 머주기시 게가 시랑." 『장공이야기』. 오신: 한신내학교출판부,
2001.

조향록. "초기 조선신학원 시대의 장공 선생님." 『장공이야기』. 오산: 한신대학교출판
부, 2001.

홍성봉. "스승의 실패작." 『장공이야기』. 오산: 한신대학교출판부, 2001.

황성규. "국민주택 문밖의 모습 잊을 수 없어라." 『장공이야기』. 오산: 한신대학교출판

부, 2001.

## 2차 자료

### 학술논문

김이곤. "장공의 성경해석과 한국교회." 『장공 사상 연구 논문집』. 오산: 한신대학교출판부, 2001. 147.

문성모. "장공 김재준의 찬송시에 대한 신학적 견해: '어둔 밤 마음에 잠겨'(찬송 261장 가사)를 중심으로." 『장공 사상 연구 논문집』. 오산: 한신대학교출판부, 2001: 507-511.

박재순. "장공 김재준의 마음으로 본 예수 그리스도." 『장공사상 연구 논문집』. 오산: 한신대학교출판부, 2001: 302-303.

윤웅진. "기독교교육자로서 장공 김재준의 삶과 가르침." 『장공 사상 연구 논문집』. 오산: 한신대학교출판부, 2001: 527.

전경연. "김재준론." 『장공 사상 논문집』. 오산: 한신대학교출판부, 2001: 26-27.

채수일. "장공 김재준의 '제3일'의 선교신학." 『장공 사상 연구 논문집』. 오산: 한신대학교출판부, 2001: 457.

윤병석. "북간도 한인(조선인) 사회와 명동학교." 한국독립운동사연구소 편집. 『명동학교 100주년 기념 북간도지역 한인 민족운동』. 천안: 독립기념관 한국독립운동사연구소, 2008: 49-50.

현룡순, 『월강죄와 기사(1869)년 난입』. 서굉일, 동암 편저. 『간도사 신론-선구자와 친일파의 싸움- 上』. 서울: 우리들의 편지, 1993: 69.

### 기타 학술논문

구미정. "경계에서 피어난 꽃: 장공 김재준과 여성신학의 만남." 「한국신학논총」 65 (2009), 48-52.

_____. "사이/너머 횡단하다: 삶의 신학자 김재준." 「현상과 인식」 36권 3호(2012), 51.

김경재. "김재준의 정치신학: 신학적 원리와 사회 · 정치변혁론(1970-1980년대 인권, 민주화, 통일 운동을 중심으로)." 「신학사상」 124 (2004), 73-77.

김길성. "총신 100년과 그 신학적 정체성." 「신학지남」 267 (2001), 120-123.

김은섭. "한경직, 그 삶의 여정." 「한국교회사학회지」 32 (2012), 133.

박미해. "조선후기 유학자의 여성인식: 다산 정약용 가(家)의식을 중심으로." 「사회사상과 문화」 29 (2014), 249-250.

박정신. "우리 지성사의 시각에서 본 박형룡." 「한국개혁신학회」 21 (2007), 61.

_____. "구한말 조선에 온 칼뱅주의 구학파." 「현상과 인식 통권」 33권 3호(2009),

170-176.

박정신·박규환. "'뒤틀린 기독교' 굳히기: 박정희 시대 한국 개신교의 자취."「현상과 인식」 36권 1호(2012), 43.

배덕만. "한국교회의 세습: 뒤틀린 역사."「신학과 선교」 43 (2013), 69-98.

서영석. "한경직 목사의 삶과 설교에 나타난 사상."「한국교회사학회지」 32 (2012), 169.

안종철. "반일·반공의 토대로서 기독교: 한경직 목사의 해방 전후 사역."『한경직목사 기념사업회 세미나』 제4호. 한경직목사기념사업회, 2011: 72.

연규홍. "역사의 사실과 해석의 진실: 장공 김재준에 대한 친일 논의를 반박함."「신학연 구」 48 (2006), 265-286.

이오갑. "자유의 맥락에서 본 장공 김재준의 삶과 사상."「신학사상」 141 ( 2008), 11-14.

전선용. "영성이란 무엇인가?: 성령론적 영성신학 서설."「신학과 선교」 44 (2014), 7.

주요한. "김재준의 참여신학," 주재용 편,『김재준의 생애와 사상』. 서울: 풍만, 1986), 232.

홍치모. "한국교회와 신사 참배: 고백과 저항."「신학사상」 51 (1985), 693.


**미간행 논문**

이덕주.「장공 영성과 한국교회」. "제23회 장공사상 목요강좌," 2010년 9월 2일: 26.


**학위 논문**

홍인표. "선교초기 한국교회의 여권의식에 대한 연구: 구한말과 1920년-1930년대를 중심으로." 백석대학교 기독교전문대학원 박사학위 논문, 2017.


**단행본**

하비콘.『한국기독교신학사상』. 서울: 개혁주의신행협회, 1988.

강만길.『고쳐 쓴 한국 현대사』. 서울: 창작과 비평사, 2006.

강인철.『한국의 개신교와 반공주의』. 중심, 2007.

김경재.『김재준 평전』. 서울: 삼인, 2001.

_____.『울타리를 넘어서』. 서울: 유토피아, 2005.

김명수.『안병무의 신학사상』. 서울: 한울 아카데미, 2011.

김영재.『되돌아보는 한국 기독교』. 수원: 합신대학원 출판부, 2008.

김형수.『문익환 평전』. 서울: 실천문학사, 2004.

류대영.『한국 근현대사와 기독교』. 서울: 푸른 역사, 2009.

마포삼열박사전기 편찬위원회.『마포삼열박사전기』. 서울: 대한예수교장로회총회교 육부, 1978.

민경배.『韓國敎會 讚頌歌史』. 서울: 연세대학교출판부, 2009.

_____.『한국 기독교회사』. 서울: 연세대학교출판부, 2010.

박영신.『역사와 사회 변동』. 서울: 한국사회학연구소, 1995.

박정신.『한국 기독교 읽기』. 서울: 다락방, 2004.

_____.『한국 기독교사 인식』. 서울: 혜안, 2004.

_____.『역사학에 기댄 우리 지성사회 인식』. 서울: 북코리아, 2008.

박용규.『한국장로교신학사상사』. 서울: 총신대학출판부, 1992.

_____.『한국기독교회사』 2. 서울: 생명의말씀사, 2004.

송우혜.『윤동주 평전』. 서울: 푸른역사, 2005.

양재철.『한국 오순절 교회의 신앙과 신학』. 서울: 하늘 목장, 2005.

유동식.『한국신학의 광맥』. 서울: 전망사, 1982.

윤병석.『간도역사의 연구』. 서울: 국학자료원, 2003.

이상규.『한국교회 역사와 신학』. 서울: 생명의 양식, 2007.

이형원.『구약성경 비평학 입문』. 대전: 침례신학대학교출판부, 1995.

이혜정.『한경직의 기독교적 건국론』. 서울: 대한기독교서회, 2011.

장동민.『박형룡의 신학 연구』. 서울: 한국기독교연구소, 1998.

_____.『박형룡: 한국 보수 신앙의 수호자』. 서울: 살림, 2006.

전택부.『한국 기독교청년회 운동사』. 서울: 범우사, 1994.

정남운·박현주 공저.『알코올 중독』. 서울: 학지사, 2000.

정용섭.『속 빈 설교 꽉 찬 설교』. 서울: 대한기독교서회, 2010.

천사무엘.『김재준, 근본주의와 독재에 맞선 예언자적 양심』. 서울: 살림, 2003.

최덕성.『에큐메니칼 운동과 다원주의』. 서울: 영문, 2005.

_____.『한국교회 친일과 전통』. 서울: 본문과 현장사이, 2000.

한국기독교역사연구소 북한교회사 집필위원회.『북한교회사』. 서울: 한국기독교역사
　　　　연구소, 1996.

한국기독교역사연구소.『한국 기독교의 역사』 II. 서울: 기독교문사, 2000.

한국기독교역사학회편.『한국 기독교의 역사』 III. 서울: 한기독교역사연구소, 2009.

한신대학 50년사 편찬위원회.『한신대학 50년사』. 오산: 한신대학교출판부, 1990.

한승옥.『근현대 작가 작품론』. 서울: 제이엔씨, 2006.

### 번역서

David F. Wells. ed./박용규 역.『웨스트민스터 신학과 화란 개혁주의』. 서울: 엠마오,
　　　　1996.

Eduard Lohse./박두환·이영선 역.『요한계시록』. 천안: 한국신학연구소, 1997.

## 영문서

Ana-Maria Rizzuto. *The Birth of the Living God: A Psychoanalytic Study*. Chicago & London: University of Chicago press, 1979.

Chung-Shin Park. *Protestant and Politics in Korea*. University of Washington Press, 2003.

George M. Marsden. *Fundamentalism and American Culture*. New York: Oxford University Press, 2006.

T. Stanley Soltau, "HYUNGYONG PARK, THE SAINTLY SCHOLAR." 『죽산 박형룡 박사의 생애와 사상』. 서울: 총신대학교출판부, 1996.

## 사전

한국민족문화대백과사전 편찬부. 『한국민족문화대백과사전권』 13권. 성남: 한국정신문화연구원, 1992.

## 정기 간행물

김현정. "구순 맞은 미주 통일운동의 선각자 선우학원 박사: 민주·통일을 향한 반세기, 북미대화에도 큰 기여."「민족21」 통권 제84호(2008).

김혁·김창희. "시와 노래를 사랑했던 청년 '영국더기'아래 윤동주의 집."「민족 21」. 통권 120호(2011).

## 기타

박아론. "고 박형룡 박사 약력."「신학사상」 25(1979).

유영렬 엮음. "김양선 목사 약력."『한국기독교 사학자 김양선』. 서울: 숭실대학교출판부, 2001.

정웅섭. "엮은이의 말."『김재준전집』 1권. 오산: 한신대학교출판부, 1992.

## 기타 간행물

「뉴스엔조이」. 2005년 6월 24일.

## 인터넷 홈페이지

http://www.changgong.or.kr/home.htm.

http://www.nanet.go.kr/03_dlib/01_datasearch/datasearch.js.

http://www.gapck.org/sub_01/sub02_02.asp?menu=menu2.

김승태, "과거사 청산 안했기에 사회 신뢰 잃어," 2005년 6월 22일 뉴스엔조이 https://newsnjoy.or.kr/news/articleView.html?idxno=12284 2018년 9월 21일 오후 1시 44분에 접속.

# 미 주

## 1장 ┃ 들어가는 말

1 강원룡은 김재준이 은진중학교의 교목 겸 교사로 부임했을 무렵 2학년 학생으로서 학생 회장과 종교부장을 겸하고 있었다. 강원룡을 비롯한 종교부 학생들은 김재준의 지도 아래 용정 근처의 촌락에 주일학교를 설립하고, 교회까지 설립하는 것을 목적으로 농촌 계몽운동을 활발히 추진하였다. 좌익계 주민들의 극심한 방해 속에서도 차츰 인정을 받게 되고 뿌리를 내리게 되자 당시 은진중학교의 교장이었던 캐나다 선교사 부르스는 이들의 활동을 매우 자랑스럽게 여겼기 때문에 그들의 선교활동에 관한 이야기를 「크리스챤 센츄리」 지에 소개하기까지 하였다. 강원룡은 해방 이후 선린형제단을 설립하는 등 남한 기독교 사회 운동에 있어서 주도적인 활동을 하였던 인물이다. 강원룡에 대하여는 그의 자서전이라고 볼 수 있는 『역사의 언덕에서』 1-5권을 보라. 강원룡, 『역사의 언덕에서』 1-5권 (서울: 한길사, 2003).

2 박형규는 김재준에게 사사한 적은 없었지만 1946년 김재준을 처음 만난 이후 김재준과 관계성을 유지하면서 김재준으로부터 많은 영향을 받았다고 하였다. 1967년 박정희 정권이 삼선개헌을 추진하기 위해 여론을 부추길 때, 김재준의 부탁으로 「기독교사상」을 "개헌론"이라는 특집으로 꾸민 것을 시작으로 1970년 김재준이 「제3일」을 창간했을 때 김재준을 돕는 등 평생에 걸쳐 김재준의 충실한 제자로서의 면모를 보였다. 박형규, "장 공과의 만남 억지 제자의 변", 『장공이야기』 (오산: 한신대학교출판부, 2001), 326-334.

3 문익환은 1989년 정부의 허락을 받지 않은 채 평양을 방문하여 전투적 반공주의가 보편적인 남한 교회와 사회에 커다란 충격을 안겨 주었다. 그는 김재준이 소천한 직후 그의 영전에 바쳤던 시에서 김재준을 일컬어 "큰 스승"이라고 표현하였다. 문익환, "큰 스승이시여", 『장공이야기』 (오산: 한신대학교출판부, 2001), 388-398.

4 은진중학교에서 시작된 문동환과 김재준의 만남은 이후 문동환이 조선신학교에 진학하여 김재준으로부터 사사한 후 미국 유학을 거쳐 한국신학대학의 교수로 합류하는 것으로서 본격화되었다고 볼 수 있다. 문동환은 1976년 3·1 구국 선언 사건으로 수감 생활을 한 것을 시작으로, 1979년에는 YH 사건으로 수감 생활을 하였으며, 1979년 12·12 사태 직후 김대중, 문익환 등이 전두환 등의 신군부에 의해 체포되자 미국으로 망명하여 활발한 민주화 운동을 전개하였다. 1988년에는 귀국하여 평화민주당에 입당, 정치 활동을 하였다. 문동환, 『문동환 자서전, 떠돌이 목자의 노래』(서울: 삼인, 2009); 김형수, 『문익환 평전』(서울: 실천문학사, 2004) 261-265를 참조하라.

5 장동민의 책 제목이다. 물론 장동민은 이 책에서 박형룡을 기존의 시각에서 볼 수 있는 것처럼 영웅시하는 것이 아니라 객관적인 시각을 견지하고 있다. 그는 이 책에서 박형룡이 한국교회에 미친 공과 과를 밝히고 한국교회에 적용할 부분을 언급하려고 하였다. 장동민, 『박형룡: 한국 보수 신앙의 수호자』(서울: 살림, 2006).

6 박형룡, "근본주의", 「신학지남」 24 (1960), 16.

7 장동민,『박형룡: 한국 보수 신앙의 수호자』, 112.
8 한국기독교장로회 역사편찬위원회,『한국기독교 100년사』(서울: 한국기독교장로회 출판사, 1992), 363.
9 더욱이 박형룡은 1947년 당시 조선신학교에서 공부하던 이들 중 51명이 김재준과 몇몇 교수들이 신신학을 가르친다고 주장하며 총회에 호소함으로써 조선신학교 교수들이 총회로부터 조사를 받았을 때 김재준의 자술서를 검토한 후 "성경의 파괴적 고등비평의 수호자와 자유주의 신학의 옹호자로서 자현(自現)함이 명백하다"라고 평가하기도 하였다. 김양선,『한국 기독교 해방 10년사』, 231.
10 최덕성,『에큐메니칼 운동과 다원주의』(서울: 영문, 2005), 371.
11 김재준,『범용기』(서울: 풀빛, 1983), 96.
12 김재준은 일찍이 그가 미국 유학을 마치고 귀국을 앞둔 어느 날 한 선교사에게 보내는 편지에서 다음과 같이 언급하였다. "… 필자는 무슨 '주의'에 내 신앙을 주조할 생각은 없으니 무슨 '주의자'라고 판 박을 수가 없소. 그러나 필자는 생동하는 신앙을 은혜의 선물로 받았다고 믿으며 또 그것을 위해서 늘 기도하고 있소. 내가 어느 목표에 도달했다고 생각할 수는 없지만, 그리스도를 목표로 달음질한다고는 할 수 있을 거 같소. 기어고 무슨 '주의'냐고 한다면 '살아계신 그리스도주의'라고나 할까? 필자는 하나님께서 자신의 경륜대로 써 주시기를 기도할 뿐이며, 또 그렇게 믿고 있소…." 김재준,『범용기』, 96-97.
13 김재준,『범용기』, 43.
14 김재준,『범용기』, 17-36.
15 김재준,『범용기』, 49.
16 김상근, "인격으로 인격을 배웠다",『장공이야기』(오산: 한신대학교출판부, 2001), 258-260.
17 김재준, "상한 갈대",『김재준 전집』15권 (오산: 한신대학교출판부, 1992), 11.
18 김재준, "상한 갈대",『김재준 전집』15권, 48.
19 김재준, "상한 갈대",『김재준 전집』15권, 49.
20 김재준, "상한 갈대",『김재준 전집』15권, 59.
21 물론 김재준의 이와 같은 주장이 그가 일찍이 아오야마 학원 신학부에서 경험한 자유주의 신학과 프린스턴신학교에서 경험한 근본주의 신학의 양극단적 신학을 양기함으로써 바람직한 신학을 수립하려는 의미라고 이해할 수도 있다. 그러나 필자는 김재준이 자신의 '주의'를 '살아계신 그리스도주의'로 표현하며 '생동하는 신앙'을 강조한 근원적 이유가 그의 회심 체험에 있다고 본다. 왜냐하면 그는 회심 체험을 통해 유교의 계율적 사상을 초월하는 "생동하는 자유"를 경험하였기 때문이다. 즉 "생동하는 신앙을 은혜의 선물로 받았다"는 그의 표현은 "생동하는 자유를 은혜의 선물로 받았다"는 표현으로 보아도 어색하지 않다고 본다.
22 김재준, "상한 갈대",『김재준 전집』15권, 328.
23 '급진적인 통일 운동가'라는 표현은 1980년대의 시대 상황에서 이해해야 한다. 지금처럼 북한과의 관계가 다소나마 우호적인 상황이 아니었고 북한과의 교류는 어떠한 경우라도 법에 따라 엄격한 대가를 치르도록 한 당시의 상황에서 문익환 목사 등의 방북은 한국교회뿐 아니라, 다수 국민에게 부정적인 모습으로 보였음을 부인할 수 없다.
24 이러한 김재준 인식이 부정적인 인식이라는 표현에 대해 오해가 없기를 바란다. 필자가 말하는 것은 그와 같은 김재준 인식이 보수적인 한국교회의 풍토에서 부정적으로

인식되었다는 것이다.

25 김경재, 『김재준 평전』(서울: 삼인, 2001), 204.

26 김재준, "내가 영향받은 신학자와 그 저서", 『김재준 전집』 8권(오산: 한신대학교출판부, 1992), 184.

27 김재준, "내가 영향 받은 신학자와 그 저서", 『김재준 전집』 8권, 185.

28* 이 단락은 필자의 학술 논문 "김재준의 '자유사상' 연구"를 수정 보완한 것임을 밝힌다. 홍인표, "김재준의 '자유사상' 연구", 「인문학연구」 42 (2012), 67-100.

## 2장 ㅣ '자유사상'의 배경

1 이오갑, "자유의 맥락에서 본 장공 김재준의 삶과 사상", 「신학사상」 141 (2008), 11.

2 김재준은 1936년 8월부터 1939년 9월까지 간도 영정 은진중학교에 봉직하면서 3년 동안 간도에서 청년 교육에 헌신하였다. 간도 은진중학교에 봉직하는 동안 1937년에 동만 노회에서 목사 안수를 받았고, 1937년 5월부터 1938년 2월까지 개인지인 월간 「십자군」을 발간하였다. 김경재, 『김재준 평전』 (서울: 삼인, 2001), 231.

3 윤병석, 『간도역사의 연구』 (서울: 국학자료원), 9-15.

4 기장의 분립은 1952년 4월 29일, 대구 서문교회에서 회집된 제37회 장로회 총회에서 김재준을 제명 처분하고, 그와 동조하던 캐나다의 선교사 윌리엄 스콧(W. Scott)을 함께 제명 처분하였을 뿐 아니라 한국신학대학(조선신학교) 졸업생은 교역자 자격을 부여하지 않는다고 결정함으로써 발생하였다. 김경재, 『김재준 평전』, 99-100. 이만열은 군부독재 시절 한국교회의 보수 교단들이 성장을 이루었다고 언급하였다. 이만열에 따르면 한국전쟁 후 독재정권의 산업화 시대에 상대적 박탈감을 극복하고 심리적인 안정을 얻기 위해 종교에 귀의하게 되었는데 이때 보수적인 교단들은 성장을 이루었지만 기독교장로회의 경우 "개인 구원보다는 하나님의 선교(Missio Dei)의 원칙에 입각하여 민주화, 인권, 노동운동 등으로 사회의 구조 악과 싸우는 데 많은 관심을 기울였기 때문에" 다른 장로교단들만큼 양적인 성장을 이루지 못했다는 것이다. 뉴스엔조이 인터넷 신문 http://www.newsnjoy.or.kr/news/articleView.html?idxno=36925, 2012년, 10월 13일 오전 2시 접속.
이와 같은 논지는 박정신도 견해를 같이 하고 있다. 군부독재 시기 합동파와 고려파같이 기독교인의 정치적 행동에 반대하였던 보수적인 교단들은 1974부터 1979년까지 70%를 웃돌 만큼 인상적인 성장을 했던 반면에 박정희에 대항하는 기독교인 활동을 이끌었던 기장파와 같은 진보적 교회 집단은 1971부터 1977년까지 단지 11%의 성장에 불과하였는데, 당시 기독교인들 대부분이 기독교인의 정치참여 활동에 대해 부정적이었으며 90%에 가까운 대부분의 기독교인은 성경공부, 부흥회 그리고 새벽기도회, 철야기도회와 같은 보수적 교회들의 주요 프로그램들에 관심을 가졌다는 것이다. 이와 같은 박정신의 언급 또한 이만열의 논지와 동일하다고 볼 수 있다. Chung-Shin Park, *Protestantism and Politics in Korea* (Seattle: University of Washington Press, 2003), 45-46.

5 이 표현은 문동환의 자서전 제목인 『떠돌이 목자의 노래』와 그의 저서 『바벨탑과 떠돌이』에서 따온 것임을 밝혀둔다. 문동환은 오늘날 생태계를 파괴하는 신자유주의의 횡포와 세상 권력을 지닌 강자들의 구축한 제도인 바벨탑에 의해 생존을 위한 터전을 잃고 유리방황할 수밖에 없는 사회적 약자들을 떠돌이라고 표현하고 있다. 문동환, 『문동환

자서전, 떠돌이 목자의 노래』(서울: 삼인, 2009), 7-8쪽과 문동환,『바벨탑과 떠돌이』
(서울: 삼인, 2012), 15-25을 볼 것. 김재준의 삶 또한 평생에 걸쳐 초기에는 한국교회
에서 '이단'이라는 표현과 방불하다고 볼 수 있는 '자유주의 신학자'라는 이름으로, 후기
에는 박정희 정권에 대항한다는 이유로 가택 연금되고 캐나다로 떠날 수밖에 없었던
그의 삶은 한 마디로 평생 정착하지 못하고 떠돌아다닌 '떠돌이의 삶'이라고 표현할 수
있을 것이다.

6 김경재,『김재준 평전』, 125.

7 김재준,『범용기』(서울: 풀빛, 1983), 332-360.

8 김재준의 '자유주의'에 대한 하비콘의 지적은 참으로 모호하다고 볼 수 있다. 왜냐하면
하비콘이 김재준을 '자유주의 신학자로 분류하게 된 기준에 대한 명확한 언급을 제시하
지 않았기 때문이다. 그는 김재준에 대하여 "사역을 시작하는 그 시초부터 한국교회에
논쟁의 불씨를 가져온 중심인물"이며, "학문적 자유주의를 위해 첫째가는 한국적 근원
(根源)이 되었다"고 언급하였다. 하지만 1930년대 김재준의 논문들이 "그 당시 서구
자유주의 학파의 성경해석 풍조에 크게 반영되고 있던 자료비평에 철저히 전심하고 있
음은 보이지 않고 있으나 그로 말미암아 한국 교계가 그것을 받아들이는 데 도움을 준
능동적이고 헌신적인 인물이었다"라고 표현하였다. 그는 덧붙여 말하기를 "김재준의
부활에 대한 논평이 보수주의가 즐겨 쓰는 방법대로 그리스도의 부활이 육체적 부활임
을 매우 강력하게 변증하고 있는 것처럼 보이지만 그것은 거의 다 자신의 사상이 아니며
마지못해 꾸며낸 것"이라고 언급하며 "1950년대나 60년대에 공개적으로 쓴 글과는 많
은 차이가 있다"고 언급하였다. 하지만 장동민, 이상규 등은 1930년대의 김재준이 구
자유주의자들과 동일한 것이 아니었다고 보고 있다. 특히 장동민은 당시 김재준의 그리
스도 부활에 대한 글이 박형룡의 글인가 싶을 만큼 그에게서 자유주의의 냄새를 발견할
수 없다고 언급하였다. 더욱이 하비콘은 1950년대와 60년대 김재준의 어떤 글들이
1930년대 김재준의 그리스도의 부활에 관한 논증과 많은 차이가 있는지 언급하지 않고
있다. 더욱이 그는 김재준을 자유주의자로 분류하였던 사학자인 김양선의 논지를 인용
하고 있는데 사실 김양선의 글을 보면 김재준을 자유주의 신학자로 분류한 김양선의
논지 또한 모호하다는 것을 알게 된다. 김양선의 논지는 아래에 언급할 것이다. 이와
같은 사실에서 볼 때 간하배가 자유주의를 분류하는 기준이 다소 모호하다고 볼 수 있으
며, 그가 말하는 정통주의의 틀이 협소하다고 볼 수 있을 것이다. 간하배,『한국기독교
신학사상』(개혁주의신행협회, 1988), 53-66; 이상규,『한국교회 역사와 신학』(서울:
생명의 양식, 2007), 210-215; 장동민,『박형룡의 신학연구』(서울: 한국기독교역사
연구소, 1998), 165를 볼 것.

9 흥미로운 사실은 하비콘과 박용규가 모두 김재준을 자유주의자로 분류하는데 김양선의
주장을 언급하고 있다는 것이다. 박용규의 견해는 하비콘의 견해와 비슷하다고 볼 수
있는데 채필근, 송창근, 김재준을 일컬어 '탁월한 진보주의 사상가'라고 표현한 것이 다
소 차이가 있다. 그러나 박용규는 "김양선 목사가 지적한 것처럼 김재준 목사는 한국
자유주의 신학의 아버지라 불릴 만큼 1930년대 보수주의와 자유주의 논쟁에서 공개적
으로 자유주의 사상을 발표했다"라고 언급하며 김양선의 논지를 차용하고 있다. 그럼에
도 불구하고 "김재준의 신학은 적어도 1930년대 초에는 통속적인 서구 자유주의자들에
게서 볼 수 있는 급진적인 자유주의는 아니고 신정통주의라고 보는 것이 합당할 것"이
라고 언급하기도 하며, "당시 한국교회가 의심 없이 그의 제의를 받아들이기에는 너무

보수적이었다"며 다소 열린 견해를 취하는 것처럼 보인다. 박용규가 하비콘과 비슷한 논지를 따르고 있지만 1930년대 김재준, 송창근, 채필근 등의 활동에 대하여 "진보주의의 발흥"이라고 표현하기도 하는 것이 하비콘(H.M.Conn)과는 다소 차이가 있다고 하겠다. 박용규는 그가 최근 제29회 "長空사상연구 목요강좌"에서 발표한 글 "1930년대 신학: 정경옥의 자유주의, 김재준의 진보주의, 박형룡의 정통주의"에서 김재준의 신학을 일컬어 '자유주의 신학'과는 차이가 있는 '진보주의 신학'으로 표현하였으며 김재준의 웨스턴신학교에서의 신학 수업에 관해서 "당시 웨스턴신학교는 프린스턴신학교와 같은 교단의 신학교였다고 언급하며(박용규의 글 16을 보라) 김양선이 '김재준이 자유주의 신학'을 배우기 위해 웨스턴신학교에서 신학 공부를 하였다"는 주장을 반박할 수 있는 언급을 하였다. 박용규, 『한국장로교신학사상사』(서울: 총신대학출판부, 1992), 174-182; 박용규, "1930년대 신학: 정경옥의 자유주의, 김재준의 진보주의, 박형룡의 정통주의", 제29회 長空사상연구 목요강좌(미간행 논문)를 볼 것.

10 김길성 또한 자신의 논지에서 김양선의 논의를 인용하고 있다는 사실이 흥미롭다. 필자는 과연 평양신학교와 숭실전문학교 출신의 서북 기독교계 인사였던 김양선의 김재준에 대한 시각이 과연 객관적이었을까 하는 의문을 가지게 된다. 김양선의 시각에 대한 논의는 아래에 언급될 것이다. 김길성, "총신 100년과 그 신학적 정체성", 「신학지남」 267 (2001), 120-123.

11 이들은 모두 미국 필라델피아의 웨스트민스터신학교에서 공부했던 학자들일 뿐 아니라 총신대학교의 교수였거나 현직 교수라고 하는 공통점을 가지고 있다.

12 김양선이 평양신학교를 졸업한 장로교회의 목사였던 것은 사실이지만 필자가 김양선을 교회사가 아닌 일반 역사가로 분류하는 근거로는 첫째로 김양선이 신학사상을 연구하는 교회사가가 아니었다는 것, 둘째로 김양선이 특정 교단 신학교의 신학과에서 역사신학을 가르치는 교수로 활동한 것이 아닌 일반 대학교인 숭실대학교의 사학과에서 교수로 활동을 했다는 것을 제시하려고 한다.

13 김양선, 『한국 기독교 해방 10년사』, 189-190.
14 김재준, 『범용기』, 『김재준 전집』제1권 (오산: 한신대학교출판부, 1991), 375-376.
15 박용규, "1930년대 신학: 정경옥의 자유주의, 김재준의 진보주의, 박형룡의 정통주의", 16.
16 김양선의 대략적인 약력은 다음과 같다. 1907년 2월 의주군에서 출생, 1926년 선천 신명중학교 졸업, 1932년 평양 장로회신학교 졸업, 1934년 숭실전문학교 졸업, 1943년 장로회 총회 평안북도 교구장 취임. 이와 같은 김양선의 약력을 볼 때 그가 서북지역 보수적 신앙의 선교사들로부터 영향을 받았음을 짐작할 수 있다. 유영렬 엮음, 『한국기독교 사학자 김양선』(서울: 숭실대학교출판부, 2001), 99.
17 최덕성, 『에큐메니칼 운동과 다원주의』(서울: 본문과 현장사이, 2005), 371.
18 최덕성, 『에큐메니칼 운동과 다원주의』, 369-371.
19 김재준, 『범용기』, 96-97.
20 장동민, 『박형룡의 신학 연구』, 159.
21 김재준, 『범용기』, 14-15.
22 김재준, 『범용기』, 21.
23 김재준, 『범용기』, 80.
24 김재준, 『범용기』, 125.
25 김재준, 『범용기』, 13.

26 김경재, 『김재준 평전』, 15.
27 김재준, 『범용기』, 14.
28 김재준, 『범용기』, 21-22.
29 김경재, 『김재준 평전』, 16.
30 박재순, "장공 김재준의 마음으로 본 예수 그리스도", 장공 김재준 목사 탄신 100주년 기념사업위원회, 『장공사상 연구 논문집』(한신대학교출판부, 2001), 302-303.
31 김경재, 『김재준 평전』, 45.
32 김재준, 『범용기』, 99.
33 김재준, 『범용기』, 101.
34 김경재, 『김재준 평전』, 45.
35 김재준, 『범용기』, 14-15.
36 김재준, 『범용기』, 15.
37 김재준, 『범용기』, 15.
38 김재준, 『범용기』, 22.
39 김재준, 『인간이기에』, 217.
40 김경재, 『김재준 평전』, 11-12.
41 김재준, 『범용기』, 24.
42 김재준, 『범용기』, 23-26.
43 장동민, 『박형룡의 신학 연구』, 32-33.
44 장동민, 『박형룡의 신학 연구』, 30.
45 T. Stanley Soltau, "HYUNGYONG PARK, THE SAINTLY SCHOLAR", 『죽산 박형룡 박사의 생애와 사상』(서울: 총신대학교출판부, 1996), 176.
46 T. Stanley Soltau, "HYUNGYONG PARK, THE SAINTLY SCHOLAR", 『죽산 박형룡 박사의 생애와 사상』, 177.
47 김재준, 『범용기』, 80.
48 김재준, 『범용기』, 104.
49 김재준, 『범용기』, 4.
50 김재준, 『범용기』, 41.
51 김재준이 공부했던 YMCA 영어전수과는 한반도에서의 청년교육의 중요성을 강조했던 선교사 헐버트를 중심으로 1904년에 시작된 교육사업의 일환으로 개설된 교육 과정 가운데 하나였다. 이 과정은 직업교육, 즉 보충교육에 속하는 것이었다. 매주 일요일마다 빠짐없이 열리는 일요 강좌에는 이상재, 윤치호, 신흥우 등의 명사들이 민족적 종교적 강좌를 열곤 하였다. 전택부, 『한국 기독교청년회 운동사』(서울: 범우사, 1994), 104-110.
52 김재준, 『범용기』, 45.
53 김재준, 『범용기』, 43-45.
54 김재준, 『범용기』, 70.
55 김재준, 『범용기』, 25.
56 김재준은 서울 YMCA영어 전수과에서 공부한 후 귀향하여 함북 산골마을의 작은 소학교들인 용현학교, 귀낙동학교, 신아산학교에서 아이들을 가르치는 소학교 교사로서 일을 하였다. 김경재, 『김재준 평전』, 32.
57 김재준, 『범용기』, 39-40.
58 김재준, 『범용기』, 43.

59 김재준, 『범용기』, 52.
60 김재준, 『범용기』, 70.
61 김재준, 『범용기』, 75-76.
62 한신대학 50년사 편찬위원회, 『한신대학 50년사』(오산: 한신대학교출판부, 1990), 21-22.
63 김재준, 『범용기』, 62-64.
64 김재준, 『범용기』, 68-76.
65 그는 당시 청산학원의 신학의 자유주의적 성격에 대하여 다음과 같이 언급하였다. "신학사상에 있어서는 그 당시 뉴욕 유니온 그대로였던 것 같다. 신약 교수 마츠모도는 뉴욕 유니온에서 신약학으로 박사학위를 받고 왔다. 구약 교수 와다나베는 독일 튜빙겐 박사였다. 그러니 '자유'를 넘어 '과격'에 가깝다 하겠다. 다만 조직 신학만은 베리 박사 담당이어서 비교적 보수였으나 근본주의는 물론 아니었다." 김재준, 『범용기』, 76.
66 김재준, 『범용기』, 91.
67 김재준, "대전 전후 신학사조의 변천", 『김재준 전집』 제1권 (오산: 한신대학교출판부, 1991), 375-376.
68 박형룡, 『박형룡의 신학 연구』, 15권에서 재인용 (서울: 한국기독교교육연구원, 1978), 15.
69 장동민, 『박형룡의 신학 연구』, 63에서 재인용.
70 박용규, "1930년대 신학: 정경옥의 자유주의, 김재준의 진보주의, 박형룡의 정통주의", 15-16.
71 구미정, "사이/너머 횡단하다: 삶의 신학자 김재준", 「현상과 인식」, 117 (2012), 52.
72 구미정, "사이/너머 횡단하다: 삶의 신학자 김재준", 52.
73 천사무엘의 저서 『김재준, 근본주의와 독재에 맞선 예언자적 양심』의 제목이다. 천사무엘, 『김재준, 근본주의와 독재에 맞선 예언자적 양심』(서울: 살림, 2003).

### 3장 | 김재준의 회심
1 김재준, "상한 갈대", 『김재준전집』 15권 (오산: 한신대학교출판부, 1992), 11.
2 김재준이 회심을 체험하게 된 때에 대하여 김경재는 1924년이라고 언급하였고, 천사무엘은 1920년 가을이라고 언급하였다. 그리고 구미정은 1921년 늦가을이라고 언급하였다. 김재준이 3.1 운동이 일어난 다음 해 여름 사경하여 중동학교 속성과에 등록하였고, 하기 방학을 맞이하여 잠시 귀향했다가 그해 초가을이 지나고 아침, 저녁 서리발이 잡힐 무렵 다시 상경하여, 그 무렵 김익두 목사가 인도하는 집회에 참석하여 회심을 체험했다고 언급한 것을 볼 때 김재준이 회심을 체험한 때는 1920년 늦가을이라고 추론할 수 있다. 김경재, 『김재준평전』(서울: 삼인, 2001), 230; 천사무엘, 『김재준, 근본주의와 독재에 맞선 예언자적 양심』, 240; 구미정, "사이/너머 횡단하다", 「현상과 인식」 36 (2012), 50.
3 김재준, 『범용기』, 43.
4 김재준, 『인간이기에』(서울: 향린사, 1971), 217.
5 김재준, "나의 입장", 『김재준전집』 12권 (오산: 한신대학교출판부, 1992), 244-246.
6 구미정, "사이/너머 횡단하다: 삶의 신학자 김재준", 48.
7 이오갑, "자유의 맥락에서 본 장공 김재준의 삶과 사상", 「신학사상」 141 (2008), 14.

8 김재준, 『인간이기에』, 129-130.
9 김재준, 『범용기』, 15.
10 김경재, 『김재준 평전』, 45.
11 김재준, 『범용기』, 14-21.
12 김재준, 『인간이기에』, 215.
13 김재준이 이후 서울에서의 공부를 마친 후 귀향하여 소학교에서 가르치며 일요일에는
   예배를 인도하였을 때 김호병은 특별히 완고한 반응을 보인 것 같지는 않다. 『범용기』,
   57-63. 더욱이 김재준이 알리지도 않은 채 상경한 후 서울에서 공부할 수 있었다는
   사실 또한 김호병의 암묵적 동의가 있었을 것이라고 추론하는 것은 어렵지 않을 것이
   다. 여러 가지를 사실들을 통해서 볼 때 김호병은 비록 자신은 엄격한 유생이었지만
   김재준에게는 엄격한 유생으로서 삶을 강요하지 않은 인물이었음을 짐작할 수 있다.
14 김재준, 『범용기』, 101.
15 김재준, 『범용기』, 130-131.
16 김재준, 『인간이기에』, 214.
17 빌립보서 3:8.
18 사도행전 9장을 볼 것.
19 김재준, 『범용기』, 43.
20 김재준, 『인간이기에』, 216.
21 T. Stanley Soltau, "HYUNGYONG PARK, THE SAINTLY SCHOLAR", 174.
22 T. Stanley Soltau, "HYUNGYONG PARK, THE SAINTLY SCHOLAR", 175.
23 T. Stanley Soltau, "HYUNGYONG PARK, THE SAINTLY SCHOLAR", 174.
24 김재준, "나의 입장"(1979), 244.
25 김재준, 『범용기』, 21-22.
26 나는 앞서 언급했던 김재준의 회심 체험과 이와 같은 박형룡의 회심 체험을 "인간의
   관계 경험과 하나님 경험"이라고 하는 대상관계이론으로 설명이 가능할 것이라고 본
   다. 마이스너에 따르면 유아기와 어린 시절에 적절한 심리 발달이 이루어져야 성인의
   성숙한 종교 경험이 가능해지지만 반대로 발달 초기에 경험한 발달적 갈등 또는 해결
   되지 않은 불안의 잔재로 인해 문제가 있어 미성숙한 종교 경험을 야기한다고 한다.
   W. W. Meissner, Psychoanalysis and Religious (New Haven and London Yale
   University Press, 1986), 150; Michal St. Clar/이재훈 옮김, 『인간의 관계 경험과
   하나님 경험』(서울: 한국심리치료연구소, 1998), 52에서 재인용함. 이와 같은 박형
   룡의 종교적 체험에 대하여 구약성경 이사야서에 나오는 이사야의 체험과 유사점을
   제기할 수도 있을 것이다. 이사야는 하나님을 목격한 심정에 대하여 다음과 같이 말하
   였다. "그때에 내가 말하되 화로다 나여 망하게 되었도다. 나는 입술이 부정한 사람이
   요 나는 입술이 부정한 백성 중에 거주하면서 만군의 여호와이신 왕을 뵈었음이로다"
   (이사야 6:5). 하지만 이사야의 종교적 체험은 구약성경 출애굽기 33:20 "네가 내 얼
   굴을 보지 못하리니 나를 보고 살 자가 없음이니라"에 근거한 "모세의 전승에 의거한
   것으로서 박형룡의 경우와는 다르다"고 본다.
27 정남운·박현주 공저, 『알코올 중독』(서울: 학지사, 2000), 23.
28 정남운·박현주 공저, 『알코올 중독』, 64-65.
29 Ana-Maria Rizzuto, The Birth of the Living God: A Psychoanalytic Study (Chicago
   & London: University of Chicago press, 1979), 7.

30 T. Stanley Soltau, "HYUNGYONG PARK, THE SAINTLY SCHOLAR", 176.
31 T. Stanley Soltau, "HYUNGYONG PARK, THE SAINTLY SCHOLAR", 177.
32 박형룡은 그와 같은 기도를 가장 적게 한 때가 백 번이었고 주일날 때로는 천 번이나
되풀이하기도 하였다고 언급하였다. 이와 같은 모습에서는 그의 인위적 노력이 보인
다. T. Stanley Soltau, "HYUNGYONG PARK, THE SAINTLY SCHOLAR", 176.
33 김재준, 『범용기』, 17-36.
34 김재준, 『범용기』, 217-218.
35 김경재, 『김재준 평전』, 45-46.
36 가가와 도요히코의 자전소설『사선을 넘어서』를 말한다. 그의 책과 그의 삶에 대하여
는 그를 직접 만났던 강원룡의 언급을 인용해 보도록 하겠다.
　"가가와 도요히코가 쓴 책 중에서는 「사선을 넘어서」라는 것이 있었는데, 이 책은 병
마에 시달리고 죽을 고비를 몇 번씩 넘기면서도 빈민굴에 들어가 전도했던 자신의 삶
을 자전소설 형식으로 쓴 것이었다. 상·중·하 세 권으로 되어 있던 이 책을 나는 성경
처럼 손에 가까이 놓고 읽곤 했다. (그의 아내) 하루코는 가가와가 전도하던 공장에서
일하던 여직공으로 글자도 모르는 아주 무식한 여자였다. 가가와는 결혼할 당시 조그
만 다다미방에서 의지할 곳 없는 할머니 3명과 함께 지냈는데, 결혼 초야도 그 방에서
그 할머니들과 함께 보냈다고 한다. 그리고 다음 날부터 신부에게 글을 가르쳤다는
것이다. 나는 가가와 선생을 처음 방문한 후 자주 그 집을 찾아가곤 했다. 당시 그는
가난한 노동자들을 위해 여러 가지 활동을 벌이고 있었는데, 그중에 대표적인 것이
공장지대에 커다란 영양식 보급소를 만들어 돈도 없고 시간도 없이 중노동에 시달리
는 노동자들에게 음식을 보급해 주는 일이었다. 또 그는 주부노동자들을 위해 공장지
대 탁아소도 많이 세웠다…. 나는 그 부인도 그녀가 세상을 떠나기 전까지 계속 만났는
데, 가가와 선생 부부 같은 사람들을 만나면서 나는 기독교인으로서 삶이 무엇인가
하는 것을 구체적으로 보고 느끼며 배울 수 있었다." 강원룡, 『빈들에서』 1권 (서울:
크리스챤 아카데미 대화출판사, 1998), 91-92.
37 김재준, 『범용기』, 48.
38 김재준, 『범용기』, 48-49.
39 김재준, 『범용기』, 34.
40 김경재, 『김재준 평전』, 32. 김재준은 소학교에서 약 3년간 가르치는 동안 2년에 걸쳐
급료 없이 가르쳤다. 그가 급료를 받기 시작한 것은 속학교 교사 3년째에 접어든 신아
산학교에서 가르칠 때부터였다. 김재준, 『김재준 전집』 15권, 402. 김재준은 송창근
으로 부터 일본으로 건너와서 공부를 하라는 편지를 받은 후 비로소 급여를 받는 신아
산학교로 부임하였던 것이다. 김재준, 『범용기』, 62.
41 김재준, 『범용기』, 59.
42 누가복음 4:18-19.
43 김재준, 『범용기』, 53.
44 박형룡이 평생 한국교회의 중심인물로 자리매김을 하고 영향력을 끼쳤던 것과는 대조
적으로 김재준의 경우에는 평생에 걸쳐 한국교회의 중심이 아닌 변방으로 행보를 계
속할 수밖에 없었다. 일본과 미국에서의 유학 생활을 마친 후 귀국하여 당시 한국 개신
교의 중심이었다고 할 수 있는 평양이 아닌 간도로 밀려날 수밖에 없었을 뿐 아니라
결국 1953년에는 기독교장로회의 수장이 되어 분립할 수밖에 없었다. 1953년에 발생
한 박형룡 중심의 예수교장로회의 분열과 김재준 중심의 기독교장로회 분열을 장동민

은 박형룡과 그의 추종자들이 김재준 일파를 장로교에서 몰아낸 사건이라고 언급하였
다. 장동민,『박형룡, 한국 보수 신앙의 수호자』(서울: 살림, 2006), 206.

## 4장 ǀ 체제, 그 너머의 삶과 교육생각

1 김재준, "생활 건설의 종교",『김재준 전집』8권 (오산: 한신대학교출판부, 1992), 212.
2 김재준,『범용기』, 58.
3 김재준,『범용기』, 19-20.
4 김재준,『범용기』, 70.
5 김재준,『범용기』, 104.
6 김재준,『범용기』, 122.
7 한신대학 50년사 편찬위원회,『한신대학 50년사』, 21-22.
8 김재준, "나의 입장",『김재준 전집』12권, 246.
9 강원룡,『역사의 언덕에서』4 (서울: 한길사, 2003), 291.
10 김경재,『김재준 평전』, 232.
11 윤응진, "기독교교육자로서 장공 김재준의 삶과 가르침",『장공 사상 연구 논문집』(오
산: 한신대학교출판부, 2001), 527.
12 김재준과 동시대에 활동했던 학자들인 박형룡과 박윤선 또한 소학교 입학 이전 서당에
서 고전 교육을 받음으로 소학교 이전에 교육을 받았다. 그러나 어린 시절 고전 교육이
이들에게 각기 다른 영향을 주었다. 박형룡은 열 살 때까지 서당에서 유교적인 교육을
받으면서 한문과 기초적인 유교의 경전을 공부하였는데 "… 정통신학을 그대로 받아
서 전달하는 데 있고 감히 무엇을 창작하려는 것이 아니다. 이것은 옛사람이 말한바
술이부작(述而不作)의 태도라 할 것이다"라고 박형룡이 여러 번 언급한 것을 통해 그
의 학문하는 태도가 정통적인 유교에서와 유사함을 알 수 있다. 왜냐하면 원래 술이부
작의 태도는 공자가 "선왕의 도를 진술할 뿐이요 아무것도 창작은 하지 않는다는 뜻"
이기 때문이다. 박형룡 또한 이 말의 의미를 잘 알고 있었다. 장동민,『박형룡의 신학
연구』(서울: 한국기독교역사연구소, 1998), 25. 박윤선은 어린 시절 "한학을 배우는
동안 계속 최우등으로 인정되어 선생님의 칭찬을 많이 받았다. 특별히 작문(주로 한문
시)에 있어서 언제나 1등을 차지하였던 것으로 기억된다"고 회상하였지만, 어린 시절
의 고전 교육이 자신의 학문에 미친 영향에 대해 언급하지는 않았다. 박윤선,『성경과
나의 생애』(서울: 영음사, 2005), 36. 어린 시절 고전 교육이 김재준의 학문에 미친
영향에 대하여는 아래에 언급될 박재순의 언급을 보라.
13 김재준,『범용기』, 17-22.
14 김재준,『범용기』, 19-21.
15 박재순, "장공 김재준의 마음으로 본 예수 그리스도",『장공 사상 연구 논문집』(오산:
한신대학교출판부, 2001), 302-303.
16 박재순, "장공 김재준의 마음으로 본 예수 그리스도", 302-303.
17 김재준, "나의 독서생활",『김재준 전집』8권 (오산: 한신대학교출판부, 1992), 206.
18 김재준,『범용기』, 14-21.
19 박재순, "장공 김재준의 마음으로 본 예수 그리스도", 303.
20 김재준,『인간이기에』, 217.
21 김재준, "나의 입장", 244-245.
22 박정신,『한국 기독교 읽기』(서울: 다락방, 2004), 115-116.

23 박정신, 『한국 기독교 읽기』, 116.
24 박영신, 『역사와 사회 변동』 (서울: 한국사회학연구소, 1995), 275.
25 김재준, "나의 입장", 245.
26 김재준, 『인간이기에』, 217.
27 필자의 이와 같은 구분은 김재준과 평생에 걸쳐 대립적 경쟁자 관계를 형성했던 박형
   룡과의 비교를 염두에 둔 것이다. 박형룡은 평안북도 벽동군 벽동읍 교회의 부설 신명
   학교를 비롯하여 소학교 여섯 군데를 돌아다니면서 공부하였다. 그가 다녔던 소학교
   들이 모두 교회 부설 학교였던 것은 물론이었다. 당시 평안도는 '한 교회 한 학교 운동'
   을 벌여 교회마다 소학교를 운영해 신학문을 가르쳤다. 교회 부설 소학교에서 공부했
   던 박형룡은 이후 신성중학교와 숭실대학에 진학함으로 한국교회의 주류에 들어섬에
   있어서 적지 않은 도움을 얻을 수 있었다. 김재준과 마찬가지로 박형룡 또한 소학교
   입학 이전 유교적 교육을 받았지만 유교적 교육으로부터 박형룡이 받은 영향은 김재
   준과 많은 차이가 있다. 앞서 언급했던 것처럼 김재준이 어렸을 때 받았던 유교 교육이
   이후 신학을 가르치는 교육자가 되었을 때, 객관적인 지식과 논리보다는 주체와 객체
   가 통전이 되는 '깨달음'에 초점을 둔 신학교육을 함에 있어서 기반으로 작용했지만
   박형룡에게는 어렸을 때 받았던 유교적 교육이 그가 신학을 함에 있어서 전통적인 유
   교 방식인 술이부작(述而不作)의 태도, 즉 정통신학 그대로 전달하려고 하는 태도,
   다원성을 인정하지 않고 전통과 이단이라고 하는 이분법적 사고로 신앙과 신학에 접
   근에 있어서 영향을 끼쳤다. 장동민, 『박형룡: 한국 보수 신앙의 수호자』, 22-31.
28 김재준, 『범용기』, 23-24.
29 한승옥, 『근현대 작가 작품론』 (서울: 제이엔씨, 2006), 154. 소설연구가 한승옥은
   안수길의 장편소설 〈북간도〉 연구에서 '삭발'을 갑오경장 이후 직면하게 된 개화에 적
   극 순응하는 인간의 모습으로 보고 있다. 김재준이 이른바 '중대가리'처럼 머리를 짧게
   깎은 것 또한 아버지로부터 받은 고전 교육으로 상징되는 과거부터 벗어나 향동소학
   교에서의 '신학문'으로 상징되는 미래로 들어섬이라는 측면으로 볼 수 있다.
30 김재준, 『범용기』, 26.
31 김재준, 『범용기』, 34.
32 김재준, 『범용기』, 24.
33 김재준, 『범용기』, 28.
34 김재준, 『범용기』, 25.
35 김재준, 『범용기』, 28.
36 김재준, 『범용기』, 37-38.
37 김재준, 『범용기』, 39.
38 김재준, 『범용기』, 40-41.
39 김재준, 『범용기』, 43-45.
40 김재준, "내가 영향받은 신학자와 그 저서", 182.
41 김재준, 『범용기』, 62-63. 김재준은 소학교에서 약 3년간 가르치는 동안 2년에 걸쳐
   급료 없이 가르쳤다. 그가 급료를 받기 시작한 것은 소학교 교사 3째에 접어든 신아산
   학교에서 가르칠 때부터였다. 김재준, 『김재준 전집』 15권, 402.
42 김재준, 『김재준 전집』 15권, 64.
43 김재준, "내가 영향받은 신학자와 그 저서", 182.
44 김재준, 『범용기』, 76.

45 한신대학 50년사 편찬위원회,『한신대학 50년사』, 21-22.
46 김재준,『범용기』, 76.
47 김경재,『김재준 평전』(서울: 삼인, 2001), 36.
48 김재준,『범용기』, 69-70.
49 김재준, "내가 영향 받은 신학자와 그 저서", 182-183.
50 김재준,『범용기』, 76.
51 김재준, "대전(大戰) 전후 신학사조의 변천",『김재준 전집』1권 (오산: 한신대학교출판부, 1992), 375.
52 김재준, "대전(大戰) 전후 신학사조의 변천", 382-383.
53 박용규,『한국기독교회사』2권 (서울: 생명의말씀사, 2004), 595.
54 김재준의 이데올로기 이해에 관해서는 김재준, "기독교의 건국이념" (선린형제단 집회에서의 강연 요지), 장공 김재준 목사 탄신 100주년 기념사업위원회 편,『장공 김재준 논문 선집』(오산: 한신대학교출판부, 2001)과 김재준, "기독교와 정치 – 라인홀트 니부어(R. Niebuhr)의 경우", 「사상계」 (1962) (서울: 사상계 영인본 간행사, 1988), 14-20을 참조할 것.
55 박형룡이 평양신학교에서 교수로 활동함으로써 한국교회의 중심에서 활동했던 것과는 대조적으로 김재준은 귀국 후 평양에서 비로소 강도사 자격(licensed preacher)을 획득할 수 있었다. 그가 평양에서 자리를 잡기까지 도움을 분 선교사는 아무도 없었다. 다만 김재준이 신사 참배 문제로 평양 숭인상업학교를 퇴진했을 때 당시 한국 선교사들 가운데 유일한 웨스턴신학교 출신인 마우리가 용정 은진중학교 교목 겸 성경 교사로 김재준을 추천해줌으로써 도움을 준 유일한 선교사였다.『범용기』, 106-118.
56 김재준, "내가 영향 받은 신학자와 그 저서", 184.
57 김재준, "대한 기독교장로회의 역사의 의의",『김재준 전집』4권 (오산: 한신대학교출판부, 1992), 299-300.
58 박정신, "구한말 조선에 온 칼뱅주의 구학파", 「현상과 인식」 108 (2009), 170-173.
59 박정신, "구한말 조선에 온 칼뱅주의 구학파," 175-176.
60 김재준, "내가 영향받은 신학자와 그 저서", 183.
61 메첸이 근본주의자라는 평가에 대하여 장동민은 동의하지 않는다. 그에 따르면 "메첸은 '근본주의자'가 아니라 과학과 합리적 판단을 중시여기는 정통 프린스턴 신학자의 후예"였다. 즉 반지성주의적 특성을 내포한 근본주의자의 모습을 메첸으로부터 찾을 수 없다는 것이다. 나 또한 장동민의 견해에 동의한다. 장동민,『박형룡: 한국 보수 신앙의 수호자』, 85.
62 장동민,『박형룡: 한국 보수 신앙의 수호자』, 189.
63 David Wells (ed.), *Reformed Theology in America* (Grand Rapids: Eerdmans, 1986), 60. 이 학교는 유명한 B. B. Warfield가 프린스턴으로 적을 옮기기 전에 한동안 가르쳤던 미국 북장로교 소속 교단 신학교 가운데 하나였다.
64 김재준,『범용기』, 92-95.
65 김재준, "내가 영향받은 신학자와 그 저서", 184.
66 박용규,『한국교회사』2권, 608.
67 김재준, "내가 영향 받은 신학자와 그 저서", 184.
68* 이 단락은「부·경 교회사연구」제81호에 수록되었음을 밝힌다. 홍인표, "김재준과 1930년대 자유주의 논쟁",「부·경 교회사연구」81(2019), 54-86.

## 5장 ㅣ 김재준과 1930년대 자유주의 논쟁

1 장동민은 다음과 같이 언급하였다. "송창근이 평양을 떠나 부산으로 가고 김재준도 간
도로 밀려 떠나자, 총회는 조선신학교 문제가 발생할 때까지 자유주의로 인한 분란이
한동안 생기지 않았다. 보수 정통신학이 완전히 승리한 듯이 보였다. 1933~36년에 평
양에서의 자유주의 신학자들과의 대결에서 박형룡이 했던 역할들로 그는 해방 후에도
오랫동안 정통신학의 대부(代父)로 각인되었다." 장동민, 『박형룡: 한국 보수 신앙의
수호자』, 141. 필자는 이와 같은 장동민의 시각에 반대하지 않는다. 다만 1930년대 한
국교회 자유주의 논쟁의 이면적인 결과를 보충함으로써 1930년대 자유주의 논쟁에 대
한 시각을 입체화하려고 하는 것이다.
2 김재준의 자유주의 신학자 인식에 대하여는 김양선, 『한국 기독교 해방 10년사』(서울:
대한예수교장로회총회 종교교육, 1956), 188-195; 최덕성, 『에큐메니칼 운동과 다원
주의』(서울: 본문과 현장사이, 2005), 369-371; 하비콘, 『한국기독교신학사상』(서
울: 개혁주의 신행협회, 1988), 53-66; 박용규, 『한국장로교신학사상사』(서울: 총신
대학출판부, 1992), 174-182를 볼 것. 필자는 오늘날 김재준이 자유주의 신학자로 오
해되고 있는 원인을 그의 후예들이라고 할 수 있는 기독교장로회 측 몇몇 신학자들로부
터도 찾아볼 수 있다고 생각한다. 일례로 김경재는 그의 책 『김재준 평전』에서 김재준
을 "칼 바르트(K. Barth), 폴 틸리히(P. J. Tillich), 라인홀드 니부어(R. Niebuhr), 본
회퍼(D. Bonhoeffer)는 물론 과정 신학자 존 캅(John B. Cobb) 그리고 예수회 신부
테야르 드 샤르댕(T. Chardin)의 기독교 입장과 큰 틀에서 견해를 같이 한다"고 하며
김재준이 "대승적 기독교 이해"를 가진 인물이라고 주장하고 있다. 하지만 필자는 이와
같은 김재준 이해가 김경재의 작위적 이해라고 본다. 왜냐하면 그의 행적에서 볼 때 그
의 신학을 특정한 사조로 묶거나 그를 특정 신학자들과 같은 범주로 묶어서는 안 된다고
보기 때문이다. 설령 그가 자신을 "바르티안"으로 생각했다고 해도 말이다. 그뿐 아니라
그를 특정한 신학자들과 같은 틀로 묶는 것도 어색하다고 본다. 언급된 신학자 모두를
자유주의 신학자로 부를 수는 없다고 해도 말이다. 김경재, 『김재준 평전』(서울: 삼인,
2001), 204.
3 장동민과 이상규가 대표적이다. 장동민은 김재준이 1935년 3월에 「신학지남」에 발표
한 논문인 "그리스도의 부활에 대한 연구"에서 '자유주의' 흔적이 나타나지 않으며, 그리
스도의 부활에 관한 의견뿐 아니라 기독론, 속죄론, 칭의론, 신자의 최후 부활 등에 관한
견해를 볼 때, 전통적인 복음주의적 교리에서 벗어난 것이 없다고 지적하고 있다. 장동
민, 『박형룡: 한국 보수 신앙의 수호자』(서울: 살림, 2006), 144-145. 이상규 또한 장
동민과 비슷한 견해를 밝히는 가운데 오늘날 1930년대의 김재준을 자유주의 신학자라
도 부르는 것이 바른가 하는 정직한 검토가 필요하다고 말하고 있다. 당시 김재준의 신
학이 신정통주의와 가까운 점이 발견되지만, 그와 동시에 한국교회의 보수적인 성향
또한 내포되어 있었다는 것이다.
4 김재준, "대전(大戰) 전후 신학사상의 변천", 377-383.
5 김양선, 『한국 기독교 해방 10년사』, 231.
6 김양선, 『한국 기독교 해방 10년사』, 189.
7 김재준, "대전(大戰) 전후 신학사상의 변천", 387.
8 박형룡, 『박형룡 박사 전집: 논문』15권 (서울: 한국기독교교육연구원, 1978), 59.
9 김영재는 김재준이 극단적인 자유주의 신학자라기보다는 신정통주의자로서 초기에는

다분히 보수적이었지만, 송창근과 함께 신학의 자유를 구가함으로써 신학사상 자체보다 그의 신학적인 태도가 더 자유주의적이었다고 주장한다. 그는 김재준의 이와 같은 태도가 (현금 그의 후예들로 하여금) 극단적인 자유주의로 가는 문을 열었다고 평가한다. 김영재, 『한국교회사』(서울: 이레서원, 2004), 268.

10 김양선, 『한국 기독교 해방 10년사』, 181; 김춘배, "장로회총회에 올리는 말씀", 「기독신보」 제977호(1934), 8.

11 조선예수교장로회총회, 『조선예수교 장로회총회 제24회 회록 부록』(서울: 조선예수교장로회총회, 1934), 85.

12 김양선, 『한국 기독교 해방 10년사』, 178.

13 박정신은 옛 양반들처럼 교인과 일반인들에 대하여 지적, 문화적, 사회적 우월감을 가지고 이들 위에 군림하려고 했던 기독교 지도자들을 "종교적 지식계급" 혹은 "문화계급"이라고 정의하였다. 박정신, 『한국 기독교사 인식』(서울: 혜안, 2004), 175. 본래 지배계급이 아니었던 이들 기독교 지도자들은 기독교가 베푼 교육과 새 정치 훈련을 받고 '사회적 사다리'를 재빨리 올라 '권위적이고 위계적인' 지도자 집단을 형성했던 것이다. 박영신, 『역사와 사회변동』(서울: 민영사, 1987), 10장 참조. 이처럼 사회적인 상승 이동을 통해 기득권이 된 지식계급은 결국 더욱 보수적인 속성을 지니게 되어, 구한말 개종자들의 개혁적 속성을 상실하고 자신들의 사회적 지위를 보호하고 유지하려고 하였다. 필자는 이와 같은 기독교 지도자들의 권위주의적이고, 위계적인 속성을 차별적 유교적 조선 사회로의 회귀를 지향하는 것으로 표현한 것이다. 이들이 지향한 사회를 차별적 유교 사회라고 표현한 이유는 본래 구한말 선교사들의 가르침을 받아들인 초기 개종자들이 지향했던 사회는 남존여비, 신분 차별 등의 악습으로부터 개혁된 새로운 사회였기 때문이다. 언급된 박정신의 책 특히 "기독교와 한국 역사 변동" 부분을 볼 것.

14 박형룡, 『박형룡박사 저작 전집』 16권 (서울: 한국기독교교육연구원, 1978), 63.

15 史佑業, "제3제목은 가족이라", 「신학지남」 8권 제2호 (1926), 137-138.

16 史佑業, "제3제목은 가족이라", 「신학지남」 3권 4호 (1920), 373-374.

17 홍인표, 『선교초기 한국교회의 여권의식에 대한 연구: 구한말과 1920년-1930년대를 중심으로』, 백석대학교 기독교전문대학원 박사학위 논문, 2017, 98.

18 박미해, "조선후기 유학자의 여성인식: 다산 정약용 가(家)의식을 중심으로", 「사회사상과 문화」 29 (2014), 249-250.

19 당시 평양신학교에서 교수 활동을 했던 미국인 선교사들의 여성에 대한 인식은 박형룡 등과 같지 않았다. 그러한 사실은 언급한 사우업 외에 게일(James S. Gale)에게서도 발견된다. 奇一, "예수의 모친 마리아", 「신학지남」 3권 4호 (1920), 445. 반면 당시 김교신이 주필로 활동했던 「성경조선」에서 여성 교육과 사회활동에 대해 보수적인 입장을 피력하는 언급이 발견된다는 사실에서 당시 여성에 대한 인식 문제는 사실 신학적인 보수 혹은 진보의 문제가 아니었음을 알 수 있다. 「성경조선」에 언급되어 있는 여성에 대한 보수적 인식은 이찬갑, "부녀는 교회 가운데서 잠잠하라(上)", 「성경조선」 1936년 1월; 이찬갑, "부녀는 교회 가운데서 잠잠하라(下)", 1936년 1월; 송두영, "결혼의 의미", 「성경조선」 1937년 7월을 참조하라.

20 김재준, 『범용기』, 102-103.

21 김양선, 『한국 기독교 해방 10년사』, 176-177.

22 길선주, "감독의 책임"(1932), 한국고등신학연구원 엮음, 『한국 기독교 지도자 강단설교 길선주』 (서울: 홍성사, 2008), 154. 이를 통해 당시 주류 한국교회가 복음주의에서 강조하는 "철저한 마음의 회개"로부터 실질적으로 이탈되고 있었음 또한 엿볼 수 있다. 박형신, "이성봉 목사의 부흥설교 연구: 『명심도강화』를 중심으로", 「신학과 선교」 47 (2015), 181. 전성용은 2014년 그의 논문 "영성이란 무엇인가?: 성령론적 영성신학 서설"에서 현금 한국교회의 양적 성장의 한계에 대해 통탄하고 있다. "오랫동안 급성장해 온 한국교회가 정체 내지 내리막길을 걷고 있다"는 것이다. 그러나 필자는 한국교회의 정체 및 하락이 비단 현금에 나타나는 현상이라고 보지 않는다. 내가볼 때 그와 같은 조짐은 이미 1930년대부터 나타났다. 한국교회의 율법주의화 및 속화가 바로 그것이다. 1930년대 한국교회의 자유주의 논쟁을 계기로 율법주의 및 소화 문제는 뿌리 깊게 자리매김하였고 현금 발견되는 한국교회의 급격한 정체 및 하락은 그 문제가 상당 시간 동안 해결되지 못한 결과라고 본다. 이른바 역사청산 문제가 한국교회에도 제기되어야 하는 이유가 여기에 있다. 전성용, "영성이란 무엇인가?: 성령론적 영성신학 서설", 「신학과 선교」 44 (2014), 7.

23 김재준, 『범용기』, 104. 김재준이 미국으로부터 귀국한 후 경험했던 몇 가지 사건들은 사실 속화라고 표현하기보다는 율법주의화라고 표현하는 것이 맞다. 그러나 당시 한국교회는 율법주화와 세속화가 맞물리고 있었다는 것이 필자의 견해이다.

24 박용규, 『한국기독교회사』 2권 (서울: 생명의말씀사, 2006), 515.

25 징동민, 『대화로 풀어보는 한국교회사』 2권 (서울: 부흥과개혁사, 2015), 83.

26 김교신, "나환자의 음신을 받고", 『김교신 전집(신앙론)』 2권, 노평구 엮음 (서울: 부키, 2002), 104-105.

27 김교신, "나환자의 음신을 받고", 107.

28 이광수, "금일 조선 야소교회의 결점", 『이광수 전집』 17권 (서울: 삼중당, 1962), 20-21.

29 박영신, 『역사와 사회변동』 (서울: 한국사회연구소, 1995), 366-388.

30 Chung-Shin Park, *Protestant and Politics in Korea* (2003), 117-138; 고재욱 엮음, 『三·一 運動50周年紀念論集』 (서울: 동아일보사, 1978), 263.

31 그와 같은 사실은 당시 체포된 주동자들의 22%인 1,719명이 기독교 공동체에 속한 이들이었다는 것에서 충분히 알 수 있다고 본다. 장로교만 하더라도 체포된 신자 3,804명, 체포된 목사와 장로 134명, 감금된 신도 2,656명에 달하였다는 것을 통해서도 3.1운동 당시 기독교가 주도적 활동을 하였다는 것을 알 수 있다. 고재욱 엮음, 『三·一 運動50周年紀念論集』, 264.

32 박정신, 『한국 기독교사 인식』 (서울: 혜안, 2004), 168.

33 Chung-Shin Park, *Protestant and Politics in Korea*, 201-202.

34 박정신, 『한국 기독교사 인식』, 142-145.

35 김재준, 『범용기』, 108.

36 『아빙돈 단권 성경주석』이 김재준을 자유주의자로 인식하도록 했던 주요한 이유는 당시 김재준, 채필근, 송창근, 한경직이 소속되어 있던 평양노회가 이 문제에 가장 적극적이었기 때문이었다고 본다. 총회에서는 그 책을 "장로회의 도리에 불합한" 것으로 단죄하면서도 관련자에 대한 정치적 처리를 지방 노회에 일임하였는데, 당시 평양노회가 이 문제에 대하여 가장 적극적이고 보수적인 입장을 표명하였던 것이다. 한국기독교역사연구소, 『한국 기독교의 역사』 II, 160. 당시 『아빙돈 단권주석』 번역을 주도

했던 류형기에 따르면 집필에 참가했던 장로교 측 목사들로는 김관식, 조희렴, 채필근,
문재린, 이규용, 한경직, 김재준, 송창근, 윤인구, 정태희, 서고도(William Scott) 등
이었다. 류형기는 당시 집필에 참가했던 장로교 측 목사들 가운데 당시 신의주에서
목회를 했던 한경직, 평양 산정현교회에서 목회를 했던 송창근 그리고 「신학지남」을
편집했던 김재준이 가장 곤혹을 치루었다고 언급하였다. 류형기, 『은총의 팔십오년
회상기』 (서울: 한국기독교문화원, 1983), 104.

37 김양선, 『한국 기독교 해방 10년사』, 177.

38 김재준 · 송창근 · 한경직, "성명서", 「신학지남」 84 (1935), 53.

39 김재준 · 송창근 · 한경직, "성명서", 53.

40 마포삼열/김건호 편, "조선교회에 기(寄)함", 『선교 70주년 기념 설교집 中』 (서울:
대한예수교장로회총회 종교교육부, 1954), 62-63.

41 마포삼열박사전기 편찬위원회, 『마포삼열박사전기』 (서울: 대한예수교장로회총회교
육부, 1978), 326-327.

42 마포삼열박사전기 편찬위원회, 『마포삼열박사전기』, 329-331.

43 일찍이 평양신학교 설립의 주도적 인물 가운데 하나였던 게일(J. S. Gale)이 마포삼열
에게 "당신의 방법은 긍정 못하겠습니다. 표준은 너무 낮고, 교수 방법은 저질이며,
강의 자료들은 낡아빠진 것들이고, 학생의 등록 수는 너무 많습니다"라고 항변하며
교수직 사임 의사를 밝혔다는 사실에서도 이를 짐작하기에 충분하다. 민경배, 『한국
기독교회사』 (서울: 연세대학교 대학출판문화원, 2013), 494.

44 이상규, 『한국교회 역사와 신학』 (서울: 생명의양식), 213.

45 김재준, "총회와 그 후", 『김재준 전집』 3권 (오산: 한신대학교출판부, 1992), 148-
149.

46 1959년 한국 장로교회가 세 번째 분열을 하게 되었을 때, 박형룡을 따르는 이들이 교
단 분열을 각오하면서까지 박형룡을 지키려고 했던 이유가 보수주의의 아성인 박형룡
이 무너지면 한국교회의 신학이 자유주의화 된다는 위기의식을 느꼈다는 것을 볼 때
보수 신학자로서 박형룡이 지니는 상징은 거대한 것이었다고 볼 수 있을 것이다. 장동
민, 『박형룡: 한국 보수 신앙의 수호자』, 123.

47 박형룡은 1923년 9월 미국 프린스턴신학교에 입학하여 1926년 5월 프린스턴신학교
에서 신학사와 신학석사를 취득하였고 이후 1년간 미국 루이빌의 남침례신학교에서
1년 간 박사 과정을 수학한 후 1927년 8월에 귀국하였다. 장동민, 『박형룡: 한국 보수
신앙의 수호자』, 278.

48 George M. Marsden, *Fundamentalism and American Culture* (New York: Oxford
University Press, 2006), 171-175. 이른바 근본주의자들이 주장한 5대 필수 원리
는 "성경무오성, 그리스도의 동정녀 탄생, 속죄 사역, 육체 부활, 초자연적 기적 능력"
이다.

49 기독교의 5대 필수 원리는 이론에 불과하며, 총회가 그것에 대한 교인들의 충성을 강
요하는 것은 잘못이라고 선언한 자유주의신학자들과 목회자들의 선언이다. George
M. Marsden, *Fundamentalism and American Culture*, 180-181.

50 George M. Marsden, *Fundamentalism and American Culture*, 184-195. 1923년부
터 여러 개의 남부 주에서는 모종의 반 진화론 법률을 채택해왔고 국가 도처에서도
유사한 법안이 계류 중에 있었다. 그 가운데 1925년 봄 테네시주에서 통과된 법은 가
장 강력한 것이었다. 그해 테네시주의 젊은 생물학 교사 스콥스(John Scopes)가 수

업시간에 진화론을 가르쳤다는 이유로 지방의 한 재판에서 유죄가 인정됨으로써 전국
적으로 불거지게 되었다. 당시 피고인 측 변호인은 미국 시민 자유 연맹이 추천한 세
사람이었는데, 그 가운데 수장은 저명한 변호사 대로(Clarence Darrow)였고 원고
측 변호사는 미국 대통령을 세 번이나 출마했던 브라이언(William James Brian)이었
다. 이 재판에서 브라이언은 대로의 공세에 밀려, 성경의 문자적 해석과 관련된 대표적
인 문제들에 대해 답할 수 없음을 인정하고 말았다. 즉 브라이언은 "하와가 아담의 갈
비뼈로부터 어떻게 창조될 수 있었는지, 혹은 요나를 삼킨 큰 물고기가 어디에서 왔는
지" 등에 대해 제대로 답변하지 못한 것이었다. 결국 이 재판은 근본주의자들의 입지
를 매우 축소시키는 결과를 가져왔다.
51 장동민, 『박형룡의 신학연구』, 84.
52 장동민, 『박형룡의 신학연구』, 77-78.
53 장동민, 『박형룡의 신학연구』, 92-96.
54 장동민, 『박형룡: 한국 보수 신앙의 수호자』, 82-84.
55 장동민, 『박형룡: 한국 보수 신앙의 수호자』, 84-85. 메첸은 비록 주요 현안에 대하여
    타협을 수용하지 않는 입장을 표명하였지만, 여러 가지 측면에서 볼 때 그는 전형적인
    근본주의자는 아니었다. 비록 그가 많은 천년주의자들 및 부흥운동가들과 우호적인
    관계를 유지했다고 해도 말이다. 때때로 그는 주도적인 대변인 역할을 한 근본주의
    운동에 대한 명칭에 있어서 불편한 심기를 드러내기도 하였다. 메첸이 전형적인 근본
    주의자가 아니었음을 말해주는 대표적인 예가 금주법 시행에 대한 그의 입장이었다.
    George M. Marsden, Fundamentalism and American Culture, 174.
56 이에 대해 김양선은 다음과 같은 언급을 남겼다. "박형룡 박사는 대학 시절에 벌써 자
    기의 확고한 신앙 노선을 터 닦아 놓았다. 그는 미국 프린스턴신학교에서 조직신학을
    전공할 때에도 이미 한국에서 닦아 놓은 신앙의 터 위에서 그의 연구를 계속하였다."
    김양선, 『한국기독교 해방 10년사』, 188.
57 한국기독교역사연구소, 『한국 기독교의 역사』 II, 160-161. 비단 "아빙돈 단권주석"
    사건뿐 아니라, 앞서 언급한 것처럼 기존 교회의 율법주의 및 속화에 반발하여 무교회
    주의를 실천했던 김교신 등을 이단시여긴 것 또한 이에 해당한다고 본다.
58 홍치모, "한국교회와 신사 참배 - 고백과 저항", 「신학사상」 51 (1985), 693. 장로교
    평북노회의 신사 참배는 1938년 9월 9일 평양 서문외교회에서 가결되었으나 그보다
    일곱 달 전인 1938년 2월 9일에 이미 평북노회에서는 신사 참배를 국가의식으로 인정
    하고 참배할 것을 결의하였다.
59 한국기독교역사연구소, 『한국 기독교의 역사』 II, 301.
60 한국기독교역사연구소, 『한국 기독교의 역사』 II, 161.
61 한국기독교역사연구소, 『한국 기독교의 역사』 II, 333.
62 한국기독교역사연구소, 『한국 기독교의 역사』 II, 310-321.
63 물론 김재준의 축출은 서북 지역 장로교회로부터였지만, 당시 평양을 중심으로 한 서
    북 지역이 한국 장로교회의 대표적인 지역이었기 때문에 필자는 김재준이 보수적인
    한국교회로부터 축출된 것이라고 표현하였다.
64 장동민, 『박형룡: 한국 보수 신앙의 수호자』, 141.
65 사실 '적극신앙단'은 감리교의 신흥우를 중심으로 한 단체로서 김재준 등과는 관련이
    없었다고 본다. 그렇지만 박형룡은 김재준 등을 적극신앙단과 하나로 묶어 자유주의
    자로 인식하였다.

66 장동민, 『박형룡: 한국 보수 신앙의 수호자』, 154-156.

67 장동민, 『박형룡: 한국 보수 신앙의 수호자』, 167. 간도 은진중학교에서 김재준으로부터 배웠던 강원룡의 다음과 같은 언급 또한 당시 율법주의적인 정통주의 신학에 대응했던 했던 김재준의 신학을 이해하는 데 도움이 될 것이다. "그런데 무엇보다 내게 충격을 준 것은 그의 자유주의적 신앙이었다. 그는 성경을 가르치면서 당시의 나로서는 상상도 못한 얘기를 불쑥불쑥 던지곤 했다. 예를 들어 짐승의 피를 먹으면 안 된다는 성경 구절을 해석하면서, 선교사들이 자기들은 소시지를 먹으면서 한국 사람에게 순대를 금하는 것은 난센스라고 하는 것이었다. "선교사들은 율법주의의 교리로 한국 사람들을 훈련시켜온 것입니다." 나는 충격을 받아 김 선생님에게 질문했다. "그러면 목매달아 죽인 짐승의 고기로 만든 보신탕이나 제사음식을 먹어도 죄가 되지 않는다는 말씀입니까?" 그는 나를 물끄러미 쳐다보고는 이렇게 대답을 했다. "사람의 밖에서 몸에 들어간 것이 더러운 것이 아니라 속에서 나오는 것이 더럽다는 성경 말씀이 있지 않습니까?" 그 말을 듣는 순간 나는 꼭 벼락이라도 맞은 기분이었다." 강원룡, 『역사의 언덕에서』 1권 (서울: 한길사, 2003), 85-88.

68 김재준, 『범용기』, 116.

69 장동민, 『박형룡: 한국 보수 신앙의 수호자』, 142.

70 장동민, 『박형룡의 신학연구』, 272-283.

71 필자는 이들 정통주의자를 교권주의적 정통주의자들과 비교권주의적 정통주의자로 구분해야 한다고 본다. 왜냐하면 정통주의자들 가운데는 박형룡을 비롯하여 주기철 등 일제의 신사 참배에 저항한 이들이 있는 반면 일제의 신차참배에 적극적으로 협력하고 자신들의 헤게모니를 확장하였을 뿐 아니라, 해방 후 한국교회 재건에 걸림돌이 된 이들이 있기 때문이다. 앞서 홍치모가 말한 것처럼 1935년을 고비로 총회의 주도권이 정통신앙을 표방하는 교권주의자들에게 넘어감으로써 한국교회가 일제의 회유와 협박에 쉽게 순응하게 되었다는 사실에서 교권주의적 정통주의자들과 비교권적 정통주의자들을 구분할 수 있다고 본다.

72 비교권적 정통주의자들을 의미한다.

73 이처럼 김재준의 신학에서 정통적 성격이 발견되는 것처럼, 박형룡의 신학에서도 당시 한국교회의 풍토에서 볼 때 '자유주의적' 성격이 발견된다는 사실을 부인할 수 없다. 예컨대 그의 학위 논문에서 발견되는 창세기 1장의 '날-시대 이론'(day-age-theory)과 대홍수에 대한 비문자적 해석이다. 그는 자신이 켄터키의 남침례신학교에 제출한 박사학위(Ph.D.) 청구 논문에서 창세기 1장의 하루가 24시간을 말하는 것이 아닐 수도 있다고 주장하였다. 그뿐 아니라 창조의 순서가 영적인 의미를 부여하기 위해 재배치된 것일 수도 있으며, 인류의 역사 또한 6천 년이 넘을 수도 있다고 주장하였고 노아의 홍수 또한 국지적(局地的)인 사건이었을 수도 있다고 언급하였다. 박형룡, 『박형룡 박사 저작 전집: 학위논문』 15권 (서울: 한국기독교교육연구원, 1978), 69-93. 물론 박형룡이 이와 같은 해석을 신봉한 것은 아니고 가능성을 배제하지 않은 것에 불과했지만, 한국교회에 알려진 박형룡의 신학과는 맞지 않는 것처럼 느껴진다. 장동민, 『박형룡: 한국 보수 신앙의 수호자』, 79.

74 이에 대하여는 필자가 학위 논문인 "선교초기 한국교회의 여권의식에 대한 연구: 구한말과 1920년-1930년대를 중심으로"에 자세히 언급하였다. 당시 여권에 대한 진보적 견해는 상대적으로 진보적이었던 감리교단의 「신학세계」는 물론 성결교단의 「활천」

그리고 상대적으로 보수적이었던 장로교단의 「신학지남」을 아울러 언급되었고, 이른 바 무교회주의자들의 신앙잡지로 알려진 「성경조선」에 여권에 대한 보수적 견해가 언급되었음이 발견된다. 홍인표, "선교초기 한국교회의 여권의식에 대한 연구: 구한 말과 1920년-1930년대를 중심으로", 백석대학교 기독교전문대학원 박사학위논문 (2016), 95-143.

75 장동민은 김재준을 일컬어 그가 "근본주의의 다섯 가지 근본조항을 믿는 '자유주의자' 이며, 그리스도의 대속의 죽음과 부활을 비롯한 성경 기록의 역사성을 믿는 '바르트주 의자'였다"는 말로 정의하고 있다. 장동민, 『박형룡의 신학연구』, 171-172.

76 한국교회의 속화 문제가 심각한 것일 수밖에 없는 이유는 상식이겠지만, 그동안 오랫 동안 암묵적으로 동의 되었으나 최근 "명성교회"의 예에서 보듯이 한국교회가 사회로 부터 거센 비난을 받도록 함으로써 결국 전도와 선교의 문을 막는 심각한 요인으로 작용되고 있기 때문이다. 필자는 한국교회의 세속화의 가장 큰 열매가 결국 한국교회 세습문제로 귀결되었다고 본다. 한국교회의 세습 문제에 대하여는 배덕만, "한국교회 의 세습: 뒤틀린 역사," 「신학과 선교」 43 (2013), 69-98에 자세히 문제 제기되어 있다.

77 김양선, 『한국 기독교 해방 10년사』, 34-35.

78 박형룡이 해방 후 김재준의 조선신학원에 대항하는 보수신학교를 건립하기 위해 일제 강점기 당시 총회장을 지냈던 이들로부터 협조를 구하기까지 하였다. 그들 중에는 주 기철 목사가 순교한 후 산정현교회를 폐쇄하고 그의 가족들을 사택에서 내쫓기까지 했던 이인식 같은 인물조차 포함되어 있었다. 장동민, 『박형룡의 신학연구』, 368. 결 국 자유주의신학 척결을 명목으로 한국교회의 속화에 대한 문제의식은 침잠되고 교권 주의자들은 더욱 굳건히 자리매김할 수 있었다.

## 6장 ᅵ 간도에서의 활동

1 "기독교인의 국가 봉사", 「기독교보」, 1937. 10. 12.

2 한국기독교역사연구소, 『한국기독교의 역사』 II (서울: 기독교문사, 2000), 300-302.

3 〈조선예수교장로회 총회〉 제27회 회록, 1938, 9.

4 김경재, 『김재준평전』 (서울: 삼인, 2001), 231. 사실 신사 참배에 대하여는 김재준 또 한 자유롭지 않다. 당시 신사 참배는 한국교회 전체를 아우른 것이었다. 일반적으로 보 수 측에서는 김재준을 비롯한 이른바 자유주의자들이 신사 참배를 하였다고 단죄하고 있다. 하지만 필자는 이 말이 50%만 맞는다고 본다. 왜냐하면 보수 측 장로교단 사람들 도 신사 참배에 순응하였기 때문이다. 1938년 평양에서 열린 제27회 총회에서 신사 참 배를 가결한 사람들은 사실 정통주의자들이었다. 이때 김재준을 비롯한 자유주의자들 은 간도와 부산 등으로 밀려난 상태였기 때문에 신사 참배 가결에 대한 권한이 없었다. 그리고 김재준과 송창근 목사도 원래는 신사 참배에 단호히 반대 입장을 고수한 인물이 었다. 그러나 평양신학교가 폐쇄된 후 김재준과 송창근 등은 1939년 조선신학교 설립 을 기점으로 순응하는 모습을 보였습니다. 물론 필자는 이를 비자발적 순응이라고 생각 한다. 당시 조선신학교 교수였던 김재준은 총독부에서 반대했던 과목들인 묵시서 등을 커리큘럼에 넣었다. 그로 인해 조선신학교는 매해 재승인을 받아야 했고, 사실 일종의 학원으로서의 인정밖에 받지 못했다. 당시 일제의 후원을 받는 후평양신학교의 교장 채필근은 자발적으로 순응하였기 때문에 후평양신학교는 별다른 어려움 없이 학교를

운영할 수 있었다.

참으로 신사 참배는 한국교회 전체를 아우른 것이었다. 한경직도 신사 참배를 하였고, 조선신학교를 세운 김재준과 송창근도 신사 참배를 하였습니다. 물론 김재준은 "신사 참배를 하면서 속으로는 저주를 퍼부으며 하나님 앞에 기도를 하였다"고 말했지만, 이는 부적절한 태도라고 본다. 2005년 한국기독교장로회 소속 목사인 김승태가 김재준의 신사 참배에 대해 "어떠한 변명의 여지가 없다"고 하며 기독교장로회가 역사 앞에 솔직할 것을 촉구한 적이 있다. 김승태, "과거사 청산 안했기에 사회 신뢰 잃어," (2005. 6. 22. 뉴스엔조이 기사).

이에 대해 한신대학교의 연규홍은 "역사의 사실과 해석의 진실: 장공 김재준에 대한 친일 논의를 반박함"이라는 논문에서 김재준의 신사 참배를 변호하였다. 그는 당시 신사 참배를 하면서도 신앙생활을 영위한 교회가 있다고 하면서 "신사 참배를 무조건 단죄할 것인가?"라고 질문을 하였다. 필자는 보수측 기독교인들이 기독교장로회 측의 신사 참배를 일방적으로 몰아서 단죄하는 것도 바람직하지 않지만, 분명한 역사적 사실 앞에서 변호로 일관하는 것도 부적절하다고 본다. 연규홍, "역사의 사실과 해석의 진실: 장공 김재준에 대한 친일 논의를 반박함", 「신학연구」 48(2006), 265-286.

5 김재준, 『범용기』, 110-111.

6 김경재, 『김재준평전』, 231.

7 김재준, 『범용기』, 116-117.

8 김재준, 『범용기』, 117-118.

9 외국에서 신학 공부를 했다 해도 목사안수를 받기 위해서는 평양신학교 3학년에 편입해서 다시 공부해야 했다. 송창근은 미국 덴버대학에서 신학박사 학위를 받았음에도 평양노회에서 목사 안수를 받기 위해 다시 평양신학교 3학년에 편입하여 공부하였다. 이덕주, 『한국 영성 새로 보기』(서울: 신앙과 지성사. 2013), 197. 그러나 김재준은 평양신학교 3학년에 편입하여 공부하지 않았기 때문에 목사안수를 받을 수 없었다. 그는 숭인상업학교 교목으로 취임한 지 몇 달 후에 평양노회에서 강도사 시취를 받았는데 사실 미국 웨스턴신학교를 졸업할 무렵 이미 강도사로서 자격을 취득하였지만 그래도 다시 시취를 청원하여 시험을 본 후 강도사 자격을 취득해야 했다. 『범용기』, 106-107.

10 윤병석, 『간도역사의 연구』(서울: 국학자료원, 2006), 9-15.

11 현룡순, "월강죄와 기사(1869)년 난입", 서굉일·동암 편저, 『간도사 신론: 선구자와 친일파의 싸움 上』(서울: 우리들의 편지, 1993), 69.

12 윤병석, 『간도역사의 연구』, 11.

13 송우혜, 『윤동주 평전』(서울: 푸른역사, 2005), 39.

14 윤병석, 『간도역사의 연구』, 11.

15 윤병석, 『간도역사의 연구』, 15.

16 윤병석, 『간도역사의 연구』, 16.

17 윤병석, "북간도 한인(조선인) 사회와 명동학교", 한국독립운동사연구소 편집, 『명동학교 100주년 기념 북간도지역 한인 민족운동』(천안: 독립기념관 한국독립운동사연구소, 2008), 49.

18 윤병석, "북간도 한인(조선인) 사회와 명동학교", 49-50.

19 김재준이 활동한 북간도 지역을 의미한다.

20 김경재, 『김재준 평론』, 57.

21 김양선, 『한국기독교해방10년사』, 131.

22 김양선, 『한국기독교해방10년사』, 57.
23 김형수, 『문익환 평전』(서울: 실천문학사, 2004), 142-145.
24 문익환 목사의 아버지인 문재린은 당시 용정의 중앙교회 담임목사였다.
25 문재린, 『기린갑이와 고만녜의 꿈』, 152-164.
26 김재준, 『범용기』, 122.
27 강원룡, 『역사의 언덕에서』1권 (서울: 삼인, 2003), 89-95.
28 김형수, 『문익환 평전』, 234-239.
29 김재준, 『범용기』, 125.
30 김재준, 『범용기』, 122.
31 김재준, 『범용기』, 122.
32 김경재, 『김재준 평전』, 127.
33 강원룡, 『역사의 언덕에서』1권, 85-87.
34 김재준, 『범용기』, 43.
35 김경재, 『김재준 평전』, 45.
36 조원길, "장공 목사님의 퍼주기식 제자 사랑", 장공 김재준 목사 탄신 100주년 기념사
　　업회, 『장공이야기』(오산: 한신대학교출판부, 2001), 226-227.
37 김재준, 『범용기』, 128.
38 김재준, 『범용기』, 126-127.
39 김재준, 『범용기』, 127-128.
40 김재준, 『범용기』, 98-99.
41 문동환, 『문동환 자서전, 떠돌이 목자의 노래』(서울: 삼인, 2009), 139.
42 문동환, 『문동환 자서전, 떠돌이 목자의 노래』, 65-68.
43 문동환, 『문동환 자서전, 떠돌이 목자의 노래』, 68-69.
44 김재준, 『범용기』, 123.
45 김명수, 『안병무의 신학사상』(서울: 한울 아카데미, 2011), 33-38.
46 김재준은 1937년 5월부터 1938년 2월까지 매월 「십자군」을 발간하였지만 현재 확인
　　되고 있는 자료는 「십자군」 1권 3호(1937년 5월)부터 2권 1호(1938년 2월)에 이르
　　기까지 총 4권이다. 김재준, 「십자군」 1, 심한보 발행 (서울: 한국교회사문헌연구원,
　　2013)을 참조할 것.
47 김재준, 『범용기』, 125.
48 김재준, "영웅대망론", 「새사람」 5집(1937. 5.), 20-21. 김재준의 글을 당시의 표기가
　　아닌 오늘날의 표기로 풀어 언급하였다.
49 이덕주, "장공 영성과 한국교회", 미간행 논문, 제23회 "長空사상연구 목요강좌"
　　(2010년 9월 9일), 26.
50 김재준, 「십자군」 1권 참조.
51 전경연은 김재준의 저서 대부분이 『낙수』(1941), 『낙수이후』(1952), 『계시와 증언
　　』(1954), 『하늘과 땅의 해우』(1962) 등 수필과 단상으로 이루어진 단편의 수집이라
　　고 언급하였다. 전경연, "김재준론", 『장공 사상 논문집』(오산: 한신대학교출판부,
　　2001), 25-26. 물론 이와 같은 전경연의 언급은 다소 과장된 바가 없지 않다. 그러나
　　김재준의 저술 가운데 학술적인 논문뿐 아니라 설교, 자서전, 단상, 수필 등 다양한
　　글들이 다수 있는 것을 볼 때 그를 일컬어 문필의 사람이라고 표현하는 것은 어색하지
　　않다고 본다.
52 김재준, 「십자군」, 1권 3호, 1-2.

53 김재준, "기독교의 건국이념",『장공 김재준 논문 선집』(오산: 한신대학교출판부,
　 2001), 333.
54 구미정, "사이/너머 횡단하다: 삶의 신학자 김재준",「현상과 인식」36권 3호 (2012),
　 50-51.
55 김재준, "박사들은 지금도 예수께 절합니다",「십자군」1권 5호 (1937년 12월), 1.
56 김재준, "예전자적 심정",「십자군」2권 1호 (1938년 2월), 5.
57 길선주, "감독의 책임", 한국고등신학연구원 엮음,『한국 기독교 지도자 강단설교 길선
　 주』(서울: 홍성사, 2008), 154.
58 박정신, "기독교와 한국 역사변동",『한국 기독교사 인식』, 174-175.
59 이덕주,「장공 영성과 한국교회」, 27.
60 특히 김재준과 평생 경쟁자 관계를 형성한 박형룡과 비교해 볼 때 그러한 사실을 알
　 수 있다. 박형룡의 경우 몇 편의 설교를 제외하고는 대부분 변증적 성격을 띤 글을 평
　 생 저술하였다.
61 이덕주, "영성으로 신학하기: 김재준 목사의 편지",「세계의 신학」제60호 (2003).
62* 이 단락은 2013년「한국교회사학회지」34집에 수록된 논문을 이 책에 재수록하였음
　 을 밝힌다.

## 7장 ǀ 김재준의 공산주의 이해

1 김재준,『범용기』, 327.
2 한국전쟁 이후 남한 기독교의 반공주의 재생산에 대해서는 역사학자 박정신과 사회학
　 자 강인철의 글을 참조하라. 박정신,『한국 기독교사 인식』(서울: 혜안, 2004), 212-
　 214; 강인철,『한국의 개신교와 반공주의』(서울: 중심, 2007), 68-69. 필자는 한경직
　 과 박형룡의 공산주의 이해가 한국전쟁 이후 남한 기독교의 반공주의 재생산에 있어서
　 영향을 끼친 바가 적지 않았을 것이라고 본다. 그러나 김재준의 경우 한국전쟁 이후 남
　 한 기독교의 반공주의 재생산에 있어서 영향을 끼친 바가 매우 미미하다고 본다. 왜냐하
　 면 김재준의 경우 한경직, 박형룡과는 달리 한국전쟁 직후인 1950년대 외에는 공산주
　 의에 대하여 강경한 태도를 견지하지 않았기 때문이다.
3 김재준은 한국전쟁 직후 잠시 강경한 반공주의자로서의 공산주의 이해를 가지는 듯하
　 였지만 1960년대 이후 그의 논문에서는 공산주의에 대한 탈 이데올로기적 시각이 발견
　 된다. 하지만 한국전쟁 이전에도 김재준은 공산주의에 대하여 탈 이데올로기적인 시각
　 을 견지하고 있었다. 일찍이 1945년 해방 직후 김재준의 글 "기독교의 건국이념"에 공
　 산주의를 포함하여 모든 이념에 대하여 상대적인 시각을 견지하고 있음을 언급하였던
　 것이다. 한국전쟁 직후 김재준의 공산주의에 대한 강경한 반공주적 시각을 이해하기
　 위해서는 그의 후견인이면서 친구였던 송창근의 납북 등 그가 공산 치하에서 경험했던
　 개인적 체험들을 염두에 두어야 할 것이라고 본다. 1945년 해방 직후 김재준의 탈 이데
　 올로기적 공산주의 이해에 대하여는 김재준, "기독교의 건국이념"(1945),『김재준전집
　 』1권 (오산: 한신대학교출판부, 1992), 1950년대 김재준의 공산주의 이해에 대하여는
　 김재준, "공산주의론(1953)",『김재준전집』3권 (오산: 한신대학교출판부, 1992) 그
　 리고 1960년대 이후 김재준의 공산주의 이해에 대하여는 김재준, "기독교와 정치: 라인
　 홀트 니버의 경우"(1962),『사상계 영인본』(서울: 세종문화사, 1988)을 보라.
4 한국전쟁 직후 박형룡의 공산주의는 사실 남한 교회 지도자들이 가졌던 보편적 이해에

속하는 것에 불과하였다. 그러니까 이때만 해도 박형룡이 공산주의에 대하여 비판적인 입장을 보인 것은 사실이었지만 한경직만큼 강경한 모습을 보인 것은 아니었다는 것이 다. 한국전쟁 직후 박형룡의 공산주의 이해는 "범죄에 대한 하나님의 징벌"의 도구로서 공산주의의 이해였다. 하지만 1959년 제3차 장로교회 교단 분열을 계기로 박형룡은 공산주의에 대하여 냉전 이데올로기적 이해하게 되었던 것으로 보인다. 제3차 장로교회 교단 분열 시 박형룡은 WCC와 용공의 관계성을 주장하며 한경직을 중심으로 한 WCC 측에 색깔 공세를 하였다. "범죄에 대한 하나님의 징벌"로서의 공산주의 이해에 대하여 는 박형룡, "하나님의 검", 『박형룡박사전집: 설교』 20권 (서울: 한국기독교교육연구원, 1978), 박형룡의 WCC에 대한 색깔 공세에 대하여는 장동민, 『박형룡의 신학 연구』 (서울: 한국기독교역사연구소, 1998), 305-309를 보라.

5 1960년대 이후 한경직의 반공주의자로서의 공산주의 이해를 보여주는 글로는 1963년 「새가정」에 실린 한경직의 글 "그리스도인과 반공"이 대표적이다. 이 글에서 한경직은 공산주의를 요한계시록에 언급된 붉은 용으로 표현하고 있다. 한경직, "그리스도인과 반공", 「새가정」(1963. 5.)을 보라.

6 한경직, "그리스도인과 반공", 10-11.

7 이만열, "원로와의 대담: 한경직 목사를 만남", 「한국기독교와 역사」 1호 (1991), 154-155.

8 1945년 11월 23일 신의주에서 일어난 반공 학생의거. 11월 16일 용암포에서 반공계인 기독교 사회민주당 지방대회가 열렸을 때 공산당은 경금속 공장 직공을 동원, 이를 습격하고 간부에 폭행을 가했다. 여기에 분격한 용암포의 학생들은 공산당의 만행을 규탄하는 시위운동을 전개, 23일에는 신의주의 6개 중학교와 부근의 학생 5천여 명이 가담하여 공산당 본부, 인민위원회 본부, 보안서 등을 습격하였다. 공산당은 이들에 대하여 기관총을 쏴 많은 학생을 사상하고 시외에서 들어오는 학생에 대해서는 소련군이 비행기로 기총소사를 하여 도합 50명의 사상자를 내고 80명을 체포, 투옥하였다. 이 사건으로 소련군은 전국적인 반공운동이 일어날 것을 두려워하여 계엄령을 선포하는 한편 탄압을 가중하였다. 한국민족문화대백과사전 편찬부, 『한국민족문화대백과사전』 13권 (성남: 한국정신문화연구원, 1992), 899.

9 한국기독교역사연구소 북한교회사 집필위원회, 『북한교회사』(서울: 한국기독교역사 연구소, 1996), 389.

10 안종철, "반일 · 반공의 토대로서 기독교: 한경직 목사의 해방 전후 사역", 「한경직목사 기념사업회 세미나」 4 (2011), 72.

11 한경직, "기독교와 공산주의", 『한경직 목사 설교전집』 2권 (서울: 한경직목사기념사 업회, 2009), 90-91.

12 이만열, "원로와의 대담: 한경직 목사를 만남" (1991), 154.

13 Chung-Shin Park, *Protestantism and Politics in Korea* (Seattle and London: University of Washington Press, 2003), 41.

14 김은섭, "한경직, 그 삶의 여정", 「한국교회사학회지」 32 (2012), 133.

15 한경직이 선교사 블레어의 도움으로 미국 유학하게 된 것은 사실이지만 그것은 선교사들에 의한 공식적인 추천이 아닌 블레어 개인의 추천에 의한 것에 불과하였다. 한경직에 의하면 당시 조선 장로교회에서 선교사들의 공식적인 추천으로 유학할 수 있었던 인물은 박형룡, 정인과 두 사람뿐이었다고 한다. 이만열, "원로와의 대담: 한경직 목사

를 만남", 143-145.

16 이만열, "원로와의 대담: 한경직 목사를 만남", 138-146.

17 이만열, "원로와의 대담: 한경직 목사를 만남", 154-155.

18 류대영, 『한국 근현대사와 기독교』(서울: 푸른역사, 2009), 223.

19 류대영, 『한국 근현대사와 기독교』, 223-260.

20 이혜정, 『한경직의 기독교적 건국론』(서울: 대한기독교서회, 2011), 112.

21 이혜정, 『한경직의 기독교적 건국론』, 59.

22 이혜정, 『한경직의 기독교적 건국론』, 76.

23 한국전쟁 중 '기독교구국회'"를 조직하여 피난민을 구호하고 국군을 위문하는 등의 일
에 앞장섰을 뿐 아니라 구국기도회를 전국적으로 조직했다는 사실을 통해서도 반공주
의자로서의 한경직을 모습을 발견할 수 있다고 본다. 이와 같은 모습은 박형룡과 김재
준으로부터는 발견되지 않는 반공주의자로서 한경직의 독특한 행보이다. 서영석, "한
경직 목사의 삶과 설교에 나타난 사상", 「한국교회사학회지」 32 (2012), 169.

24 이혜정, 『한경직의 기독교적 건국론』, 76.

25 김재준, "기독교의 건국이념" (1945), 159-160.

26 한국기독교역사연구소 북한교회사 집필위원회, 『북한교회사』, 388-389.

27 박형룡, "차세대에 종교가 소멸될까?", 「신학지남」 39 (1928), 5-10; 박형룡, "종교박
멸은 웨", 「신학지남」 40 (1928), 15-22를 참조하라.

28 장동민, 『박형룡의 신학 연구』(서울: 한국기독교역사연구소, 1998), 307.

29 박형룡, 『박형룡박사전집: 설교』 20권 (서울: 한국기독교교육연구원, 1978),
269-271. 공산주의에 대한 이해를 특정한 용어로 규정을 짓는 것은 쉽지 않다. 사실
한국전쟁에 대한 이와 같은 인식은 박형룡 한 사람의 독특한 것이 아닌 한국교회 지도
자들의 보편적인 인식이었음을 알 수 있다. 한국전쟁을 경험했던 목사 이성봉 또한
한국전쟁을 어떻게 보느냐고 하는 공산주의자의 질문에 다음과 같이 대답하였던 것이
다. "이 전쟁이요? 과거에 이스라엘과 유대가 범죄할 때에 앗수르와 바벨론의 방망이
로 징계하였고, 우리 조선 500년이 범죄할 때에 일본 방망이로 36년간 얻어맞았소.
이제 하나님의 복으로 그 무서운 일제의 사슬에서 해방을 주었어요. 그러나 이 민족이
감사할 줄을 모르고 더욱 죄악을 범하니 이제는 공산 방망이로 이 민족을 내려치는
것이오. 그러나 인민정치가 이 나라에 와서 또다시 애매한 사람들을 악형하고 예수교
회를 핍박하며 하나님께서 좋아하시지 않을 것입니다." 이성봉, "6.25와 나", 한국고등
신학연구원 엮음, 『한국 기독교 지도자 강단설교, 이성봉』(서울: 홍성사, 2008),
181; 그 밖에 김린서, "폐허의 신년", 『김린서 저작전집』 1권 (서울: 신망애사, 1973)
을 참조하라.

30 한국 기독교의 용공성 제기는 1951년 고려파(고신)에 의해 먼저 시작되었다. 한국전
쟁이 한창이던 1951년 5월 부산에서 속개된 총회(36회에서 계속)에서 한국장로교회
가 고려신학교파를 정식으로 정죄하자, 고려파는 출옥 성도를 중심으로 '경남 법통(法
統) 노회'를 조직하고 갈라져 가면서 1951년 7월 장로교총회를 향해서 국회의원 22명
의 명의로 한국의 장로교회는 용공(容共) 단체라고 하는, 가공할 만한 독언(毒言)을
던졌다. 민경배, 『한국기독교회사』(서울: 연세대학교출판부, 2010), 56.

31 당시 장로회 총회신학교 교장이었던 박형룡이 신학교 부지를 마련하기 위해 3천만 환
이라는 거금을 박호근이라는 거간꾼에게 속아 이사회의 승인 없이 단독으로 결재를
하여 사기를 당했던 사건이다. 장동민, 『박형룡: 한국 보수 신앙의 수호자』(서울: 살

림, 2006), 231-232.

32 장동민,『박형룡: 한국 보수 신앙의 수호자』, 232.

33 박형룡,『박형룡박사저작전집: 현대신학비평 下』9권 (서울: 한국기독교교육연구원, 1978), 88.

34 당시 WCC에 대한 한국교회의 긍정적인 반응은 1928년 예루살렘 총회에서(당시에는 IMC: International Missionary Council이었음) 미국의 사회학자 부르너가 발표한 "한국 농촌 조사보고서"에서 볼 수 있듯이, 당시 한국교회가 사회참여에 있어서 긍정적인 영향을 끼쳤다는 것과 세계교회들과 한국교회의 협력 등이 있었고, 부정적인 반응으로는 주로 '에큐메니컬' 운동에 의한 단일 교회 형성 우려 등의 교리적 문제와 정치 이데올로기적인 문제 등이었다. 1956년에 열린 제41회 총회 결과 WCC에 대하여 찬성 입장을 보인 이들은 한경직, 전필순, 유호준, 안광국이었고, 반대 입장을 보인 이들은 박형룡, 박병훈, 황은균, 정규오였다. 장동민,『박형룡: 한국 보수 신앙의 수호자』, 228-230.

35 장동민,『박형룡: 한국 보수 신앙의 수호자』, 228-229.

36 장동민,『박형룡의 신학 연구』, 411.

37 장동민,『박형룡, 한국 보수 신앙의 수호자』, 230-231.

38 1950년 한국전쟁이 발발하자마자, 제일 먼저 이 전쟁을 정죄한 국제기구 가운데 하나가 WCC였다. WCC 중앙위원회는 1950년 7월 13일 "토론토 선언"(The Toronto Statement)을 통해 북한의 침략행위를 정죄하는 조치를 취하였고, 이와 같은 조치에 불만을 품은 WCC의 의장이었던 중국 대표가 사임하는 일이 발생하기까지 하였다. 이와 같은 사실을 볼 때 당시 WCC는 용공이 아닌 반공적 특성을 내포한 기관이었다고 볼 수 있다. 그러므로 WCC의 용공성 문제는 당시 한국전쟁에 있어서 평화적 조치를 권했던 WCC의 입장과 그에 반하는 이승만 정부와 견해의 충돌 등에서 추론해 보아야 할 것이다. 안교성, "역사의 화해, 화해의 역사",「한국교회사학회지」30 (2011), 316-317.

39 장동민,『박형룡의 신학 연구』, 305-306.

40 박형룡,『박형룡박사전집: 설교』제18권 (서울: 한국 기독교 교육 연구원, 1978), 234.

41 배덕만,『한국 개신교 근본주의』(대전: 대장간, 2010), 41.

42 박정신, "우리 지성사의 시각에서 본 박형룡",「한국개혁신학」21 (2007), 61.

43 박형룡,『박형룡박사저작전집: 현대신학비평 下』제9권, 107.

44 박형룡,『박형룡박사저작전집: 현대신학비평 下』제9권, 117.

45 박형룡,『박형룡박사저작전집: 현대신학비평 下』제9권, 107.

46 프린스턴신학교에서 유학할 당시 박형룡은 과학과 성경은 서로 상충하지 않고 얽혀있으며 보완하는 관계라고 하는 프린스턴의 입장을 따랐던 것으로 보인다. 장동민의 언급을 따와 보겠다. "박형룡이 프린스턴에서 공부하고 남침례교 신학교에 제출한 그의 박사학위 논문을 쓸 때(1920년대 말부터 1930년대 초)에는 진화론에 대하여 프린스턴과 매우 유사한 견해를 가지고 있었다. 예를 들어 이른바 '날-시대 이론'(day-age-theory)을 인정함으로 창세기 1장의 하루가 24시간을 가리키는 것이 아닐 수도 있고, 창조의 순서도 영적인 의미를 부여하기 위해 재배치된 것일 수 있으며, 인류의 역사가 6천 년이 넘을 수도 있다고 하였으며, 노아의 홍수가 전 세계에 걸친 것이 아니라 부분적이었을 수도 있다고 하였다. 그는 진화론 학자들의 증거가 참으로 증명해도 성경의

신뢰성에는 금이 가지 않는다는 것을 말하려고 하였다. 물론 박형룡이 이러한 이론들을 신봉하기까지 한 것은 아니었지만 그 가능성을 배제하지는 않았다. 하지만 박형룡은 근대 성경비평학에 대해서만큼은 처음부터 철저하게 반대의 입장을 보였다. 성경비평학에 대하여 어느 정도 열려 있는 학교에서 공부하였던 박형룡이 이처럼 성경비평에 대하여 철저한 견해를 가졌던 까닭은 아마도 성경이 신성한 책이고 신자들이 그 가운데 있는 말씀에 글자 그대로 순종하며 신앙을 가져야 한다고 하는 선교사들로부터의 초기 교육의 영향인 것으로 보인다." 장동민, 『박형룡의 신학 연구』, 79-83.

47 장동민, 『박형룡의 신학 연구』, 387-388.

48 1970년 11월 12일 「매일경제」에는 다음과 같은 기사("주한미군철수는 한국전 재발의 의미, 미 기독교 지도자 맥 씨[氏] 경고")가 수록되어 있다. "미국의 저명한 기독교 지도자이며 미국 정계에 강력한 영향력을 발휘하고 있는 칼 맥킨타이어 박사는 동남아반공국가 순방을 위해 11일 내한했다. 그는 기자 회견에서 "한국으로부터의 미군 철수는 한국전쟁의 재발을 의미한다"고 경고하면서 12일 박정희 대통령과 만나 미군 철수에 대비한 모종의 방안을 협의하겠다고 말했다. 맥킨타이어 박사는 내년 봄에 워싱톤에서 열릴 제3차 「승리의 행진」에 박 대통령을 세계적인 반공 지도자로서 초빙할 것으로 알려지고 있다."

49 장동민, 『박형룡의 신학 연구』, 385.

50 장동민, 『박형룡의 신학 연구』, 388.

51 장동민, 『박형룡의 신학 연구』, 311.

52 김재준, 『범용기』, 191.

53 김재준, "공산주의론" (1953), 『김재준전집』 3권 (오산: 한신대학교출판부, 1992), 177.

54 선린형제단에 대하여는 당시 선린형제단 조직을 주도하였던 강원룡의 증언을 간략하게 참조하도록 하겠다. "내가 제일 먼저 착수한 일은 우리 동지들이 서울에서 공식적인 조직체로 뭉쳐야 한다는 생각에서 '선린형제단'이라는 단체를 미리 만들어 두는 것이었다. 김재준 선생님을 모시고 신영희와 나 그리고 김 선생님의 조선신학교 제자로 서로 친하게 된 조향록 등이 선린형제단의 결성을 주도했는데, 이북에서 미처 월남하지 못한 옛 동지들까지 포함해서 모두 22명이 그 구성원이었고 단장은 내가 맡았다. 처음에는 우리 모임의 이름을 성경에 나오는 '착한 사마리아인을 본받는 형제들'이라는 뜻에서 영어로 'Brotherhood of Good Samarian'이라고 했으나, 너무 복잡하다고 해서 '선한 이웃이 되는 형제들'이라는 뜻인 '선린형제단'으로 바꾸었다. 선린형제단의 대 강령은 김재준 선생님이 중심이 되어 만들었는데, '하나님의 영광과 우리 민족의 진정한 행복을 위하여 생활의 온갖 방면에 그리스도의 심정이 구현되도록 하는 것을 목적으로 한다'는 것이었다." 강원룡, 『역사의 언덕에서』 1권 (서울: 한길사, 2006), 196-198. 김경재는 선린형제단의 성격에 대하여 다음과 같이 언급하였다. "선린형제단의 뿌리는 1935년 전후 북간도 용정 지역을 무대로 하는 젊은 기독학생운동으로부터 시작한다. 강원룡, 김영규, 전은진, 김명주, 원주의, 신영희, 남병헌, 최동엽 등을 중심 멤버로 하고, 해방 직후 조향록, 노명식, 신양섭, 탁연택, 차봉덕 등 순수한 젊은 신앙인들이 거기에 힘을 합쳐 복음 전도, 신앙 훈련, 교육과 사회봉사를 목적으로 하는 굳건한 믿음의 공동체를 가꾸어 왔다. 김경재, 『김재준 평전』 (서울: 삼인, 2001), 87.

55 김재준,『범용기』, 156.
56 "한 크리스천이 본 건국이념"의 본문은 각주 71번을 참조하라.
57 김재준,『범용기』, 202-205.
58 손규태, "장공 김재준과 이데올로기",『장공 사상 연구 논문집』(오산: 한신대학교출판부, 2001), 454.
59 김재준, "기독교와 정치: 라인홀드 니이버의 경우(1962)", 18-19.
60 앞의 논문, 17.
61 손규태, "장공 김재준과 이데올로기",『장공 사상 연구 논문집』, 455.
62 김재준,『범용기』, 327.
63 김재준, "기독교와 정치: 라인홀드 니이버의 경우", 16.
64 주요한, "김재준의 참여신학", 주재용 편,『김재준의 생애와 사상』(서울: 풍만, 1986), 232.
65 김재준,『밤용기』, 328.
66 한국기독교사연구회,『한국 기독교의 역사』II (서울: 기독교문사, 1991), 47-50.
67 김양선,『한국기독교해방10년사』(서울: 대한예수교장로회총회 종교교육부, 1956), 131.
68 강원룡,『역사의 언덕에서』1권, 192. 물론 강원룡은 간도 은진중학교에서 김재준에게 배웠던 학생으로서 김재준으로부터 많은 영향을 받은 인물이었지만, 반공주의에 대한 인식에 있어서 김재준과 비교해 볼 때 더욱 강경한 반공주의적 성향을 가졌던 인물이었다고 볼 수 있다. 이러한 사실은 김재준과는 달리 그가 간도와 북한에서 공산주의자들로부터 핍박을 경험하였기 때문에, 남한으로 내려온 후 전국에 걸친 반공강연 활동을 활발하게 하였다는 것을 통해 알 수 있다.
69 강만길,『고쳐 쓴 한국 현대사』(서울: 창작과 비평사, 2006), 357.
70 김재준,『범용기』, 321-327.
71 이혜정,『한경직의 기독교적 건국론』, 76.
72 김재준, "기독교의 건국이념",『장공 김재준 논문 선집』(오산: 한신대학교출판부, 2001), 333-334.
73 채수일, "장공 김재준의 '제3일'의 선교신학",『장공 사상 연구 논문집』(오산: 한신대학교출판부, 2001), 466.
74 강인철은 "개신교 보수세력들이 거리로, 광증으로 몰려나오고 있다"고 표현함으로써 2000년 이후 보수 교단에 속한 대형교회들의 이데올로기적 편향성에 대하여 언급하고 있다. 그에 따르면 그들의 주장은 '반공주의'와 '반(反)북한의식' 그리고 강렬한 '친미주의'로 일관된 것이라 한다. 강인철의 책『한국의 개신교와 반공주의』서론을 보라.

## 8장 ㅣ 1960년대 이후 현실 참여

1 김경재,『김재준 평전』, 127.
2 김재준,『범용기』, 116.
3 김재준,『범용기』, 117.
4 김경재,『김재준 평전』, 55.
5 김재준,『인간이기에』, 81.
6 이상철, "온 세계를 마음에 품고 사신 분",『장공이야기』(오산: 한신대학교출판부, 2001), 52. 1960년대 초까지만 해도 박정희에 대한 김재준의 입장은 명확하게 보이지

않는다. 왜냐하면 김재준은『범용기』에서 "반란 군인들이 아무리 협박하더라도 장면으로서는 자기 맘대로 그 정권을 송두리째 반란자에게 내줄 권한이 없는 것이었다"라고 언급하며 박정희에 대하여 "반란자"라는 표현을 사용할 만큼 매우 부정적이었다. 김재준,『범용기』, 316. 반면, 그가 1962년에 쓴 "4.19의 회고와 전망"에는 "집권 10개월, 그 신속 과감한 행동력은 아마도 한국 유사 이래 처음 보는 '정부다운 정부'일 것이라고 생각한다"라고 언급하며 박정희의 쿠데타를 "혁명"이라고 표현하기도 하는 등 긍정적인 언급 또한 하였기 때문이다. 그러나 박정희에 대하여 일면 긍정적인 언급을 했다고 해도 그가 박정희에 대하여 호의적인 입장이었다고 보기는 어려울 것이다. 왜냐하면 "그러나 군(軍)도 다 같이 썩었다는 것이 그 당시의 정평이었다"라고 하며 부정적인 언급을 하였을 뿐 아니라, 그 외『범용기』에는 전반적으로 박정희에 대한 부정적인 언급을 하였기 때문이다. 김재준, "4·19의 회고와 전망,"『김재준 전집』5권 (오산: 한신대학교출판부, 1992), 357-358. 그러므로 김재준이 일면 박정희에 대하여 호의적인 언급을 한 것은 당시 자유당이 몰락한 후 정권을 잡은 민주당의 무질서와 당 내부의 권력 싸움 그리고 민주당의 수장이었던 장면의 유약함에 대하여 실망을 하지 않을 수 없었던 김재준이 박정희의 군사정권에 일시적인 기대했을 것이라는 측면에서 이해해야 할 것이다. 1961년 박정희 군사정권에 의해 한국신학대학 학장 및 교수직에서 물러날 수밖에 없었던 사실에서 그리고 일생에 걸쳐 자유를 부르짖었던 김재준의 특성에서 볼 때 획일화 일변도의 억압적인 박정희 군사정권에 대해 생리적으로 반감할 수밖에 없었을 것이다.
7 "민정당 여순사건 자료를 공개." 1963년 10월 13일「동아일보」호외 기사이다. "1949년 2월 13일 일군법회의(一軍法會議)에서 박정희 씨에 무기언도심판관(無期言渡審判官)은 김완룡 중령 등 7명."
8 김재준,『범용기』, 332.
9 김재준,『범용기』, 348-350.
10 천사무엘,『김재준: 근본주의와 독재에 맞선 예언자적 양심』(서울: 살림, 2003).
11 김재준은 1930년대 미국 유학에서 귀국한 후 한국교회의 반지성적 경향을 띠고 있는 대다수 교회의 근본주의 신학적 풍토에 대하여 저항하는 모습을 보였고, 한국전쟁 이후에는 이승만 정권과 박정희 정권에 대하여 순응적 모습을 보이고 있는 대다수 기독교인들과 달리 비판적인 모습을 보였다.
12 김재준,『범용기』, 76.
13 김재준,『범용기』, 85.
14 김재준, "대전(大戰) 전후 신학사조의 변천", 375-376.
15 김재준, "내가 영향받는 신학자와 그 저서", 183-184.
16 김양선,『한국 기독교 해방 10년사』, 189.
17 박용규,『한국기독교회사』2권, 597-598.
18 김재준,『범용기』, 91.
19 김재준,『범용기』, 92-96.
20 저등비평적 성경 해석과 고등비평적 성경 해석에 대한 분류에 관하여는 유동식의 다음과 같은 언급을 참조하려고 한다. "성경 이해를 위한 연구에는 크게 세 단계가 있다. 첫째는 문법적 이해이다. 원문 비판과 언어, 문법 등을 연구하는, 이른바 저등비판적 연구이다. 둘째는 문학적 이해이다. 문체와 문학적 형태를 연구하되 그 성경이 기록되던 때의 문화적, 역사적 배경 등을 연구하는 이른바 고등비판적 연구이다. 셋째는 해석

적 이해이다. 이것은 성경과 해석자와의 대화적 관계에서 이해되는 것이다." 유동식,
『한국신학의 광맥』(서울: 전망사, 1982), 13.
21 장동민, 『박형룡: 한국 보수 신앙의 수호자』, 145.
22 유동식, 윗글, 137-138. 유동식은 이와 같은 박형룡의 근본주의적 교리적 성경 이해
   뿐 아니라 김재준의 진보적, 역사적 성경 이해에 대해서도 "진보주의적, 역사적 성경
   이해는 급변하는 현대 역사 속에 사는 우리에게 살아계신 하나님의 말씀을 듣게 해
   주는 일에 공헌하였으나 한편 사회-정치적 연구에 치우치는 나머지 초월적인 하나님
   의 종교적 차원이 가려질 위험성 또한 개재되어 있다"며 비판적 의견을 개진하였다.
23 김재준, "아모스의 생애와 그 예언", 『장공 김재준 논문 선집』(오산: 한신대학교출판
   부, 2001), 33-36.
24 이형원, 『구약성경 비평학 입문』(대전: 침례신학대학교출판부, 1995), 130-134.
25 유동식, 『한국신학의 광맥』, 139.
26 김재준, 『범용기』, 36.
27 장동민은 김재준의 1930년대 신학을 사회참여의 신학으로 볼 수 없다고 주장한다.
   당시에는 김재준, 송창근 등의 '자유주의자'들 보다 오히려 박형룡을 비롯한 보수주의
   신앙가들이 사회참여에 적극적이었다고 주장하는 것이다. 그 예로 1919년 3.1 운동
   당시 박형룡이 독립선언서를 배포하는 등 참여에 앞장섰을 뿐 아니라 1920년에 숭실
   의 전도단으로서 일제에 반대하는 애국적인 연설을 하여 10개월간 영어의 몸이 되었
   다는 것을 제시하고 있다. 덧붙여 장동민은 산업화와 군부 독재 시기인 1960년대 이후
   에도 보수주의 신학자들이 소극적인 행동을 하였을지는 모르나 그들의 뇌리에서 민족
   문제가 떠난 적은 없었다고 주장한다. 장동민, 『박형룡의 신학연구』, 163. 물론 송창
   근이 1933년 「신학지남」에 게재한 글인 "오늘 조선교회의 사명"에서 교회의 사회참여
   에 대하여 부정적인 견해를 피력했다는 사실을 1919년 3.1 운동 참여 때의 박형룡과
   비교해 본다면 장동민의 주장에 수긍할 수 있을 것이다. 송창근, "오늘 조선교회의 사
   명", 「신학지남」제15권 6호 (1933), 127- 128. 그러나 미국에서의 신학 공부를 마치
   고 돌아온 후 1930년대의 박형룡은 기독교적인 문제와 국가적인 문제를 분리하여 기
   독교의 정체성을 확립하는 쪽으로 발전해갔음을 볼 때 장동민의 의견에 수긍하기 어
   렵다(장동민, 294). 더욱이 김재준이 그의 논문 "아모스의 생애와 그 예언" 종결부에
   서 "이제 우리는 이 불의로 가득 찬 세대에 있어서 이 의의 예언자의 용기를 부러워함
   과 동시에 이 예언자의 의를 이루어주신 그리스도의 의미만을 선포하며 그를 위하여
   분투하며 또 생명을 버림이 마땅할 것이 아닌가 한다"라고 언급한 사실에서 볼 때 김재
   준의 사회참여적 의식이 없었다고 볼 수는 없을 것이다. 더욱이 장동민이 산업화와
   군부 독재 시기인 1960년대 이후에도 보수주의 신학자들이 소극적인 행동을 하였을
   지는 모르나 그들의 뇌리에서 민족문제가 떠난 적은 없었다고 하는 언급의 연장선에
   서 볼 때 김재준 또한 비록 일제에 대하여 적극적인 항일 행동을 하지 않았다 해도
   민족문제가 그의 뇌리에 떠난 적이 없었을 것이다. 이와 같은 맥락에서 볼 때 1930년
   대 김재준의 현실 참여가 비록 적극적인 항일 차원에서의 이루어진 것은 아니었지만,
   보수주의 신학자들 보다 소극적인 입장을 취했다고 보는 것은 적절하지 않을 것이다.
   물론 이후 김재준 또한 신사 참배에 응했지만, 1930년대 김재준이 신사 참배에 대하여
   강경한 반응을 보였다는 사실이다(김재준, 『범용기』, 116). 그가 간도 은진중학교에
   부임할 때 "다가오는 역사의 격랑에 대결하여 새 세계, 새 인류의 지도자가 될 창조적

소수를 길러내는 학원으로 조형해야 한다"는 다짐을 피력했음을 볼 때(122) 그의 신학을 사회참여의 신학으로 볼 수 없다고 하는 장동민의 주장은 다소 어색하다고 본다.

28 김재준, "한국 민주화 운동의 연속선", 『김재준 전집』 14권 (오산: 한신대학교출판부, 1992). 윗글, 169-170. 김재준의 설교 본문에서 언급한 다니엘서 이야기를 요약하여 언급해 보겠다. "다니엘이 본 환상에서와 같이 정금머리, 은 가슴과 팔, 놋 종아리 그리고 철 발 하나, 진흙 발 하나의 우상, 버티고 선 두 발이 하나는 철이고, 하나는 흙이니 발이 맞지 않는다. 맞지 않는 발이니 아무리 금 머리, 은 가슴, 동 종아리라도 진흙 발이 허물어지는 순간 온몸이 함께 사그라져서 온몸이 파편으로 뒹굴 수밖에 없을 것이다. 이것은 폭력으로 세계를 통일한 바빌론의 운명을 '우화'(allegory)로 표현한 구절이다(다니엘 2:31-33). 다니엘은 그것에 대체할 '인간'의 '이메지'를 예언했다. 인공적이 아닌 "산돌이 날아온 우상을 치고 그 돌이 자라 태산을 이루어 온 세계에 가득하더라… 이것은 하나님의 형상인 인간의 나라를 말한 것이다."

29 김재준, "한국 민주화 운동의 연속선", 176.
30 김이곤, "장공의 성경해석과 한국교회", 『장공 사상 연구 논문집』 (오산: 한신대학교출판부, 2001), 147.
31 김재준, "나의 입장", 『김재준 전집』 12권 (오산: 한신대학교 출판사, 1992), 243.
32 김재준, "나의 입장," (1979), 246.
33 김재준, "인간성의 한계와 복음," 『김재준 전집』 1권 (오산: 한신대학교 출판사, 1992), 318.
34 김경재, 『김재준 평전』, 178.
35 김재준, "인간혁명", 『김재준 전집』 1권 (오산: 한신대학교 출판사, 1992), 326-327.
36 김재준, "나의 입장", 245.
37 김재준, 『범용기』, 322.
38 김경재, 『김재준 평전』, 180.
39 김재준, "북미류기(北美留記) 제1년", 『김재준전집』 14권(범용기 2) (오산: 한신대학교출판부, 1992), 164.
40 천사무엘, 『김재준: 근본주의와 독재에 맞선 예언자적 양심』 (서울: 살림, 2004), 194-195. 2013. 5. 13. "장공사상연구 목요강좌"에 참석한 김경재는 당시 김재준의 캐나다행에 대하여 마치 김재준이 노후를 안락하게 보내기 위해 자녀들이 있는 캐나다로 떠난 것으로 곡해된 바가 없지 않다고 말하였다. 김경재에 따르면, 김재준은 당시 박정희 정권에 의해 네 번째 가택 연금된 상태로서, 더는 국내에서 민주주의를 위한 활동을 할 수 없어서 더욱 폭넓은 활동을 하기 위해 캐나다로 떠난 것이었다고 했다.
41 김상근, "인격으로 인격을 배웠다", 『장공이야기』 (오산: 한신대학교출판부, 2001), 263.
42 1972년 김지평 작사, 김학송 작곡 가요이며, 가수 방주연이 불렀다.
43 한국기독교역사학회편, 『한국 기독교의 역사』 III, 239.
44 한국기독교역사학회편, 『한국 기독교의 역사』 III, 242.
45 역사학자 박정신과 사회학자 강인철은 한국전쟁 이후 남한 사회의 반공주의에 대하여 전투적 반공주의라고 표현하고 있다. 필자도 이들의 견해에 동의한다.
46 「크리스챤신문」, 1974년 5월 11일.
47 한국기독교역사학회편, 『한국 기독교의 역사』 III, 242.
48 김재준, 『김재준전집』 14권, 163.

49  한국기독교역사학회편,『한국 기독교의 역사』III, 243.
50  채수일, "장공 김재준의 '제3일'의 선교신학", 457. 채수일은 김경재의 언급을 차용하여「제3일」의 창간을 1971년 9월이라고 하였지만 김재준의 언급을 통해서 볼 때 1970년 9월이 맞다고 본다.『김재준 전집』에서도「제3일」창간호의 권두언을 1970년 9월에 언급된 글로 표기되어 있다. 김경재,『김재준 평전』, 150: 김재준, "북미류기 (北美留記) 제1년", 98.
51  김재준, "제3일",『김재준 전집』9권 (오산: 한신대학교출판부, 1992), 290.
52  김경재,『김재준 평전』, 150.
53  김재준, "제3일", 99.
54  김재준,『범용기』, 334.
55  김재준, "제3일", 289.
56  채수일, "장공 김재준의 '제3일'의 선교신학", 458.
57  채수일, "장공 김재준의 '제3일'의 선교신학", 465. 당시「제3일」이 창간호 800부, 2호 2,000부 그리고 1974년 정간될 때에는 4천 부를 돌파하였고, 전라도 다도해에서 강원도 산골까지, 일본, 미국, 캐나다, 서독 등에 걸쳐 독자들이 분포되어 있었다는 사실에서 볼 때 국내에서 민주운동의 씨앗을 뿌리는 역할을 했다고 하는 채수일의 표현은 타당하다고 볼 수 있다. 김재준, "북미류기(北美留記) 제1년", 167.
58  김재준, "민주수호 국민협의회",『김재준 전집』14권 (오산: 한신대학교출판부, 1992), 110.
59  김재준, "북미류기(北美留記) 제1년", 187-188.
60  천사무엘,『김재준: 근본주의와 독재에 맞선 예언자적 양심』, 195.
61  김재준, "제3일의 논리",『김재준 전집』11권 (오산: 한신대학교출판부, 1992), 82.
62  김재준, "제3일의 논리", 84.
63  김재준, "제3일의 논리", 85.
64  김재준, "제3일의 논리", 82-87.
65  박정신·박규환, "'뒤틀린 기독교' 굳히기: 박정희 시대 한국 개신교의 자취",「현상과 인식」36(2012), 43.
66  김재준, "제3일의 논리", 87.
67  김재준, "제3일의 논리", 87.
68  김경재,『김재준평전』, 152; 채수일, "장공 김재준의 '제3일'의 선교신학", 458.
69  김재준, "예언자의 성격과 사명",『김재준 전집』12권 (오산: 한신대학교출판부, 1992), 462-463.
70  당시 김재준은 숙환인 위궤양과 10년 넘은 당뇨을 앓고 있었을 뿐 아니라 오랫동안 앓고 있던 만성간염이 급성화되었을 만큼 건강이 악화된 상태였다. 이후 김재준은 1987년 1월 27일 당뇨와 간경화 합병증으로 소천하였다. 김재준,『김재준 진집』15권(범용기 3) (오산: 한신대학교출판부, 1992), 222, 346-348.
71  김재준, "제3일 휴간의 말씀",『김재준전집』12권 (오산: 한신대학교출판부, 1992), 479-480.
72  김경재,『김재준평전』, 168.
73  김경재, "김재준의 정치신학: 신학적 원리와 사회·정치변혁론: 1970-1980년대 인권, 민주화, 통일 운동을 중심으로",「신학사상」124 (2004), 73.
74  김재준, "북미류기(北美留記) 제1년", 171-172.
75  박정신, "미주한인사회의 '한국민주화운동', 어떻게 읽을 것인가",『역사학에 기댄 우

리 지성사회 인식』(서울: 북코리아, 2008), 135.
76 김재준, "북미류기(北美留記) 제1년", 187.
77 김경재, 『김재준평전』, 169.
78 김재준, 『범용기』, 350.
79 김경재, "김재준의 정치신학: 신학적 원리와 사회·정치변혁론: 1970-1980년대 인권,
   민주화, 통일 운동을 중심으로", 77.
80 한국기독교역사학회편, 『한국 기독교의 역사』 III, 242.
81 김재준, "북미류기(北美留記) 제3년", 239-342.
82 김경재, "김재준의 정치신학: 신학적 원리와 사회·정치변혁론: 1970-1980년대 인권,
   민주화, 통일 운동을 중심으로", 170.
83 김재준, "북미류기(北美留記) 제6년", 『김재준전집』 14권 (오산: 한신대학교출판부,
   1992), 397-398.
84 한신대학술원, 『북미주 인권 민주화 평화통일 운동자료(Ⅰ)』,자료 00028.
85 김재준, "북미류기(北美留記) 제1년", 343-344.
86 김재준, 『범용기』, 359.
87 김재준, "북미류기 제5년", 『김재준전집』 14권 (오산: 한신대학교출판부, 1992),
   338-339.
88 김재준, "북미류기 제6년", 『김재준전집』 14권 (오산: 한신대학교출판부, 1992), 402.
89 김재준, "북미류기 제6년", 402-404.
90 윗글, 403.
91 김재준, 『범용기』, 191.
92 선우학원(1918~)은 18세에 일본을 거쳐 1938년 미국으로 건너가 LA 근교 패서디나
   대학에서 사회학을 전공한 후 4년 후인 1941년부터 캘리포니아대학교 버클리캠퍼스
   대학원에서 수학하며 강사로 활동했다. 이후 시애틀 소재 워싱턴주립대학에서 최초로
   코리아학과(Department of Korea Studies)를 설치(1943년)하고 1949년까지 교
   수로 재직하였다. 1949년 체코 프라하의 국립대학에서 철학박사 학위를 받아 그 대학
   최초로 한국인 박사학위 취득자가 되었다. 1945년 태평양 전쟁이 막바지에 이르던
   시기 미국의 OSS(Office of Strategic Survice)에서 근무하여 미국 시민권을 취득하
   였다. 한국전쟁이 발생할 무렵인 1959년 6월에는 동구권인 체코에서 철학박사 학위
   를 취득했다는 이유로 "이북과 연결된 인물인가?" 하는 의심 속에서 "미연방수사관"의
   집중 조사를 받기도 했다. 1960년 4·19가 발생했을 때 귀국하여 연세대학교에서 강
   의하면서 「코리아헤럴드」에서 언론 활동을 하다가 1962년 다시 미국으로 돌아와
   1963년 센트럴 미주리 대학교의 정치학 교수로 부임하여 1989년 은퇴하고 명예교수
   로 남을 때까지 정교수로 재직하였다. 1973년 김대중 납치사건을 계기로 인권운동에
   가담하게 되었고 차츰 박정희 군사정권에 대한 반대 운동을 하게 되었고 결국 민주화
   운동을 본격적으로 하게 되었다. 민주화운동을 하는 중에 남북의 분단 문제 즉 "통일
   이 없이는 민주화가 가능하지 않다"는 결론을 내리고 통일 운동을 전개하기 시작하였
   으며, 1980년 광주 5·18 항쟁을 계기로 미국이 통일을 가로막고 있다는 인식을 하게
   되어 반미운동 또한 전개하게 되었다. 이후 꾸준히 북한과의 대화를 위한 노력을 기울
   였고 결국 1981년 오스트리아 비엔나에서 제1회 남북기독자대회를 개최함에 있어서
   가교 역할을 하였다. 이를 계기로 꾸준히 해외에서 남북한 기독자대화가 열렸고, 이후
   김일성대학에 종교학과가 설치되어 목사 홍동근이 10년간 신구약 등 기독교 강의를

하였고, 평양에 목사를 양성하는 신학원(Bible Institute)을 설립되기도 하였다. 카터 (J. E. Carter Jr.) 미국 전 대통령과 김일성 당시 북한 전 주석의 대화에 가교 역할을 하기도 하였다. 선우학원은 선통일 후민주화를 주장하였다. 김현정, "구순 맞은 미주 통일운동의 선각자 선우학원 박사: 민주·통일을 향한 반세기, 북미대화에도 큰 기여", 「민족21」 84 (2008) 참조.

93 윗글, 404-405. 김재준은 서우학원에게 다음과 같이 넣어놓았다고 한다. "나는 고향 이 이북이고 친척이 거의 전부 이북에 살고 500년래 조상들 모신 선영도 이북에 있고 직접 내 부모님 산소도 이북에 있다. 나의 이북에 대한 '센티멘트'는 간단하게 '센티멘 털리즘'으로 탈색해 버리기에는 너무 인간적이고 혈연적이다. 언제 마음 놓고 두려움 없이 이북동포들과 만나 해방 전과 같이 담담하게 사귈 수 있을까?"

94 당시에는 제네바의 북한 대사관을 방문한 것도 북한을 다녀온 것과 동일하게 인식되었 음은 물론이다.

95 김윤옥, "민족 화해의 물꼬 트기를 원하시던 목사님", 『장공이야기』 (오산: 한신대학교 출판부, 2001), 271.

96 김재준, "북미류기 6년", 406-408.

97 김재준, "북미류기 6년."

98 김윤옥, "족 화해의 물꼬 트기를 원하시던 목사님", 270.

99 김윤옥, "족 화해의 물꼬 트기를 원하시던 목사님", 271-272.

100 김재준, "옮겨 사는 우리 민족과 기독자", 『김재준전집』 16권 (범용기 4) (오산: 한신 대학교출판부, 1992), 298-303.

101 김재준, "북미류기 제6년", 433-434.

102 김재준, "북미류기 제6년", 415.

103 김경재, 『김재준평전』, 173.

104 김재준, "군인정치", 『김재준전집』 15 (범용기 3) (오산: 한신대학교출판부, 1992), 67-68.

105 김재준, "군인정치", 68-69.

106 김재준, "군인정치", 70-71.

107 김재준의 사위 이상철은 김재준이 귀국을 결심한 것은 '조국에 와서 묻혀야 한다'는 이유 때문이라기보다는, 고난받는 후배들의 '목사님이 옆에 계시기를 원합니다'라는 호소가 그의 마음을 아프게 하고, 가서 함께 고난받자는 동지 의식이 더 많이 작용했 다고 한다. 이상철, "온 세계를 마음에 품고 사신 분", 『장공이야기』 (오산: 한신대학 교출판부, 2001), 153, 김재준이 미주에서 활동할 무렵 고국의 상황을 듣고 수차례 에 걸쳐 귀국을 타진했다는 사실에서 볼 때 이상철의 증언은 타당하다고 본다.

108 김상근, "인격으로 인격을 배웠다", 265.

109 김경재, 『김재준 평전』, 173.

110 김재준, "귀국과 그 직후", 『김재준전집』 17권 (오산: 한신대학교출판부, 1992), 56.

111 김재준, "귀국과 그 직후", 177.

112 김재준, 『김재준 전집』 16권, 355.

113 김재준, "귀국과 그 직후", 60.

114 김재준, "1983년 만추(晩秋)", 『김재준전집』 17권 (오산: 한신대학교출판부, 1992), 74.

115 김재준, "범용기 1, 2권 합본 국내판 출판기념회", 『김재준전집』 17권 (오산: 한신대

학교출판부, 1992), 76.
116 천사무엘,『김재준: 근본주의와 독재에 맞선 예언자적 양심』, 201.
117 이덕주,『한국 영성 새로 보기: 자료로 읽은 한국교회 영성사』(서울: 신앙과 지성사, 2013), 190. 김재준의 글들 "역사의 원점", "호지 땅 인간들", "한국 역사와 그 원점", "침략왜란", "일본의 침략 근성은 여전하다", "광망(光芒)" 등을 볼 것,『김재준전집』 17권에 수록되어 있음.
118 김재준, "옛 조상 찾아",『김재준 전집』17권 (오산: 한신대학교출판부, 1992), 486-491.
119 김재준, "이유 없이 슬퍼져",『김재준 전집』17권 (오산: 한신대학교출판부, 1992), 534.
120 김재준, "아내이야기", "교우록: 벗들 생각, 워싱톤의 친구들, 김영구, 송창빈, 김영환, 김성식, 이원롱" 등을 볼 것.『김재준전집』17권에 수록되어 있음.
121 이덕주,『한국 영성 새로 보기: 자료로 읽은 한국교회 영성사』, 191.
122 이덕주,『한국 영성 새로 보기: 자료로 읽은 한국교회 영성사』, 194-196. 이덕주는 그의 누이 이정회가 김재준의 막내며느리가 되었던 탓에 김재준이 1974년 해외 망명 전「제3일」을 낼 때부터 함께 지낼 수 있었을 뿐 아니라 김재준이 역사 유적지를 답사하며 '역사와 신앙의 뿌리'를 탐구할 때 그와 함께 다닐 수 있었다. 190. 역사 유적지를 답사하는 가운데 김재준은 자신의 뿌리 다시 말해 자신의 가문에 대하여 탐구하는 시간을 갖기도 하였다. 평생을 자유롭게 흘러온 삶이었지만 그럼에도 불구하고 자신의 삶을 정리하는 시점에서 자신의 뿌리를 찾는 회기적 본능이었다고 본다. 김재준," 옛 조상 찾아",『김재준전집』18권 (오산: 한신대학교출판부, 1992), 486-491. (1986년의 글로 추정됨.)
123 이덕주,『한국 영성 새로 보기: 자료로 읽은 한국교회 영성사』, 191-192.
124 김경재,『김재준평전』, 199.
125 김재준, "우주적 사랑의 공동체",『김재준전집』17권 (오산: 한신대학교출판부, 1992), 528.
126 김재준, "우주적 사랑의 공동체", 530-532.
127 김재준, "기독교와 인간 자유",『장공 김재준 논문 선집』, 299.
128 장동민,『박형룡의 신학연구』, 182. 사실 김재준과 송창근이 사회참여에 있어서 동 일시했다는 것 또한 맞지 않다고 본다. 왜냐하면 송창근이 평양의 산정현교회를 사 임한 후 부산 빈민촌에 들어가서 사회사업을 할 만큼 송창근 또한 사회활동에 있어 서 능동적인 인물이었기 때문이다. 송창근의 교회의 사회활동에 대한 언급에 대해서 는 영혼구령을 무엇보다 강조하려는 표현이었다고 이해할 수 있을 것이다. 김재준, 윗글, 116쪽.
129 연규홍, "역사의 사실과 해석의 진실: 장공 김재준에 대한 친일 논의를 논박함", 276. 캐나다 선교회가 일본 제국주의에 대하여 대항적 태도를 취하였다는 것은 북간도에 서 캐나다 선교회가 취한 태도를 통해 알 수 있다. 국내에서는 선교사들이 미국 정부 의 비정치화 정책에 맞추어 독립운동을 적극적으로 후원하지 못했지만 북간도 한인 교회와 깊은 관계가 있던 캐나다 선교부의 선교사들은 배일적 태도를 분명히 했고, 한인들의 배일 행동을 직·간접으로 지원해 주었다. 특히 1909년 성진을 중심으로 이동휘가 교회의 조사로서 애국 운동에 헌신하자 그리어슨(Grierson. R. G.) 선교 사는 이동휘의 활동을 적극적으로 후원하였고, 김약연이 간도에서 교육운동 및 사회

결사운동에 전념하였을 때, 선교사 베이키(A. H. Baker), 푸트(W. R. Foote), 스코트(W. Scott), 마틴(S. MARTIN) 등은 자신들의 위해를 돌보지 않은 채 한인들의 민족운동에 도움을 주었다. 서굉일, 『일제하 북간도지역 민족운동과 기독교(1906~1921)』 (천안: 독립기념과 한국독립운동사연구소, 2008), 291. 그리어슨 선교사의 활동에 대하여는 "구례선 박사의 선교수기"를 볼 것. 구례선(Grierson. R. G.), "구례선 박사의 선교수기", 서굉일 역, 『간도사신론 - 선구자와 "친일파"들과의 싸움』, 서굉일 · 동암 편저 (서울: 우리들의 편지, 1993), 90-100.

130 강원룡, 『빈들에서』 1권 (서울: 삼성출판사, 1995), 65.

131 김재준, 『범용기』, 122.

132 김재준, 『인간이기에』, 12.

## 9장 ㅣ '자유'의 맥락에서 본 김재준의 시(詩) 세계

1 전경연, "김재준론", 『장공사상 연구논문집』 (오산: 한신대학교출판부, 2001), 26-27.

2 김재준, "내가 영향 받은 신학자와 그 저서"(1967), 184-185.

3 김재준, "욥기에 나타난 영혼불멸관", 『김재준 전집』 1권 (오산: 한신대학 출판부, 1992), 12.

4 김재준, "전기적으로 본 예레미아의 내면생활", 『김재준 전집』 1권 (오산: 한신대학 출판부, 1992), 13.

5 김재준, 『범용기』, 21.

6 김재준, 『하늘과 땅의 해우』 (서울: 동양출판사, 1962), 31.

7 김재준, 『범용기』, 45-70.

8 안병무, "현대를 그대로 호흡하는 사상가", 『장공이야기』 (오산: 한신대학교출판부, 2001), 340.

9 김재준, "간도점경(間道點景)", 『김재준 전집』 1권 (오산: 한신대학교출판부, 1992), 123-125.

10 김재준, "목사의 심정 1", 『김재준 전집』 15권, 41.

11 김재준, "白雲山家는 꿈의 집", 『김재준 전집』 18권, 134.

12 김재준, "白雲山家는 꿈의 집", 134.

13 김재준, 『인간이기에』, 217.

14 김문환, "장공론," 『장공이야기』 (오산: 한신대학교출판부, 2001), 311.

15 현재 필자가 발견한 김재준의 시 작품은 이 글에 언급한 것이 전부이다. 앞으로 김재준의 시 작품이 더욱 발견되는 대로 필자는 김재준의 시를 비롯한 문학 작품에 대한 연구를 더욱 심층적으로 진행하려고 한다.

16 김재준 전집에 수록된 김재준의 처음 시 작품들이 발견되는 "감도점경"을 쓴 시기는 1940년 10월 20일이다. 그리고 "감도점정"의 첫 구절에는 "벌써 1년 전 처음 두만강을 건너 만주에 이르다"라고 언급되어 있다. 김재준이 간도 은진중학교에서 근무했던 시기가 1936년 8월부터 1939년 9월까지였음을 볼 때, 김재준이 "간도점경"을 썼을 때는 이미 김재준이 조선신학원 교수로 부임했을 때였고, 그가 말한 것처럼 1940년 10월의 1년 전인 1939년 10월 그는 귀국해서 조선신학원 설립 사무 책임자로 일할 때였다. 그렇다면 이 글은 그가 이미 간도 은진중학교 교수직을 사임하고 조선신학원 설립 사무 책임자로 일하던 무렵 썼다고 보아야 한다. 그러나 김재준 스스로가 "처음 두만강을 건너 만주에 이르다"라고 표기한 것과 안병무가 은진중학교에서 김재준으로부터

가르침 받을 때, 김재준의 글 "간도점경"을 접했다고 한 사실에서 이 글은 그가 은진중
학교에 근무할 때 쓴 것임을 짐작할 수 있다. 김재준, "간도점경(間道點景)", 123.
17 김재준, 『범용기』, 37-39.
18 김재준, "간도점경(間道點景)", 123-124.
19 김재준, "간도점경(間道點景)", 119.
20 김재준, "간도점경(間道點景)", 119.
21 김재준, "간도점경", 124.
22 김재준, "순례의 길", 『낙수이후』 (서울: 종로서관, 1954), 263-265.
23 전경연, "김재준론", 19.
24 김재준, 『범용기』, 125.
25 김재준, "동심同心", 「십자군」 1권 1호 (1937), 5.
26 김재준, "노래", 「십자군」 1권 1호 (1937), 5.
27 김재준, "간도점경", 124
28 김재준, "간도점경", 124.
29 이 말은 김재준이 현실은 도외시한 채 비현실적인 이상을 추구하였다는 것을 의미하지
   않는다. 김재준이 이상을 좇았다는 말은 안정된 현실에 안주하는 삶이 아닌 더 소중한
   가치를 추구하기 위해 안정된 현실을 포기하기도 한 삶을 살았음을 의미한다. 그는
   이상이 철저히 현실에 기반해야 함을 강조하였다. 다시 말해 김재준에게 현실과 이상
   은 동떨어진 것 혹은 상반된 것이 가치가 아니었다는 것이다. 김재준의 현실과 이상에
   대한 이해는 그가 1948년에 쓴 글 "그리스도와 현실"에 잘 언급되어 있다. 김재준, "그
   리스도와 현실", 『김재준 전집』 1권 (오산: 한신대학교출판부, 1992), 331-334.
30 김재준, "신학교육에의 출범", 『김재준 전집』 18권 (오산: 한신대학교출판부, 1992),
   182.
31 당시 김재준이 근무했던 용정의 은진중학교는 1만평 부지에 600평의 본관과 150평의
   기숙사, 400평의 대강당을 가지고 있는, 명실상부한 용정 최고의 근대교육기관으로
   이름이 높았다. 당시 용정은 연변지역 한인들이라면 자식들에게 더 좋은 교육 환경을
   만들어 주기 위해 누구나 선망하던 연변의 '서울'격이었다고 한다. 김혁 · 김창희, "시와
   노래를 사랑했던 청년 '영국더기' 아래 윤동주의 집", 「민족 21」 120(2011), 140-
   142.
32 김경재, 『김재준 평전』, 187-190.
33 김재준은 자신의 꿈에 대하여 다음과 같이 언급하였다. "내게는 아무 딴 욕심도 없었
   고, 기술적 교육훈련도 없다. 영적으로는 완전 피동이었다. 꿈에 나는 창골집 우물가
   에 있었는데 샘물은 넘쳐흐르고 있었다. 빈 탱크 실은 자동차가 내 옆에 서 있었다.
   나는 탱크에 물을 가득하게 퍼부었다. 운전할 사람도 없고 어디로 가져갈 것인지도
   몰랐다. 나는 운전할 줄 모르지만, 어쨌든 핸들을 잡아 이리저리 돌렸다. 자동차는 제
   법 길을 따라가는 것이었다. 꿈에서 깬 나는 하느님의 암시라고 생각했다. 믿고 해볼
   수밖에 없었다." 김재준, "신학교육에의 출범", 183.
34 김재준, "간도점경", 124.
35 찬송가 582장.
36 민경배, 『韓國敎會 讚頌歌史』 (서울: 연세대학교출판부, 2009), 358.
37 P. Lowell, *Chosen the Land of Morning Calm*, (Boaton, Ticknor & Co., 1886). 민
   경배, 『韓國敎會 讚頌歌史』, 360에서 재인용. "고요한 아침의 나라"는 미국의 천문학

자 퍼시벌 로웰(Percival Lowell, 1855~1916)이 1886년에 간행한 한국의 기행문이
다. "이 책은 미국 보스턴에서 호튼 미플린 사(houghton mifflin company)에 의해
발행되었다. 퍼시벌 로웰은 조선 최초의 서양 사절단 보빙사(報聘使)를 이끌고 보좌
하며 국서 번역, 안내 및 통역관 역힐을 수행했나. 411페이지의 영 문서로 다수의 삽화
가 함께 실려 있다. 내용은 서문(PREFACE), 목차(CONTENTS)로 시작되며, 본문은
총 37개의 장으로 나누어져 있다. 로웰은 조선에서 약 3개월간 체류하였는데, 이 기간
한양에 머무르며 조선의 정치, 경제, 문화, 사회 등을 백과사전식으로 자세히 기록했
다. 풍물을 기록하는 것 외에도 고종의 어진(御眞)을 포함한 당시의 조선 풍경을 찍은
사진 25매가 실려 있다. 2쇄 발행된 책으로 초판은 1885년 출간되었다."

38 민경배, 『韓國敎會 讚頌歌史』, 358-360.
39 민경배, 『韓國敎會 讚頌歌史』, 360.
40 문성모, "장공 김재준의 찬송시에 대한 신학적 견해: 어둔 밤 마음에 잠겨(찬송 261장
  가사)를 중심으로", 『장공 사상 연구 논문집』 (오산: 한신대학교출판부, 2001), 507.
41 문성모, "장공 김재준의 찬송시에 대한 신학적 견해 - 어둔 밤 마음에 잠겨(찬송 261장
  가사)를 중심으로", 508-509. 문익환의 시 "고마운 사람아"의 원문은 다음과 같다.
  고마운 사람아 샘솟아 올라라
  이 가슴 터지며 넘쳐나 흘러라
  새들아 노래를 목청껏 불러라
  난 흘러 흘러 적시리 메마른 이 강산

  뜨거운 사랑아 치솟아 올라라
  이 어둠 찢으며 불질러 버려라
  바람아 불어라 새차게 불어라
  난 너울 너울 춤추리 이 언 땅 녹이며
  사랑은 고마워 사랑은 뜨거워
  쓰리고 아파라 피멍든 사랑아
  살갗이 찢기며 뼈마디 부서지며
  이 땅을 물들인 내 사랑 내 사랑
42 문익환, "큰 스승이시여", 『두 하늘 한 하늘』 (서울: 창작과 비평사, 1989), 181-183.
43 문성모, "장공 김재준의 찬송시에 대한 신학적 견해: 어둔 밤 마음에 잠겨(찬송 261장
  가사)를 중심으로", 511.
44 문익환, "통일은 다 됐어", 한신대학교 43주년 개교기념일 강연 내용(1993. 4. 19.)
  「세계와 선교」 139호 (서울: 세계와 선교사, 1993), 8.
45 김재준, "불의에 대한 투쟁도 신앙이다", 「사상계」 19권 (서울: 세종문화원, 1988),
  359.
46 김경재, 『김재준 평전』, 127.
47 김경재, 『김재준 평전』, 15-16.
48 김재준, "종교와 사회", 『김재준 전집』 8권 (오산: 한신대학교출판부, 1992), 6.
49 김재준, 『범용기』, 70.
50 김재준, 『범용기』, 104.
51 김재준, "종교와 사회", 6.
52 김재준, "교회봉사의 뜻", 『김재준 전집』 8권, 410-411.

53 문성모, "장공 김재준의 찬송시에 대한 신학적 견해: 어둔 밤 마음에 잠겨(찬송 261장 가사)를 중심으로", 518.
54 김재준, "교회봉사의 뜻", 410.
55 김재준, "자유를 위하여", 『김재준 전집』 8권, 426.
56 김재준, "난세를 걷는 사람들", 『김재준 전집』 8권, 431.
57 김재준, "새로운 평신도상", 『김재준 전집』 8권, 2.
58 유동식, "장공 김재준의 백조의 노래", 『장공 사상 연구 논문집』 (오산: 한신대학교출판부, 2001), 357.
59 김재준, "새벽 날개 타고", 『김재준 전집』 17권 (오산: 한신대학교출판부, 1992), 49-50.
60 유동식, "장공 김재준의 백조의 노래", 357-358.
61 김재준, 『故土를 걷다』 (서울: 선경도서, 1985), 99.
62 유동식, "상공 김새준의 백조의 노래", 358.
63 김재준, 『범용기』, 43.
64 김재준, 『범용기』, 59.
65 김재준, 『범용기』, 64.
66 김재준, 『범용기』, 77
67 김재준, "나의 생애와 신학", 『김재준 전집』 18권 (오산: 한신대학교출판부, 1992), 166.
68 김재준, 『범용기』, 170.
69 강원하, "늘 새롭게 회상되는 은사 장공 선생님", 『장공이야기』 (오산: 한신대학교출판부, 2001), 20.
70 김재준의 언급은 다음과 같다. "나는 그것을 '분열'이 아니라, '분지'(分枝)라고 설명했다. 나무가 자라려면 줄기에서 가지가 새로 뻗어 나가야 하는 것과 같다는 것이다. 기장은 '분지' 중에서도 '결과지'(結果枝)다. 밋밋하게 자라는 가지는 열매를 맺지 못한다. 그것이 열매를 맺기 위해 과수원 농부는 끝을 베어내고 못 견디게 가위질한다. 고난을 겪게 한다. 그래야 열매가 맺기 때문이다. '기장'은 '결과지'다 소망 없는 '수난'이 아니다. 예수를 따르는 '십자가'다 십자가는 부활의 서곡이다. 부활한 생명에는 숱한 열매가 맺혀질 것이다." 김재준, 윗글, 24.
71 김재준, "출애굽", 『김재준 전집』 18권, 426.
72 유동식, "장공 김재준의 백조의 노래", 360-361.
73 유동식, "장공 김재준의 백조의 노래", 359-360.
74 황성규, "국민주택 문밖의 모습 잊을 수 없어라", 『장공이야기』 (오산: 한신대학교출판부, 2001), 245.
75 유동식, "장공 김재준의 백조의 노래", 357-358.

## 10장 ∣ 나오는 말

1 천사무엘, 『김재준, 근본주의와 독재에 맞선 예언자적 양심』 (서울: 살림, 2003).
2 박봉랑, "시대가 요구하고 하나님이 선택한 예언자", 『장공이야기』 (오산: 한신대학교출판부, 2001).
3 전경연, "신앙과 신학의 자유를 실천하고 확보하신 분", 『장공이야기』 (오산: 한신대학교출판부, 2001).
4 강신정, "그리스도의 발자국만을 따라 사신 분", 『장공이야기』 (오산: 한신대학교출판

부, 2001).

5 최덕성, 『에큐메니칼 운동과 다원주의』(서울: 본문과 현장사이), 371.

6 김재준, 『범용기』, 250.

7 김재준, "편지에 대신하여", (1949) 김양선, 『한국 기독교 해방 10년사』(서울: 대한예수교 장로회총회 종교교육부, 1956), 241-42에 수록됨.

8 천사무엘, 『김재준: 근본주의와 독재에 맞선 예언자적 양심』, 235-236. 김재준은 이와 같은 자신의 신학을 규정된 것으로 여지지 않았지만 오늘날 보수적인 남한교회의 풍토에서는 정통주의에 대항하는 신학으로, 부정적인 의미로 이해되고 있음이 사실이라고 본다. 이 또한 김재준에 대한 부정적 의미에서의 파편적 인식이다.

9 문익환의 시 본문은 다음과 같다.

스승이시여
우리의 큰 스승이시여
죽어서 사는 길을 몸으로 가르쳐주신 스승이시여
우리를 죽음을 사는 길로 몰아넣으시고
그 길을 앞장 서 가신 지독한 스승이시여
너무 나무라지 마소서
저는 벌써부터 이 소식을 기다리고 있었습니다.
이제나 저제나 하고
죽일 놈이지요
수승의 부음을 기다리는 후레자식이지요
그래도 저는 기다리고 있었습니다.
하늘 무너지는 소식인 줄 알면서도
당신의 몸은 이제 할 일을 유감없이 다 했으니까요
하고도 남을 만큼 해냈으니까요
날개 접힌 수리를 풀어놓아
높푸른 창공 유유히 날게 하고
몸은 조국의 거름이 될 때가 되었으니까요
…
스승이시여
눈물 없이는 생각할 수 없는
어버이 같은 아니 어버이보다 더한 스승이시여

10 여기에서 말하는 김재준 인식은 긍정적인 인식을 의미한다.

11 문익환을 일컫는 것이다. 물론 문익환의 평양방문을 일컬어 급진적인 통일운동으로 볼 것이야 하는 것은 명확히 규정하기 어렵지만 냉전의 기류에서부터 벗어나지 못했던 당시 한국 사회, 한국교회의 풍토에서 볼 때 문익환을 급진적 통일운동가로 일컫는 것은 크게 벗어나지 않을 것 같다.

12 김경재, 『김재준 평전』, 204.

13 박형룡, "근본주의", 「신학지남」 제24권(1960년 6월호), 16.

14 장동민, 『박형룡, 한국 보수 신앙의 수호자』, 112.

15 이상규, 『한국교회 역사와 신학』, 214-215.

16 천사무엘, 『김재준: 근본주의와 독재에 맞선 예언자적 양심』, 195.

17 김재준, 『범용기』, 96-97.
18 김재준, 『범용기』, 43.
19 김재준, 『인간이기에』, 215.
20 김재준, "나의 입장", 244-246.
21 김재준, 『인간이기에』, 217.
22 김재준, "상한 갈대", 11.
23 김재준, 『범용기』, 15.
24 김재준, 『인간이기에』, 217.
25 그리스도 안에서 열려있는 사상이라고 일컬은 것은 김재준에 대한 자유주의자, 종교
   다원주의자 인식으로부터 구분을 두려고 하는 필자의 표현이다.
26 김재준은 간도로 떠나서 은진중학교의 교사 및 교목으로 활동하였고 그의 후견인이라
   고 할 수 있는 송창근은 부산으로 내려가 고아들을 위해 성빈학사를 설립하여 운영하
   였다.
27 주요한, "김재준의 참여신학", 232.
28 김재준, "대전 전후 신학사조의 변천", 390.

자유인 김재준

2020년 2월 10일 초판 1쇄 인쇄
2020년 2월 17일 초판 1쇄 발행

지은이 | 홍인표
펴낸곳 | 도서출판 동연
등 록 | 제1-1383호(1992. 6. 12)
주 소 | 서울시 마포구 월드컵로 163-3
전 화 | (02)335-2630
전 송 | (02)335-2640
이메일 | yh4321@gmail.com
블로그 | https://blog.naver.com/dong-yeon-press

ISBN 978-89-6447-551-5  03040